»Am besten wirst du Arzt«

Svenja Hofert ist Expertin für neue Karrieren und beschäftigt sich seit vielen Jahren mit den Entwicklungen des Arbeitsmarkts und Prognosen für die Zukunft. Sie ist eine der erfolgreichsten Autorinnen zu beruflichen Themen und hat bereits zahlreiche Bestseller geschrieben. Derzeitiger Berufswunsch ihres 9-jährigen Sohnes: Sportreporter.

Svenja Hofert

»Am besten wirst du Arzt«

So unterstützen Sie Ihr Kind wirklich
bei der Berufswahl

Campus Verlag
Frankfurt/New York

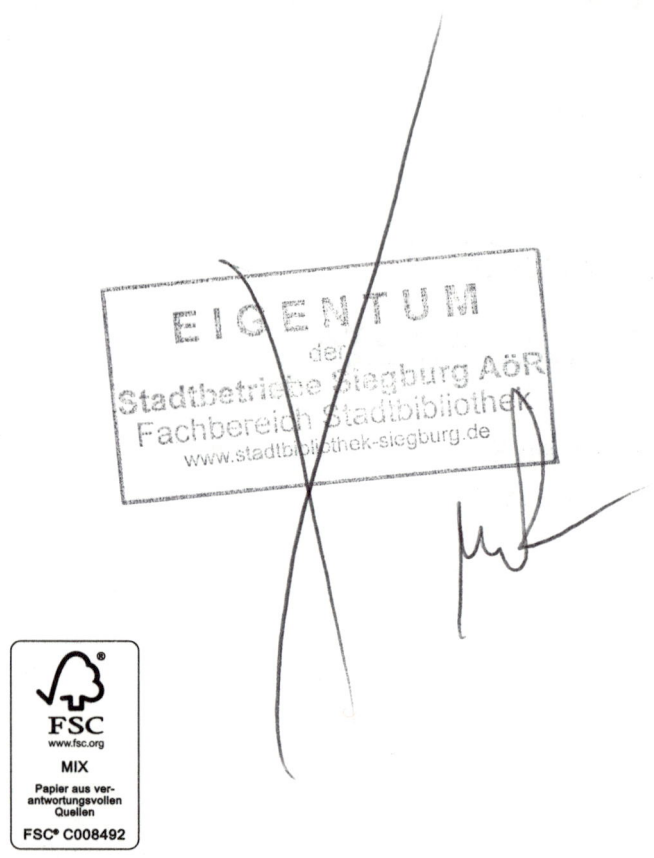

FSC
www.fsc.org
MIX
Papier aus ver-
antwortungsvollen
Quellen
FSC® C008492

ISBN 978-3-593-39567-8

Umschlaggestaltung: Anne Strasser, Hamburg
Umschlagmotiv: © corbis
Satz: Publikations Atelier, Dreieich
Gesetzt aus der Minion und der Myriad
Druck und Bindung: Beltz Druckpartner, Hemsbach
Printed in Germany

Dieses Buch ist auch als E-Book erschienen.
www.campus.de

Gut beraten

»Meine Eltern haben viel mit mir gesprochen«, sagt Anna, die Maschinenbau studiert. »Sonst hätte ich mir das nicht zugetraut. Das Studium macht mir Spaß. Es war eine gute Entscheidung.«

Nicht beraten

Felix: »Meine Eltern wollten sich da nicht einmischen. Ich habe mich für BWL entschieden, weil andere Mitschüler meinten, damit könne man alles machen. Das Studium hat mich gelangweilt. Jetzt studiere ich Neurowissenschaften. Ich hätte darauf bestehen sollen, mich mit meinen Eltern zu unterhalten, um mir über meine Interessen klar zu werden.«

Falsch beraten

»Meine Mutter hat große Angst um mich, weil ich mich für einen sozialen Beruf entscheiden möchte. Sie glaubt den negativen Nachrichten aus der Presse. Ihr zuliebe studiere ich jetzt Eventmanagement, bin aber sehr unglücklich«, erzählt Finn.

Vom Lehrer beraten?

»Die Lehrer sagen, die Eltern sollen sich nicht einmischen, weil sie die Beratung übernehmen. Wie soll das gehen? Sie kennen die Jobs in der Wirtschaft doch gar nicht. Für die Kinder bleiben Eltern die wichtigste Anlaufstelle«, so eine Bildungspädagogin.

Inhalt

Zwei moderne Familiendramen 9
Liebe Eltern 11

**Teil 1 – Vorschau: Wie sich die Arbeitswelt Ihres Kindes
ändert** 15
Berufs- und Karrierewege früher und heute 16
Parallelwelten: Die alte und die Neue Arbeit 34
Trends in der Neuen Arbeit 42
Die Ursache für die Veränderungen – und ihre Wirkung 47
Was Sie Ihrem Kind raten können 65

**Teil 2 – Wie Sie Ihrem Kind den Weg zur passenden
Ausbildung zeigen** 93
Schule bald vorbei – und dann? 94
Muss ich mein Kind durchs Gymnasium prügeln? 99
Mein Kind will eine Lehre machen: Was soll ich raten? 108
Jobs »mit Zukunft« und das Butterbrot-Prinzip 115
Der Schlüssel für zukunftstaugliche Jobs 129
Mein Kind will studieren – was soll ich raten? 134
Extra-Jobs Lehrer, Arzt und Co. 181

Teil 3 – Wie Sie Ihr Kind bei der Entscheidungsfindung unterstützen 189

Stufe 1: Persönlichkeit – wer bist du? 193

Stufe 2: Können – was kannst du? 200

Stufe 3: Interessen – welches Wissen willst du vertiefen? 203

Stufe 4: Lebensplan – welche Funktion hat dein Beruf für dein Leben? 207

Stufe 5: Perspektiven – ein Blick zurück auf die ersten vier Stufen 208

Ein paar Worte zu Tests 209

Nachhilfen 211

Schlusswort: »Mache Fehler und lerne daraus« 219

Zwei Happy Ends 221

Danke 223

Für die weitere Information 224

Studien 224

Buchempfehlungen 227

Anmerkungen 229

Zwei moderne Familiendramen

Der Sohn

»Am besten wirst du Arzt«, empfiehlt die Mutter ihrem Sohn. »Ärzte werden immer gebraucht. Du kannst damit auch heute noch Geld verdienen, wenn du nicht gerade Hausarzt wirst. Werde Radiologe. So wie Onkel Peter, der hat eine Praxis und kann sich einen Porsche leisten.«

»Am besten wird er Rechtsanwalt«, meint der Onkel, als er in der Familie über seinen Neffen spricht. »Mit Jura liegt man nie falsch.«

Die Mutter protestiert. »Aber …! Anwälte stehen doch heute auf der Straße und verdienen Hungerlöhne. Onkel Hans hat eine Kanzlei für Straßenverkehrsrecht und musste sich neulich Geld bei seiner alten Mutter leihen.«

»Ich will aber kein Arzt werden, und Jura interessiert mich auch null Komma null«, erwidert der Sohn. »Ich will im Moment gar nichts werden – ich bin erst 15.«

Die Tochter

»Am besten lernt sie in der Bank, da hat sie was Sicheres und Solides in der Hand. Unsere Familie hatte immer schon mit Geld zu tun«, argumentiert Papa.

»Sie soll lieber gleich studieren. Mit BWL kann sie nichts falsch machen. Damit kann sie alles werden und Karriere machen. Mit einer Lehre kommst du doch heute nicht mehr weiter«, meint Mama.

»Ich will aber was mit Medien machen, Papa! Bank ist total langweilig«, entrüstet sich die Tochter.

»Kind, überleg dir das. Mach doch ein duales Studium, da übernehmen dich die Arbeitgeber ganz sicher. Das hat einen so guten Ruf.«

»Ihr seid doof!«, ruft die Tochter, bevor sie die Tür zuknallt und sich für Germanistik einschreibt.

Liebe Eltern,

auch Sie haben ein Kind, das kurz vor dem Schulabschluss steht? Sie möchten wissen, was Sie tun können, um ihm bei der Berufswahl zu helfen? Für Sie habe ich dieses Buch geschrieben. Denn die Anfragen von Eltern häufen sich in den letzten zwei, drei Jahren. Zunehmende Verunsicherung macht sich bei Eltern und Kindern breit – kein Wunder bei all den widersprüchlichen Nachrichten und der wachsenden Vielfalt von Möglichkeiten.

»Können Sie sich bitte meinen Sohn anschauen?«, fragt der Vater. Der Sohn hat gerade Abitur gemacht, weilt jetzt im Ausland und sein Dad macht seine Termine. »Nur damit er nicht in die falsche Richtung rennt. Eher zur Vorsorge«, erklärt der besorgte Papa.

Dann sitzt Finn in meinem Büro und lässt die Schultern hängen.

Die Oma beharrte auf einem richtigen Ausbildungsberuf.

Die Mitschüler empfahlen eine Karriere bei Porsche oder Daimler, Hauptsache, ein bekanntes Unternehmen.

Sein Vater, der Arzt, hatte ihm alle Wege offen gelassen und ihn zu mir geschickt.

»Mein Kopf war voll«, klagt er.

Kurz vor dem Abitur hatte er noch gedacht: »Am besten wirst du Arzt wie Papa.« Dann überrumpelte ihn die Prüfungsangst und brachte ihm eine Durchschnittsnote von 2,9 ein. Also Informatik? Oder doch BWL? Oder Eventmanagement?

»Mach doch das«, sagen die einen. »Mach das bloß nicht«, die anderen. »Bist du verrückt?«, meint die Mutter, als Finn Architektur studieren will. Der Junge ist völlig aus dem Konzept: Informations-Overkill, Beeinflussungszange.

Willkommen in der schönen neuen Karrierewelt, in der wir Helikopter-Eltern[1] um unsere Kinder schwirren. Wir wollen nichts falsch machen – und machen deshalb nichts richtig.

So schön sie sein mögen, die vielen neuen Möglichkeiten, so viele Fragezeichen hinterlassen sie auch. Die Qual der Wahl verunsichert uns Eltern, unsere Kinder, ja, uns alle zusammen.

Ich bin überzeugt, dass wir unseren Kindern bei den ersten beruflichen Entscheidungen helfen müssen – auch um sie vor den vielen unqualifizierten Meinungen zu schützen. Ich glaube nicht an den Erfolg elterlichen Schulterklopfens à la »Wird schon werden«. Genauso gefährlich finde ich es, auf Basis eigener Berufs- und Karriereerfahrungen Empfehlungen wie »Am besten wirst du Arzt« auszusprechen (oder auch das Gegenteil »werde bloß nicht ...«). Der Titel dieses Buchs ist also ironisch zu verstehen.

Ich gehe mit diesem Buch einen anderen Weg: Zunächst gebe ich Ihnen einen Ausblick auf die neue Arbeits- und Karrierewelt, dann die wichtigsten Informationen zu Ausbildung und Studium und lasse Sie schließlich im Praxisteil mit Ihrem Kind zusammenarbeiten: Teamwork eben.

Als Eltern dürfen wir uns einmischen, auch wenn es die Pädagogen nervt. Wir müssen informieren, Möglichkeiten zeigen und bewerten helfen. Dazu brauchen wir viel mehr Wissen als früher. Dieses Wissen beschert uns weder der Blick in die Zeitungen und die Online-Jobportale noch unser eigener Job. Wir müssen also etwas tun, wozu Lehrer, denen die sogenannte »freie Wirtschaft« oft reichlich fernliegt, zu einem großen Teil selbst nicht in der Lage sind. Wir als Eltern haben Einfluss, und wir müssen diesen nutzen.

Unsere eigenen Karrieren sind teils geradlinig, teils im Zickzack verlaufen. Vielleicht haben wir Abfindungsverträge in den Händen gehalten, unter Kollegen- und Cheffrust gelitten, Begrenzungen erlebt, sind als Frau an die gläsernen Decken der Männerwelt gestoßen. Vielleicht aber haben wir als Quereinsteiger in einem ganz anderen Berufsfeld als dem erlernten unsere Bestimmung gefunden. Manche haben vielleicht die Welt der Minijobs und der Zwangs-Selbstständigkeiten kennengelernt – andere den Sprung in die freiwillige Selbstständigkeit gewagt und würden nie wieder ein festes Angestelltenverhältnis eingehen. Wir lesen ständig, wie unsicher die Arbeitswelt sein soll, hören von schwankenden Gehaltskurven und gegensätzlicher Entwicklung des Arbeitsmarktes, vom angeblichen Fachkräftemangel und dem »Schweinezyklus«[2]. Es begegnen uns neue Berufe, Studiengänge und Möglichkeiten, immer mehr Möglichkeiten. Das schürt die Angst vor falschen Entscheidungen des eigenen Kindes. Es soll ihm ja später gutgehen.

Wir haben Verantwortung. Als Beraterin erlebe ich täglich die Auswirkungen falscher, von Mama, Papa und Onkel Dieter mitbestimmter Entscheidungen – sie wirken oft auch noch bei 40-Jährigen nach, halten manche geradezu gefangen!

Frust und Ärger, sogar Traurigkeit über verpasste Chancen und die verzweifelte Suche nach dem Traumjob kommen immer häufiger und immer früher. »Hätte ich gewusst, was möglich ist, wäre ich einen anderen Weg gegangen«, sagen die einen. »Hätte ich doch überhaupt einmal nachgedacht«, sagen die anderen. Alle bewerten es aber letztendlich positiv, wenn sie über ihre Berufsentscheidung nachdenken und nicht einfach spontanen Eingebungen und dem Zufall folgen.

Sie müssen als Eltern wissen, dass die Arbeitswelt Ihrer Kinder nicht mehr wie die Ihre ist. Sie sollten erfahren, wie sich Karrieren ändern und was Arbeit morgen für Ihr Kind bedeutet. Damit Sie Hilfe zur Selbsthilfe bieten können. Das schließlich macht einen guten Berater aus. Er nimmt keine Entscheidungen ab. Er sortiert und empfiehlt mit Blick auf das Kind und seine Bedürfnisse und Möglichkeiten.

Mit »er« meine ich natürlich auch »sie«, so wie ich auch immer Jungen *und* Mädchen im Blick habe, wenn die Rede ist von Ihrem

Kind, Junior oder Sprössling. Diese Vereinfachung macht das Buch einfach lesefreundlicher. Danke für Ihr Verständnis.

Viele neue Erkenntnisse auf der Reise durch unsere neue Arbeits- und Karrierewelt wünscht

Svenja Hofert

Teil 1 – Vorschau: Wie sich die Arbeitswelt Ihres Kindes ändert

Den Arzt gab es schon im antiken Ägypten. Solch alte Berufe besitzen heute Seltenheitswert. Spätestens seit der Jahrtausendwende wachsen immer neue Jobs auf dem technologiegedüngten Berufsboden. Diese Jobs kennen diejenigen nicht, die mit einem so »alten« Beruf wie dem des Arztes und den Karrierevorstellungen des letzten Jahrhunderts durchs Leben gegangen sind.

Wir als Eltern sind der wichtigste Ansprechpartner für die Berufswahl unserer Kinder. Doch wie sollen wir sie beraten, wenn wir nur unsere Welt kennen und gar nicht wissen, wie die Arbeitswelt heute und morgen aussieht? Was wird aus der Arbeit, wie wir sie kennen? Was wird aus Berufen, Funktionen – und wie sehen Karrieren von morgen aus?

Jedes Jahr spüre ich mehr, wie die Zeiten sich ändern und der Arbeitsmarkt sich dreht. Schauen Sie mit mir hinter die Kulissen.

Berufs- und Karrierewege früher und heute

Im Anschluss an meinen Vortrag werde ich von sechzehn jungen Frauen umringt. »Das habe ich alles nicht gewusst. Das macht mir Angst«, sagt Lisa mit Tränen in den Augen. Die anderen muntern sie auf. »Sieh das doch positiv. Du darfst dich verändern! Du hast so viele Möglichkeiten! Ist doch viel besser als damals bei deinen Eltern!«

Die neuen Entwicklungen polarisieren. Sie verzücken abenteuerlustige, entdeckungshungrige, begeisterungsfähige junge Menschen. Sie verängstigen Unsichere, Sicherheitsorientierte und Zweifelnde.

Diese Unsicheren, Sicherheitsorientierten und Zweifelnden spiegeln die Sorgen ihrer Eltern. Unsere Kinder, ob sie nun entdeckungshungrig oder unsicher sind oder von beiden Seiten etwas haben, stehen vor anderen Herausforderungen als wir selbst. Es wäre wichtig, sie auf das Neue vorzubereiten.

»Ich wollte Designerin werden oder Mediengestalterin«, erklärt Lisa. »Nach Ihrem Vortrag habe ich Angst davor. Ich kann mir überhaupt nicht vorstellen, einmal selbstständig zu arbeiten. Sie haben aber ja gesagt, dass man damit rechnen muss, einmal Freiberufler zu sein.« Am Beispiel verschiedener Berufe, unter anderem Designer und Journalist, hatte ich zuvor erklärt, wie sich die Arbeitswelt verändert. Im Design steigt der Anspruch an die Kreativität und an die Fähigkeit, Ideen zu verkaufen, seitdem auch Mitarbeiter mit Basiskenntnissen einfaches Layout mit wenigen Mausklicks herstellen können – dafür reicht ein kleines Adobe-Programm namens InDesign. Um dieses zu nutzen, brauchen Designer kein Studium mehr, was feste Jobs gefährdet und Gehälter schon seit zehn Jahren nach unten drückt.

Die Medienbranche bekommt seit geraumer Zeit die Auswirkungen des Internets zu spüren; der daraus entstehende Kostendruck bedrängt die verbliebenen klassischen Berufsbilder, etwa des Journalisten. Angestellten, die lange im Beruf sind, wird gekündigt und durch jüngere Redakteure ersetzt, die manchmal für kaum 2 000 Euro brutto im Monat arbeiten. Einige, die wollen, bekommen keine feste Stelle und schlagen sich mit freien Aufträgen durch.

Ich bin fest überzeugt, dass junge Menschen, die sich für diese (und andere) Wege entscheiden, solche Dinge wissen müssen – selbst wenn dadurch Illusionen zerbrechen. Aber Berufsentscheidungen dürfen eben nicht aufgrund einer Illusion getroffen werden. Es ist falsch, nur einem Trend wie dem, »was mit Medien« zu tun, zu folgen. Das hat bei einigen von uns gerade so noch geklappt, weil die Zeiten anders waren. Bei unseren Kindern funktioniert das nicht mehr.

Ein Rückblick auf Ihre eigene Berufswahl

Erinnern Sie sich? Wie haben Sie sich für einen Beruf entschieden? Wenn Sie nicht zu den geschätzten 2 Prozent gehören, die schon früh wussten, was sie werden wollten, und diesen Entschluss zielgerichtet in die Tat umsetzten, dann stellten sich erste Gedanken an eine berufliche Zukunft wahrscheinlich erst kurz vor Ihrem Schulabschluss ein. Vielleicht gaben Ihre Eltern den Impuls. Möglicherweise haben Sie, wie so viele, gar nicht sich selbst in den Vordergrund gestellt, sondern den Glamour (dann waren es vielleicht Medien), die Intellektualität (dann war es etwas Geisteswissenschaftliches) oder die Zukunftssicherheit eines Jobs (dann sprach früher viel für BWL oder Jura). Vielleicht hat sich auch einfach alles zufällig gefügt und entwickelt. Wie bei mir.

Mein eigener Weg: Zwischen Zufall und Vernunft

Früher war die Berufswahl unschuldig. Wir machten einfach, was nahelag. Und Gott sei Dank waren die Möglichkeiten begrenzt. Die von mir getroffenen Entscheidungen lassen sich aus dem Kontext der Zeit verstehen, in der ich sie getroffen habe.

Schauen wir mal ein paar Jahrzehnte zurück. 1975 ist das Jahr, in dem der Vietnamkrieg endet und die Schlussakte von Helsinki sowie das Washingtoner Artenschutzabkommen unterzeichnet werden. Ich war damals zehn Jahre alt, und am meisten eingeprägt haben sich mir die Fahndungsplakate mit den Fotos der RAF-Terroristen, denen man auf Schritt und Tritt begegnete, die überall hingen, und das Mini-Atomkraftwerk im Bausatz, das sich mein Vater als Arbeit mit nach Hause nahm. Im Stall meiner Großeltern väterlicherseits, ehemalige Bauern, nach dem Krieg aus Schlesien vertrieben, leben sechzehn Hühner und fünf Kaninchen, von denen zu meinem großen Entsetzen alle zwei Wochen sonntags eins auf den Tisch kommt. Obst und Gemüse bauen meine Großeltern selbst an, Eier verkaufen sie an die Nachbarn, und gegen ein paar D-Mark grast auf der grünen Wiese ab und zu das Pony des Nachbarn.

Zu dieser Zeit spielt die Landwirtschaft als Haupterwerbsquelle schon lange keine Rolle mehr. Als sich 1850 die Industrialisierung durchsetzt, überzieht sie auch die landwirtschaftliche Produktion. Mein Großvater, der Bauer, findet nach dem Krieg eine Anstellung in der Industrie bei Bosch und beschreitet damit einen typischen Weg der durch die Industriegesellschaft vertriebenen bäuerlichen Bevölkerung.

Sein Sohn, mein Vater, ist dagegen schon ganz Kind der nun erwachenden Dienstleistungsgesellschaft. Aus Vernunftgründen mehr denn aus Leidenschaft lernt er Versicherungskaufmann und legt als Prokurist in den goldenen Zeiten des Kölner Gerling-Konzerns eine Karriere aus Fleiß auf den glänzenden Marmor. Golden ist hier wörtlich zu nehmen: Wer einmal diesen ehemaligen Konzernpalast gesehen hat, wird ihn ewig als Zeichen einer untergegangenen Arbeitswelt, in dem es zum Beispiel Extra-Kantinen für die Prokuristen gab, in Erinnerung behalten.

Mein Vater wirkt nicht mehr mit an der industriellen Produktion wie sein Vater. Jahrzehntelang vertreibt er Policen für den Anlagenbau – er arbeitet damit anders als mein Opa für und nicht in der Industrie, die zu dem Zeitpunkt schon an Boden und Arbeitsplätzen verloren hat.

1975, als die sechzehn familieneigenen Hühner friedlich auf unseren Wiesen picken, arbeitet fast die Hälfte aller Berufstätigen in Dienstleistungsunternehmen, 2008 sind schon 71,9 Prozent aller Deutschen in diesem Bereich beschäftigt, den man auch Tertiärsektor nennt. In unseren Nachbarländern Österreich und der Schweiz liegt der Wert nur leicht niedriger.[1] Jetzt haben sich die Vorzeichen vollkommen verschoben: Die Industrie treibt die Exporte, aber sie ist kein Jobmotor mehr. Stattdessen reduziert sie die einfachen Arbeitskräfte. Immer weiter, immer wieder.

Neue Zeit und Neue Arbeit

Sechsunddreißig Jahre später, das erste Jahrzehnt des 21. Jahrtausends ist angebrochen. Wir leben an der Schwelle zu einer neuen Zeit, für die es noch keinen Namen gibt. Neuzeit – das waren noch die achtziger und neunziger Jahre, seit 2000 ist da irgendeine neue Zeit, für die erst nachfolgende Generationen einen Begriff finden werden. Postmoderner als postmodern können wir nicht werden. Die neue Art zu arbeiten nenne ich in diesem Buch einfach und kurz »Neue Arbeit«. Sie ist durch die Frage bestimmt, wie man noch effizienter produzieren kann, Prozesse sich noch weiter optimieren lassen. Die Technik steuert die Neue Arbeit. Deep Blue[2], der Schachcomputer, der mit klugen Schachzügen gefüttert wurde und 1995 Garri Kasparow besiegte, ist überholt. Längst gibt es aus Fehlern lernende Computer, die sich automatisch immer weiter verbessern – wie wir Menschen auch. Das Einzige, was sie nicht können, ist kreativ sein. Unter anderem daran sehen wir auch, was die Neue Arbeit kennzeichnet: Der Computer rechnet, der Mensch bringt Ideen ein. Es geht nicht mehr um Fleiß und Handwerkszeug, es geht um Ideen und Köpfchen.

Der Opa ein Kind des Industriezeitalters, der Vater Spross der Dienstleistungsära. Ist es nicht konsequent, dass ich, die Tochter, im sogenannten Wissenszeitalter[3] angekommen, mir eine Wissenskarriere auswählte? Nein, nicht wirklich auswählte. Ich stolperte hinein. Der Anfang vollzog sich zufällig. Ich bin heute zufrieden mit meinem Berufsleben, aber ich muss auch ehrlich zugeben: Manchmal bedaure ich, dass ich den anderen Weg nicht kennengelernt habe – den geplanten, durchdachten.

Dieses Buch hätte ich dann aber wohl nie geschrieben, weil die Suche nach einem beruflichen Ziel, die Kern meiner Beratungsangebote ist, dann nicht mein Thema geworden wäre. Es wäre etwas anderes gekommen, was auch gut gewesen wäre, mich aber woanders hingeführt hätte. Sie verstehen sicher, warum ich nicht glauben kann, dass Beruf von Berufung kommt.

Das sehe ich ganz anders als viele Kollegen. Autoren, die sich mit beruflicher Neuorientierung beschäftigen, argumentieren gern mit Vorbestimmung. Der Glaube ist durch Bücher wie *Wishcraft* oder *Ich könnte alles tun, wenn ich nur wüsste, was ich will* von Barbara Sher[4] tief verwurzelt. Doch er ist nicht nur falsch, sondern schädlich. Manche Menschen etwa denken, sie wären zum »Coach« berufen. Doch wie soll Ihr Kind für einen Beruf vorherbestimmt sein, der im Grunde gar keiner ist und den es zum Zeitpunkt seiner Geburt nicht einmal gab?

Naivität bei der Studienwahl

Bis zum Abitur habe ich mir dann keine Gedanken über meine berufliche Zukunft gemacht. Den Berufsvorschlag meiner Eltern, Bankkauffrau, lehnte ich ab. Ich wollte studieren. Beim Blättern durch den Studienkatalog der Universität Köln landete ich bei Psychologie, nachdem ich mehrere dicke Bände der Schriften von Sigmund Freud und mit Begeisterung Alice Millers *Das Drama des begabten Kindes*[5] gelesen hatte, schien das die passende Lösung. Ich bekam nicht sofort einen Platz. Nachdem ich ein Semester gewartet hatte, wollte mich die ZVS[6] dann in eine andere Stadt entsenden. Das wollte ich wiederum nicht; ich wollte zu Hause bleiben.

Nach erneutem Durchblättern des Studienangebotskatalogs schrieb ich mich an der Uni Köln für Slawistik und Geschichte ein, vorsichtshalber gleich auf Lehramt und Magister parallel. Germanistik schien mir zu einfach, und einfach fand ich langweilig. BWLer sah ich, Yuppiegeschädigt, als leidenschaftslose Karrieristen an, und Jura fiel in eine ähnliche unakzeptable Kategorie.

Die letztendliche Entscheidung war durch die Gorbatschow-Ära geprägt; Slawistik war zu der Zeit ein In-Studium. Mir gefiel, dass ich noch mal drei Sprachen lernen musste und damit eine Aufgabe hatte. Allerdings war diese nicht groß genug, so schrieb ich nebenbei einen Science-Fiction-Roman. Die Zeit reichte auch noch, um mir das Studium fast komplett durch den Job in einer Jazz-Kneipe und journalistische Arbeiten zu finanzieren. Doch das In-Studium mit den damals guten Berufsprognosen erwies sich nach dem Fall der Mauer und dem Zusammenbruch der Sowjetunion als Luftblase. Über die nun offenen Grenzen kamen Russlanddeutsche, die bestens Russisch konnten.

Geschichte wählte ich, sehr typisch für berufliche Erstentscheidungen auch heute noch, als zweites Hauptfach, weil es neben Englisch mein Leistungskurs gewesen war. Der von mir so genannte Schmeicheleffekt tat das Seine zu dieser Entscheidung: Ich war im

Kurs immer die Einzige, deren Arbeiten mit »Eins« bewertet wurden, weil ich in der Analyse der »Goldenen Bulle« und anderer Primärquellen zu echter Höchstform auflief. Heute bin ich mir sicher, dass der Schmeicheleffekt auch in Physik, Chemie oder Biologie hätte auftreten können – besonders Physik hat es mir später sehr angetan. Es lag am Lehrer. Es liegt auch heute oft am Lehrer.

Ich absolvierte ein journalistisches Volontariat in einem großen Redaktionsbüro, das unter anderem Sportmagazine herausgab. Durch die Arbeit für Medien von Boulevard bis Tageszeitung lernte ich unglaublich viel. Nebenbei wurde ich an die Public Relations herangeführt.

Danach: Drei zufällige Bewerbungen, drei zufällige Jobangebote, man hatte eigentlich einen Wirtschaftswissenschaftler präferiert. Ich entschied mich gegen eine Laufbahn als Redakteurin und landete in einem Software-Unternehmen. Nach kaum zwei Jahren beförderte man mich zur Leiterin eines Teams aus acht Mitarbeitern. Später wechselte ich in einen internationalen Konzern, arbeitete als Pressesprecherin und schaffte es, durch Mitarbeit in Projekten mir Zugang zu den unterschiedlichsten Themen zu verschaffen, unter anderem zum Personal. Ich arbeitete als Consultant und sammelte einiges an Erfahrung in großen Outplacement-Projekten. Beim Outplacement geht es um den Abbau von Mitarbeitern, ein Thema, das um die Jahrtausendwende große Relevanz bekam. Ach ja, vorher hatte ich schon angefangen, Artikel und Bücher zu schreiben, keine Science-Fiction mehr. Mein erster Ratgeber erschien noch unter Pseudonym, da ich fest angestellt war. Es war das erste Buch zum Thema »Jobsuche und Bewerbung im Internet« und basierte auf meiner Erfahrung, die ich als Abteilungsleiterin mit furchtbaren Online-Bewerbungen gemacht hatte – zu einer Zeit, als diese noch einen winzigen Teil aller Bewerbungen ausmachten.

Berufsorientierung? Fehlanzeige!

Vielleicht entdecken Sie in meinen Schilderungen Parallelen zu sich selbst: Berufsorientierung? Hat nicht wirklich stattgefunden. Den sicherheitsorientierten Vorschlag meiner Eltern schlug ich in den Wind. Mein Muster war Revolution, das anderer Mitschüler Identifikation: Sie wurden wie die Eltern Ärzte und Anwälte.

Ich wählte mein Studium einerseits entlang der Fächer, die ich schon in der Schule gut konnte (Prinzip Schmeicheleffekt) und andererseits, weil etwas gerade »in« war (Prinzip aufgebauschte Nachfrage: Gedankenlos wird studiert, was in einem bestimmten Zeitraum »in« ist). Slawistik stellte sich als mäßig interessant heraus, glücklicherweise konnte ich mich auf die eher rationale und analytische Sprachwissenschaft spezialisieren. Wenn ich ehrlich bin, motivierte mich die Abbruchquote von 80 Prozent mehr als der Inhalt. Hauptsache Abschluss, dachte ich. Stimmte damals dann auch irgendwie.

Es gab noch kein privates Fernsehen, kein Internet und keine Karriereseiten in Zeitschriften. Es gab auch keine Kommilitonen, die ständig nervten: »Du musst doch wissen, was du später mal machen willst!« Ob das nun mein Glück war oder nicht (weil mich ein anderer Weg woandershin geführt hätte), werde ich niemals wissen.

Der blockierte Zufall

Die weinende Lisa. Kann es für sie nicht auch so laufen wie für mich? Nein! Es gibt einen ganz entscheidenden Unterschied. Lisa weiß zu viel. Sie geht in Vorträge wie den meinen. Sie liest und spricht mit anderen über Dinge, die früher gar kein Thema waren.

Heute ist es deshalb keine Frage mehr, ob zufällige Fügungen nicht manchmal auch von Vorteil sind. Zufällige Entscheidungen sind deshalb so gut wie unmöglich, weil es zu viele Informationen gibt. Je umfangreicher eine Speisekarte, desto schwerer fällt die Wahl. Vielleicht haben Sie heute Appetit auf das eine – aber ist es auch das, was Sie satt macht, und ist es letztlich überhaupt bekömmlich und sichert ein gesundes Leben?

Man kann nicht mehr einfach mit dem Finger in einen Katalog tippen und sagen: »Das nehme ich.« Die Informationen holen einen ein und werden Zweifel nähren. Bei den einen früher, bei den anderen später.

Wenn ich heute mit Eltern spreche, argumentieren diese oft, der Berufswunsch und Weg Ihres Kindes werde sich schon »entwickeln«. Doch das war früher so, bei uns. Bei Ihren Kindern nicht mehr. Zufällige Lebensläufe kann es schon deshalb nicht mehr geben, weil alle Welt über den Lebenslauf und die Berufsplanung spricht und zu viele Möglichkeiten der Berufswahl die Unschuld genommen haben.

Heute: 1001 Einflüsse

Die beste Entscheidungshilfe bietet die Praxis. Wer Arbeitserfahrung hat, spürt Stärken und Schwächen und kann sortieren, was einem entspricht und was nicht. Die wirkliche Arbeitswelt jedoch kennt Ihr Kind maximal aus Praktika, die viel zu kurz sind für solche echten Eindrücke.

Die Schule könnte Lücken füllen, doch sie tut dies nur in sehr engen Grenzen. Es gibt an Gymnasien kein Pflichtfach »Arbeitsmarkt und Beruf«. Wer sollte es auch lehren? Auf der ersten Seite dieses Buches habe ich die Aussage einer Bildungspädagogin wiedergegeben, die in ein Projekt involviert war, in dem Lehrer an die Wirtschaft herangeführt werden sollten. Es fand sich kein Betrieb, der bereit war, hier mitzumachen – zu besserwisserisch traten die Pädagogen in den Unternehmen auf. Die Schule, vor allem das Gymnasium, als Informationsstätte für Neue Arbeit und Berufe können wir also getrost vergessen. Wie sollen Lehrer lehren, was sie selbst nicht kennen?

Bleiben Sie, die Eltern. Aber was, wenn bis dahin das Fernsehen den Realitätssinn zerstört hat?

Fernsehen und andere Glitzerwelten

Meine Lektorin Juliane Wagner schickte mir vor einiger Zeit einen Link auf einen Artikel. Immer mehr Jugendliche würden sich anhand von Fernsehsendungen für ein Berufsbild entscheiden, hieß es dort. Der Arzt führt die Fernsehberufswunschliste an – ob als Gerichtsmediziner wie im Münsteraner *Tatort* mit Axel Prahl und Jan Josef Liefers oder als bärbeißiger Dr. House in der gleichnamigen TV-Serie. Die Designerin aus der Telenovela *Anna und die Liebe* hat auch nicht wenige junge Menschen auf ein in der Realität hart umkämpftes Berufsbild gebracht, in dem es oft keineswegs glitzernd, sondern sehr hart und konkurrenzbetont zugeht. Auch das Leben eines Anwalts und Kommissars sieht realiter beileibe nicht so aus wie im Fernsehen.[7] Besonders dramatisch ist, dass der Serienkonsum das Streben nach Glanz- und Glitterkarrieren als Model oder Casting-Star zweifellos maßgeblich steuert und Illusionen weckt.

Ihre Kinder entscheiden sich für ihren Berufsweg nach dem, was sie sehen und kennen: bei Ihnen, im Fernsehen, im Internet. Dies alles spiegelt jedoch nicht die Arbeitswelt wider, sondern nur die Fantasie der Fernsehschaffenden und das, was sich verkauft. Was wissen Drehbuchautoren und Regisseure über die Jobs der Neuen Arbeit? Meist herzlich wenig. Dabei könnte ich mir spannende Plots rund um einen Technology-Evangelisten oder einen Manager für Corporate Social Responsibility[8] vorstellen.

Er müsste dann allerdings nebenbei einen Mord aufklären. »Ich möchte etwas machen wie Kommissarin X«, schrieb mir eine Coaching-Interessentin und erläuterte ihren Berufswunsch detailreich anhand von Fernsehszenen. In diesen Serien sehen wir seit einigen Jahren Profiler, die sich mit spannenden Fällen und Schwerverbrechern auseinandersetzen. Der Berufswunsch Profiler, also Fallanalytiker, liegt deshalb vielen Krimiaffinen nahe. Dieser Wunsch muss inzwischen so ausgeprägt sein, dass sich das Bundeskriminalamt gezwungen sah, ein PDF auf seine Website zu stellen, in dem es den Job entmystifiziert. Darin heißt es: »Zwischen den Wünschen und Hoffnungen dieser jungen Leute [die das BKA anschreiben], die oft von den realitätsfernen Darstellungen der Medien gespeist werden, und den tatsächlichen Rahmenbedingungen im polizeilichen Alltag liegen oftmals Welten.«[9]

Tatsache ist: Ausgebildet zum Profiler werden ausschließlich Polizeimitarbeiter. Und: Es gibt in Deutschland nur 50 Fallanalytiker sowie 40 weitere in Ausbildung. Der Bedarf ist damit, so sagt das BKA deutlich, absolut gedeckt. Oft erhält das BKA Anfragen von Psychologiestudenten, die durch das Fernsehen glauben, ihr Studium sei eine gute Basis für den Beruf. Doch die deutschen Profiler sind keine Psychologen. Überhaupt spielt die Psychologie bei der Polizei eine untergeordnete Rolle, erst recht wird sie kaum zur Aufklärung von Schwerverbrechen herangezogen. Ich weiß das aus primärer Quelle, denn meine Bürokollegin und Partnerin ist eine ehemalige Polizeipsychologin.

Bei anderen Berufsbildern läuft es ähnlich: Das Fernsehen verspricht etwas, das der Alltag nicht hält. »Ich würde gern etwas fürs Fernsehen machen«, das höre ich sogar noch von Über-30-Jährigen. Das ist wie manche Teenie-Schwärmerei: unrealistisch, überzogen und auf das falsche Objekt bezogen. Erreicht man das Objekt der Begierde, stellt es sich auch nur als ein Job mit Fehlern und Begrenzungen heraus.

Die neue Realität in der Arbeitswelt bildet sich überhaupt nicht im Fernsehen ab. Bestenfalls erlangt man durch Dokumentationen wie *Die Dinosaurier: Das fantastische Urzeitexperiment* eine Ahnung davon, was heute durch Computersimulationen möglich ist. Doch der Job eines Entwicklers solcher Simulationen ist für spektakuläre Handlungen wenig geeignet. So geben im Fernsehen Kommissare, Ärzte und Anwälte den Ton an, die aus der alten Welt stammen und einen verschwindend geringen Teil am Gesamtarbeitsmarkt ausmachen. Lediglich 400 000 Ärzte gibt es in Deutschland – von knapp 27 Millionen sozialversicherungspflichtigen Erwerbstätigen. Gut jeder vierte

Beschäftigte arbeitet in Deutschland in Bereichen wie Metall, Textil und Holz. Haben Sie davon je auch nur einen Einzigen im Fernsehen gesehen?

Eine weitere gefährliche Einflussquelle, der besonders Mädchen unterliegen, die immer noch bedeutend mehr lesen als Jungs, sind Romane. Kennen Sie einen Roman mit einem Helden, der Maschinenbauingenieur ist? Oder einer Heldin, die ihr Geld als Community Managerin verdient, die Foren im Internet moderiert? Sicher nicht. Es finden sich andere Autoren, Journalisten, Designer, Fotografen, Regisseure – lauter Glanz-und-Glitter-Berufe, die überlaufen sind und gerade zu einem großen Teil der Wissensgesellschaft zum Opfer fallen. Die maximale Annäherung an das wahre Leben ist ein Hacker oder Computerexperte, der die Welt wahlweise rettet oder zerstört. Diese Realitätsverzerrung führt ganz viele geradewegs zur falschen Berufswahl.

»Ich wusste schon immer, dass ich ABC werden oder bei XY arbeiten wollte« – das ist so eine Aussage, die ich öfter von jungen Leuten höre. »Ich weiß das einfach. Ich spüre es« – so lautet ein beliebter Zusatz. Ich versuche dann zu ergründen, woher solche »Intuition« kommt. Viele kommen dann von selbst darauf, dass sie einem Traumbild erlegen sind.

Was das für Sie bedeutet

Machen Sie Berufswünsche, die beim Fernsehen entstanden sind, niemals lächerlich, nehmen Sie sie ernst, so naiv sie Ihnen auch scheinen mögen. Bringen Sie Ihr Kind durch Fragen selbst zu der Erkenntnis, dass es einem Trugbild aufsitzt. Ziel ist es, dass Ihr Kind äußere Einflüsse als solche auch wahrnimmt und erkennt, dass die Realität des Fernsehens nicht jener der Arbeitswelt entspricht.

Dazu kann ein Reality-Check gehören. Ein Ausflug auf die Seite des BKA würde im Fall des »Profilers« ausreichen, um Berufswünsche auf eine realistische Basis zu stellen. Wenn Ihr Kind Moderator werden möchte, dann fordern Sie es auf, den Weg dorthin zu recherchieren – durch die Suche nach Moderatorenlebensläufen im Internet und durch Gespräche mit Menschen, die Moderatoren kennen oder vielleicht selbst welche sind.

Eltern: prägende Vorbilder

Viele Interessen entspringen der Familiengeschichte. Mein Opa mütterlicherseits hat mich sehr beeinflusst; meine Familie sagt, ich hätte viel von ihm – er war Theologe, Philosoph und er schrieb Bücher, die er nie veröffentlichte und das auch nicht wollte. Nach dem Krieg arbeitete er bei der Arbeitsagentur. Es gab Restauratoren und Orgelbauer in der Familie, abgebrochene Psychologiestudenten, eine unfreiwillige Krankenschwester (meine Mutter), die eigentlich Innenarchitektin werden wollte, und diverse Kaufleute.

Erst heute erkenne ich, dass sich in meinem Leben alles davon zu etwas Eigenem vereinigt hat. Mir ist auch bewusst, dass all dies durch den Wandel in der Arbeitswelt begünstigt war, der es mir ermöglichte, mir den Wunschjob selbst zu mixen.

Dass die Familie sehr stark prägt, muss man bei jeder Berufsorientierung berücksichtigen. Ich sehe immer wieder, dass Menschen sich bewusst gegen den Weg der Eltern entscheiden und später auf ihn zurückkommen. Oder dass man sich auf den Weg der Eltern begibt und später von ihm abweicht. Man muss sich damit auseinandersetzen.

Wichtig ist dabei oft weniger der Beruf selbst, sondern dass mit den familiären Berufen ein bestimmter Status verknüpft ist – das kann Herabschauen oder Ansehen sein. Der Schlosser mit einer positiven Berufsbiografie im Lebensgepäck sagt begeistert: »Handwerk hat goldenen Boden.« Der Schlosser, der Abwertung erfuhr, sagt warnend: »Aus dir soll etwas Besseres werden.« Das Kind wird das Modell seiner Eltern entweder ablehnen oder annehmen.

In beiden Fällen wird es aber gleich prägend sein. Daraus erst entspringt der Motor, sich für bestimmte Bereiche und Berufe zu interessieren. Eine Klientin von mir ist wohl auch deshalb Fernsehmoderatorin geworden, weil sie etwas Besonderes sein wollte – der Vater ist Handwerker, die Mutter Hausfrau. Ich will diese Motivation nicht bewerten: Es ist eine Motivation, und jede innere Motivation, aus der etwas entspringt, das einen selbst zufrieden macht, ist positiv. Man muss sie nur unterscheiden von äußeren Motivationen. Diese sind Beeinflussungen und haben nichts mit dem Menschen und seiner Persönlichkeit zu tun.

Der berufliche Weg bedeutet nicht nur die Entscheidung für einen Beruf, sondern bezieht sich auch auf die Leistungsbereitschaft und Karriere- und Erfolgsaffinität. Kinder ehrgeiziger Eltern werden entweder auch ehrgeizig oder genau das Gegenteil – auch hier fällt oft die Entscheidung zwischen Revolution und Identifikation. Es kann auch sein, dass sich Geschwister an diesem Punkt geradezu auseinanderdividieren: der eine wie die Eltern, der andere komplett anders.

Identifikation ist typischer bei solchen jungen Menschen, die nicht genau wissen, was sie wollen, die ihre innere Motivation nicht kennen. Sie richten ihre Wünsche an den Eltern aus. Oft haben sie einen längeren Weg vor sich, bis sie sich dessen bewusst werden und sich davon lösen können. Haben Sie so ein Kind, müssen Sie deshalb besonders vorsichtig sein. Diese Kinder orientieren sich zu stark an der Außenwelt und spüren sich selbst und die eigenen Bedürfnisse zu wenig.

Das ist bei den Revolutionären nicht anders. Auch sie orientieren sich an der Außenwelt, nur dass dies bei ihnen zu einem »Ich mach das anders«-Verhalten führt. Es kann dabei sein, dass sie sich selbst und die eigenen Interessen und Bedürfnisse aber genauso wenig wahrnehmen.

Dann gibt es die Interesse-Kinder, die weder das eine noch das andere sind. Interesse-Kinder spüren sich selbst und besitzen eine eigene, innere Motivation. Sie ruhen in sich und wissen klar und ohne jeden Zweifel, was sie wollen – wie Max, Sohn einer Freundin, dem schon mit sechs Jahren klar war, dass er Pyrotechniker werden wollte, und der dieses Vorhaben sein Schulleben lang zielgerichtet verfolgte – obwohl niemand in der Familie je mit Pyrotechnik zu tun hatte.

Interesse-Kinder sind ein Geschenk. Sie gehen ihren Weg von ganz allein. Lassen Sie sie unbedingt gehen.

Was das für Sie bedeutet

Hinterfragen Sie, ob die beruflichen Empfehlungen, die Sie Ihrem Kind geben möchten, Ihre eigenen Wünsche und Vorstellungen widerspiegeln oder ob Sie Ihrem Kind ein eigenes Lebens- und Arbeitsmodell zubilligen. Wenn Sie ganz ehrlich zu sich sind: Präferieren Sie eine bestimmte Richtung nicht auch deshalb, weil Sie diese oder jene Erfahrung gemacht haben, dies oder das selbst nicht realisieren konnten? Wenn Sie sich bei dieser Frage mit einem stillen Ja erwischen, tun Sie Gutes, wenn Sie das für sich annehmen können – und ihr Kind damit freilassen.

Darum geht es aus meiner Sicht in unserem Zusammenhang: um die Haltung dem eigenen Kind gegenüber, das wir lieben. Wir wollen alle das Beste für unser Kind, aber wir können häufig nicht unsere eigenen Bedürfnisse von denen unserer Kinder trennen. Wir denken, wir wollten das Beste für sie – und meinen in Wahrheit uns selbst. Wir bilden uns ein, unser Kind würde genauso sein oder empfinden wie wir – und irren uns damit oft gewaltig. So, wie wir selbst oft viele Jahre und Jahrzehnte für die eigene, auch berufliche Befreiung brauchen, benötigen dann auch unsere Kinder ein halbes Leben, um sich von unseren Vorstellungen zu lösen und ihre eigenen zu entdecken. Bis zu einem gewissen Grad ist das auch alles ganz normal und gehört zu einer persönlichen Entwicklung dazu. Problematisch wird es nur dann, wenn das Berufsleben deshalb zu stark und zu früh aus den Fugen gerät.

Es ist ganz natürlich, dass die Familienberufe bei der Berufsfindung Ihres Kindes eine zentrale Rolle spielen. Sprechen Sie über diese Dinge, die ich hier thematisiert habe. Machen Sie die Vor- und Nachteile des eigenen Berufs deutlich. Sagen Sie aber auch, dass das alles Ihr Empfinden ist.

Unterscheiden Sie äußere Beeinflussung und innere Motivation. Was kommt aus Ihrem Kind heraus, was ist ihm als »Floh« ins Ohr gesetzt von anderen? Wo verläuft die Grenzlinie zwischen Überzeugungs-Haltung und Lockrufen von außen?

Wenn Ihr Kind sich stark an Ihnen orientiert – ob dies nun in einer Annahme oder einer Ablehnung Ihres Berufs und Lebensmodells gipfelt –, sagen Sie ihm, dass es auch noch mit anderen Menschen sprechen soll, die diesen Beruf ausüben. Fordern Sie Ihr Kind auf, über den Tellerrand der eingegrenzten Elternhaus-Erfahrung zu schauen, und fördern Sie Kontakte und Gespräche zu Menschen mit anderen Berufsbiografien. Gerade die Möglichkeiten der Neuen Arbeit sind schließlich schwer zu fassen für jemanden, der nichts damit zu tun hat. Wenn der Blick zu eng ist, gilt es ihn zu weiten.

Mitschüler und Freunde

Auch die »Clique« beeinflusst – manchmal noch stärker, als Sie es als Eltern tun. Freunde und Mitschüler legen dabei Kriterien an die Berufswahl an, die dem »Status« eines Jobs oder einer Firma eine große Relevanz zubilligen. Was Freunde anerkennen, ist das, was sie kennen oder was in der eigenen Subkultur ein hohes Image besitzt.

Je nach Prägung durch die eigenen Kreise schielen die Jungendlichen dann mehr Richtung »karriererelevant«, »beständig«, »sinnhaft« oder »kreativ«. Persönliche Fähigkeiten, Potenziale und Motivatoren, die für das berufliche Glück entscheidend sind, sind in diesem Stadium oft nicht so wichtig. Es geht noch sehr stark um den Vergleich:

Felix ärgert es, dass Paul einen besseren Arbeitgeber für sein duales Studium gefunden hat. Solche Dinge spielen am Anfang des Berufslebens eine viel größere Rolle als später. Für Jungs gilt das leider in noch stärkerem Maße als für Mädchen. Problem dabei ist, dass gerade hier oft in veralteten Karrierekategorien gedacht wird. Interesse spielt, mit Ausnahme der Interesse-Kinder, oft kaum eine Rolle.

Es entwickeln sich aber ohne jede Frage stärkere Lebensläufe und Persönlichkeiten, wenn die Entscheidungsgrundlagen für die Ausbildung und jeden neuen Job klar und intrinsisch sind, also aus einem Interesse am Thema stammen.

Viele junge Menschen, die das Arbeitsleben noch nicht kennen und keinen starken inhaltlichen Treiber haben, also keine Interesse-Kinder sind – wie eben die meisten –, sind wie ein weißes Blatt Papier, auf dem andere malen.

Gedanken an prekäre Jobs, Zeitarbeit und die neue Flexibilität der Arbeit ängstigen. Das kommt über Schule, Eltern, Bekanntenkreis und das Internet vermittelt auch bei den Freunden an. Von überall her strömen Informationen. Jeder sagt etwas anderes. Oh Gott, ein Jahr nach Australien – geht denn das? Das Studium abbrechen – ist das nicht ein ewiger Makel? Die Arbeit in einer kleinen Technologiefirma – stellt das denn nicht ein Risiko dar? Selbstständig arbeiten – das ist doch schädlich für den Lebenslauf! Entweder nimmt ein junger Mensch all das kritiklos an, oder er ist total verunsichert. Beides ist nicht gut.

Was das für Sie bedeutet

Fragen Sie Ihr Kind, was seine Freunde ihm empfehlen. Hinterfragen Sie diese Empfehlungen und die Vorstellungen von Berufen und dem Arbeitsleben – ein paar Beispiele:

- Was denkst du, woher er (z. B. dein Freund) diese Einschätzung nimmt?

- Warum, glaubst du, rät er dir das?
- Was löst das in dir aus?
- Welche Gedanken hast du selbst dazu?

Akzeptieren Sie zugleich, dass auch im Umgang mit Freunden und Bekannten Identifikation (hier: nachmachen) und Revolution (etwas anders machen) Grundmuster sind. Aber: Wenn Ihrem Kind das bewusst ist, kann es seine eigenen Gedanken besser fassen.

Prognosen

Zuerst redete man von der Ärzteschwemme. Dann gab es einen Ärztemangel. Und schließlich bezog man diesen Mangel nur noch auf Landärzte. Für jede These gibt es die passende Studie, meint manch Lästermaul. Für jeden Gedanken die dazugehörige Prognose. Prognosen sind die nächste Einflussquelle, eine sehr mächtige sogar.

Prognosen infizieren alle anderen hier genannten Einflussquellen: Eltern, Mitschüler, Lehrer und das Fernsehen. Sie sind gefährlich, weil sie oft nicht eintreten – ob sie sich nun auf Berufsgruppen beziehen oder gesellschaftliche Entwicklungen. Im zweiten Teil des Buches lernen Sie deshalb, berufsgruppenbezogene Prognosen selbst zu erstellen. Manche Prognosen sind besonders schwer greifbar, etwa, wie sich die Konjunktur entwickelt, die an so vielen einzelnen Dingen hängt, dass bisher auch kein Volkswirtschaftler die Überraschungen der letzten Jahre voraussagen konnte. Es kann alles Mögliche passieren, an das wir gerade nicht denken und das auch keine Szenarioplanung erfasst, und zack!, rauscht die Wirtschaft in den Keller und zieht unser Exportwunderland mit sich.

Politik wirkt auf Konjunktur, Konjunktur auf Gesellschaft, Gesellschaft auf das Individuum. Die Gleichung mit dem Ergebnis »Was wird kommen« weist zu viele Unbekannte auf, um sie auflösen zu können. Prognosen haben die Eigenschaft, sich auf nur einen Aspekt zu beziehen. Es werden Szenarien auf Basis vorhandener Informationen durchgespielt. Diese Informationen sind immer begrenzt. Es kann nicht bedacht werden, was derzeit noch gar nicht aktueller Stand ist. Und deshalb trifft vieles nicht ein wie gedacht. Prognosen sind alles andere als sichere Voraussagen.

Nur eins ist klar: Die Arbeitswelt ändert sich seit zehn Jahren radikal, und sie wird das weiter tun. Wir befinden uns mitten in einer Entwicklung – vielleicht ohne dass Sie es unmittelbar merken, weil Sie selbst noch in der Parallelwelt der alten Arbeit leben. Ihre Kinder werden die Auswirkungen der Neuen Arbeit dagegen sicher spüren. Gehen wir ein wenig näher heran an die Neue Arbeit. Das ist wichtig, wenn wir uns mit der Berufswahl beschäftigen. Die Neue Arbeit ist nicht im Fernsehen, nicht bei den Freunden und vielleicht auch noch nicht bei Ihnen angekommen.

Parallelwelten: Die alte und die Neue Arbeit

Vor einigen Monaten musste ich zum Amtsgericht, um die unerwünschte Erbschaft eines schuldenbelasteten Verwandten abzulehnen. Es war ein Besuch in einer alten, längst vergangenen Welt: verstaubte Einzelbüros mit Möbeln aus den Siebzigern, beschichtetes Holzimitat. Nur die Computer auf den Schreibtischen erinnerten an moderne Zeiten. Die höchstwahrscheinlich verbeamtete Mitarbeiterin machte sich Notizen im Schneckentempo, gab dann alles im Zwei-Finger-Suchsystem in den PC ein, druckte aus, stempelte, lief über den langen Flur und fertigte eine Kopie an. Mein effizienzgetriebener Blick ermittelte sofort deutliches Einsparungspotenzial. Und mir war klar: Die Existenz dieses Jobs ist eine Frage der Zeit. Die Zeit tickt in Behörden zwar langsamer, aber davor stehen bleibt sie nicht. Ich fragte die Mitarbeiterin, ob ihr der Job Spaß mache. Naja, erwiderte sie, es ist halt mein Job. Er sei wenigstens sicher. Der nervende Vorgesetzte – eine andere Geschichte. Und dass sie ihre Ideen für Kunden-freundlichkeit nicht durchsetzen konnte – abgeschrieben.

Die Neue Arbeit

Welch ein Kontrastprogramm: Ein Kunde, der in einem IT-Unternehmen als Programmierer arbeitet, hat mich eingeladen, seinen Arbeitsplatz kennenzulernen. Dort stehen moderne, flexibel verstellbare Möbel im Empfangsbereich, offene Minikantinen mit Obst und Bio-Snacks auf jeder Etage. Eine Gruppe Mitarbeiter diskutiert über einen Laptop gebeugt, eine andere arbeitet im hellen, offenen Konferenzbereich, der sich vom Flur erreichen lässt. Dort sind Kollegen aus anderen Ländern via Bildschirm zugeschaltet. Die großflächige Bildschirmpräsentation steuert jemand, indem er mit der Hand blättert und klickt, wie ein iPhone. Wir sehen das Meeting eines virtuellen Teams.

Es ist 11 Uhr, und soeben kommen zwei Mitarbeiter mit einer Latte Macchiato in der Hand herein. Sie entscheiden sich spontan, heute nebeneinander in einer der frei gestaltbaren Nischen zu arbeiten, es herrscht freie Arbeitsplatzwahl nach dem sogenannten Clean-Desk-Prinzip. Das bedeutet, dass niemand Anrecht auf einen bestimmten Schreibtisch hat und am Ende des Tages alle Schreibtische leer sein müssen.

Offene Schreibtischkonzepte und Arbeitsraumformen wie hier setzen sich überall durch. Fraktale Arbeitsplätze sind dadurch gekennzeichnet, dass sich der Platz verändern und verschieben lässt – mit Aufstockungen, Erweiterungen, aber zum Beispiel auch durch an den Tischbeinen angebrachte Rollen. Raumkonzepte lassen konzentrierte Einzeltätigkeit ebenso zu wie gemeinsame Arbeit. Anstelle von persönlichen Arbeitsplätzen gibt es eine Vielfalt an Arbeitsorten mit je nach Tätigkeit unterschiedlichen Eigenschaften. Dazu gehören neben Business Centern mit Groß- und Einzelarbeitsräumen auch ein Team

Center mit Besprechungs- und Konferenzmöglichkeiten sowie eine Lounge für die Entspannung zwischendurch.

Persönliche Utensilien lagern in bunten Fächern im Eingangsbereich. Die Fotos von Freund oder Freundin sind ohnehin auf dem Laptop, den jeder Mitarbeiter nach Hause mitnimmt, wenn er heimgeht, was einmal mittags und anderntags spätabends sein kann. Die Mitarbeiter, die an ihren Computern arbeiten, sind konzentriert. Wenn Sie sie fragen, antworten sie, dass ihnen der Job sehr viel Spaß macht und sie die Freiheiten, die sie haben, genießen. Niemand sagt: »Ist halt ein Job.« Und von Sicherheit spricht erst recht keiner. Die interessiert auch nicht. Anders als die Mitarbeiterin im Amtsgericht, deren Motivation die Sicherheit ist, gilt hier der innere Antrieb. Spaß macht, was interessant ist.

Wir leben in einer Zeit, in der extrinsische und intrinsische Motivation parallel existieren, Pflichterfüllung und Arbeitsspaß ebenso wie beschichtete Kunststoffmöbel und ökologische Holzdielen. Ruhige Einzelbüros an dunklen Fluren, laute Großraumarbeitsplätze und moderne Mehrfunktionenbüros – alles ist gleichzeitig da.

Die alte und die neue Welt sind parallel existent, die eine noch, die andere schon. Alles Neue beginnt klein und entfaltet sich dann im Großen. Mit der Neuen Arbeit ist das ganz genauso. Sie erweitert ihren Radius von einem kleinen Punkt aus.

Die Mitarbeiterin aus dem Amtsgericht kann sich nicht vorstellen, wie man in einem modernen privatwirtschaftlichen Unternehmen arbeitet. Die sogenannte »Schornsteinkarriere«[10] ist ihr vertraut: Befördert wird in ihrer Welt derjenige mit der längsten Zugehörigkeit und dem besten Draht nach oben. Wie in einem Kamin zieht der Angestellte dann im Laufe des Berufslebens Stufe für Stufe nach oben. Um Kompetenz geht es da sehr oft nicht. Die Gerichtsbeamtin mag das aus dem eigenen Umfeld kennen: Herr Meier, ihr Chef, hat nur deshalb die Abteilungsleitung übernommen, weil er länger dabei ist als sie. Kompetenz? Fehlanzeige! Auch ein Führungskräfteseminar konnte seine Fähigkeiten als Manager nicht verbessern; er bleibt ein unreflektierter

Choleriker. Über ihren Frust mit dem Vorgesetzten tauscht sie sich mit Freunden aus, die die Neue Arbeitswelt auch nicht kennen.

Die Berichte in den Zeitschriften und im Fernsehen liest sie nicht, und wenn doch, so haben sie nur ihre Angst geschürt. Sie hat bestenfalls von befristeten Arbeitsverträgen, Zeitarbeit, Leistungsdruck, Kündigungswellen, Lohnscheren und dem Prekariat gehört – also von den negativen Auswüchsen, den Tumoren der Neuen Arbeit. Sie kann deshalb an dieser Neuen Arbeit nichts Gutes finden.

Möglich, dass sie ihren Kindern rät, besser eine Verwaltungslaufbahn einzuschlagen. Vielleicht sagt sie: »Wichtig ist ein sicherer Job« oder: »Ich kann wenigstens um 15 Uhr Feierabend machen, wenn ich um sechs anfange. Der Sohn von Gabi arbeitet oft bis nachts, stell dir das vor.« Vielleicht sagt sie auch gar nichts oder: »Hauptsache, du bist glücklich«, aber auch wenn sie schweigt, lebt sie das Karrieremodell Sicherheit vor.

Wenn ich junge Leute frage, was ihnen bei ihrer Berufswahl wichtig ist, dann nennen sie immer öfter den Punkt Sicherheit. Sicherheit ist die tiefe Sehnsucht in Zeiten eines Umbruchs, wie wir ihn seit dem Übergang vom Mittelalter in die Neuzeit nicht mehr erlebt haben. Wie sich damals die Menschen der Zeitenwende nicht wirklich bewusst waren, sind wir es uns auch nicht. Aber bei genauem Hinsehen ist die Situation dramatisch: Wir füttern Computer, aber nutzen unsere Hände immer weniger! Gedankensteuerung ist das Nächste. Das konnte sich nicht mal George Orwell in seiner negativen Zukunftsvision *1984* so richtig vorstellen.

Parallelwelten

Bis sich etwas Neues durchsetzt, dauert es Jahre, nicht selten Jahrzehnte. Manche Experten sprechen sogar von der Ein-Prozent-Regel: Viele gesellschaftliche Veränderungen setzen sich jedes Jahr um 1 Prozent mehr durch – die Technologie indes beschleunigt vieles.

So lange, bis es sich durchsetzt, besteht das Alte weiter. Denken Sie nur an den langen Weg der E-Mail. Vor zwölf Jahren, 1999, als ich meinen letzten angestellten Job ausübte, ließen sich manche Vertriebsleiter ihre Mails noch ausdrucken, weil sie selbst nicht damit umgehen konnten. Das ist heute undenkbar – dazwischen ist gerade einmal etwas mehr als ein Jahrzehnt vergangen.

Veränderer und Bewahrer, die derzeit überall aufeinanderprallen, waren sich schon immer spinnefeind. Die einen sagen: »Wir müssen etwas Neues tun«, die anderen: »Es hat doch schon immer so funktioniert.« Je geringer der Veränderungsdruck, desto länger behalten die bewahrenden Kräfte die Oberhand. Je größer, desto schneller rollt die Lawine, die die Veränderer steuern. Der Veränderungsdruck ist groß, weil im globalen Wettbewerb nur der Schnellste, Beste, Innovativste oder aber Preiswerteste gewinnt. Das fordert immer besser und spezieller ausgebildete Menschen. Und hier schließt sich der Kreis zu Latte Macchiato, flexiblen Arbeitszeiten und intelligent einsetzbaren Büromöbeln. Besser und spezieller ausgebildete Leute sind nicht steuerbar wie dazumal ein Industriearbeiter. Sie brauchen Futter für den Geist und eine Umgebung, die ihnen gefällt. Sie arbeiten nicht, weil sie Geld verdienen wollen, sondern sie wollen Spaß und Sinn. Sonst gehen sie einfach woandershin.

Die neue Karriere

Je besser ausgebildet Menschen sind, desto wichtiger ist ihnen der inhaltliche Aspekt der Arbeit, der Sinn im eigenen Tun – und desto unbedeutender wird Sicherheit. Man könnte es auch so ausdrücken: Je mehr im Kopf ist, desto weniger locken feste Arbeitsverträge, dicke Prämien und Autos. Hinzu kommt die Notwendigkeit des Austauschs – ohne sie sind Firmen nicht mehr wettbewerbsfähig. Ohne Kommunikation keine Kreativität. Ohne Kreativität kein Überleben.

Das wissen die Unternehmen. Auch deshalb arbeiten die Mitarbeiter der Boston Consulting Group in München in regelrechten Dörfern mit jeweils rund 30 Personen, die so gestaltet sind, dass an der Kommunikation untereinander kein Weg vorbeiführt. Deshalb bauen immer mehr Unternehmen ihre Büros so um, dass Kooperation und Gemeinschaft gefördert werden.

Die Personalmanager der Unternehmen diskutieren schon lange über die Punkte, die sie ändern müssen, auch beim bisherigen Umgang mit dem Begriff Karriere im eigenen Unternehmen. Theoretisch ist die Abschaffung der alten Karrieremodelle – die hierarchischen Aufstieg mit »System« versprechen – so gut wie überall beschlossene Sache – praktisch stellt es einen längeren Prozess dar. Denn klar ist, dass man Menschen mit einem hohen Kompetenzniveau braucht. Solche Kompetenz baut sich aber nur bei demjenigen auf, der an mehr Interesse hat als dem nächstgrößeren Dienstwagen. Deshalb experimentieren längst auch größere Unternehmen mit neuen Freiheiten: Home Office etwa soll in einem bekannten Hamburger Unternehmen jetzt für jeden immer möglich sein. Doch die alten Führungskräfte haben es einfach noch nicht kapiert, und die jungen trauen sich nicht, das Versprechen auch einzulösen. So etwas findet derzeit oft statt: Das Neue kommt zaghaft, stößt auf Misstrauen. Ein solcher Wandel dauert Jahre, drei mindestens, so meine Erfahrung, vielleicht viel mehr. Doch verändern muss sich etwas, sonst ziehen die Konzerne weiter Menschen hoch, die es sich nach einigen Jahren bequem machen, weil die Begeisterung für die Sache nie da war oder komplett erlahmt ist.

Lassen wir einen Experten sprechen, den ehemaligen Manager und heutigen Unternehmensberater Jürgen Fuchs: »Karriere wird nur der machen, der gefragt ist, der seine Kompetenz marktfähig hält – für den internen und externen Markt. Karriere heißt dann nicht mehr, viele Menschen ›unter sich haben‹, sondern mit vielen Menschen in Verbindung stehen: nicht ›Ein-Druck‹ machen, sondern ›Ein-Fluß‹ nehmen.«

Die Arbeit der Zukunft muss Spaß machen – oder um die Ergebnisse der Forschungen des Psychologen und Motivationsforschers Mihály Csíkszentmihályi zu zitieren: Zufrieden ist, wer im Flow arbeitet. Flow ist dabei ein Zustand im Idealgebiet zwischen Unter- und Überforderung. Hier vergessen wir die Zeit und tun unsere Arbeit »freiwillig« und ohne Zwang. Die Motivation kommt also von innen – wir verhalten uns beim Arbeiten wie ein Kind, das selbstverloren im Sandkasten spielt. Wenn Mitarbeiter im Flow sind, hat das für das Unternehmen enorme Vorteile. Solche Mitarbeiter sind intrinsisch motiviert und aus sich selbst heraus zufrieden. Sie wollen zwar gut bezahlt werden, aber dieser Punkt stellt nur einen Hygienefaktor dar und keinen Motor. Sie brauchen Feedback, aber keine Kontrolle. Sie werden auch ganz sicher nicht den Wecker auf 16.58 Uhr stellen, um dann den Computer herunterzufahren.

Sie arbeiten effektiv und schinden keine Zeit. Deshalb kommen sie manchmal in drei Stunden und manchmal über Nacht zum Ergebnis. Vor allem aber sind sie gesund, denn wenn sie in Stress geraten, dann in den positiven Eustress und nicht in den negativen Distress. Das bedeutet auch, dass sie gesünder sind und weniger Krankheitszeiten aufweisen und damit Kosten verursachen. Es sind so gesehen die idealen Mitarbeiter.

Zurück in die »Lümmelecke«, zu flexiblen Sitzmöbeln, Etagenkantinen, Latte Macchiatos und mobilen Arbeitsplätzen. Das ist eine Umgebung, die Flow-Mitarbeiter motiviert. Gleichzeitig unterstützt sie die Anforderungen der modernen Arbeitswelt nach mehr Kommunikation und Austausch – und wirkt dem unternehmensschädlichen Inselverhalten entgegen, bei dem Teams und Abteilungen sich abgrenzen und Wissen abschotten. Wenn Sie in einem Wirtschaftsunternehmen tätig sind, kennen sie das wahrscheinlich: Jede Abteilung, jede Sparte machte ihr eigenes Ding. Der fehlende Austausch wiederum behinderte den Informationsfluss, was zu doppelten Arbeiten und Ineffizienz führte. Früher oder später deckten McKinsey

& Co. so etwas auch auf. Kurz darauf folgte eine Reorganisation, die kaum ohne Kündigungen auskam.

Sie sehen: Solche Lümmelecken können sogar zu mehr Arbeitsplatzsicherheit verhelfen.

Results only

Die beiden Kollegen, die sich entscheiden, heute miteinander zu arbeiten, kommen an diesem Tag erst um elf Uhr ins Büro.

Sie hätten auch nachmittags oder gar nicht kommen können, denn meine Szene beschreibt ein Results Only Work Environment, ein ROWE. Hier geht es nicht darum, dass Angestellte ihre Zeit absitzen und auf den Feierabend warten wie im Amtsgericht. Hier geht es darum, dass sie ihre Ziele erreichen.

»Ich freue mich schon auf morgen, da gehe ich ins Betahaus«, erzählte mir ein Freelancer, der mit anderen projektweise auch für große Firmen arbeitet. Das Betahaus ist ein Co-Working Office in Hamburg, Berlin und Köln – und ein weiteres Beispiel für die Umgebung der Neuen Arbeit. Tage- oder Stundenweise lassen sich dort flexibel Büros und Konferenzräume mieten. Man kann als Team im Projekt zusammenarbeiten oder allein. Auch immer mehr Unternehmen schicken ihre Angestellten in solche Bürohäuser, die nicht durch trennende Flure oder anonyme Großraumflächen gekennzeichnet sind, sondern durch flexible Kombinationsmöglichkeiten und Gemeinschaftsflächen Kooperation und Zusammenarbeit fördern. Hier finden sich auch Menschen, die für ein Unternehmen nicht dauerhaft umziehen möchten, oder solche, die nur zeitweise ein Projekt bearbeiten.

Trends in der Neuen Arbeit

Was sind die derzeit wichtigsten Trends der Neuen Arbeit und Karriere? Nutzen Sie die folgende Tabelle als »Karrierewissen kompakt«; vielleicht machen Sie ein kleines Quiz daraus. Wenn Sie Lust haben, geben Sie die Übersicht einem Lehrer, damit er sie in seinen Unterricht einbaut.

Trend	Beschreibung	Heißt für die berufliche Zukunft Ihrer Kinder
Co-Working Office	Co-Working bedeutet nichts anderes als Zusammenarbeiten. Unter dem Motto Kooperation steht dann auch die Arbeit in diesem Bürohaus, das zentrale Aufenthaltsbereiche, Büros und Konferenzräume umfasst. Es dient als Treffpunkt für freiberuflich Tätige, Start-ups, aber auch Angestellte, die z. B. für ein in München beheimatetes Unternehmen in Berlin arbeiten. Als Nebeneffekt bildet sich meist eine Networking-affine Community, also eine Gemeinschaft, die Ressourcen teilt und sich austauscht. Seit einigen Jahren entstehen solche Häuser in allen großen Städten.	Freiberuflich tätig sein bedeutet nicht mehr, einsam im Home Office zu arbeiten. Zusammenarbeiten ist auch das Motto in Start-ups oder modernen Unternehmen, deren Büroräume oft auch an den Co-Working Offices orientiert sind. Im Hamburger »Betahaus« engagiert sich die Firma Otto. Adresse: www.coworking.de.
Dezentralisierung der Arbeit	Um für ein Münchner Unternehmen zu arbeiten, muss man nicht mehr unbedingt nach München ziehen: Home Office und Firmenoffices in anderen Städten machen es möglich. Damit verknüpft ist z. B. auch der Trend zum virtuellen Team, das sich nur per Internet und Telefon abstimmt.	Bisher ist es so, dass Spezialisierung eine Schattenseite hat: Man muss öfter umziehen. Das ändert sich gerade, da Unternehmen ihren Spezialisten die Möglichkeit einräumen, dort zu wohnen, wo sie es möchten.

Trend	Beschreibung	Heißt für die berufliche Zukunft Ihrer Kinder
Diversity (Mix verschiedener Geschlechter, Kulturen etc.)	Gemischte Teams sind erfolgreicher in unserer globalisierten Welt. Eine Blamage für manche Unternehmensberatung, dass in den deutschen Beraterteams bis vor Kurzem kaum Frauen vertreten waren. Seit einigen Jahren achten Unternehmen mehr und mehr auf eine gute Durchmischung. Das Team soll sein wie der Kunde auch – Mann, Frau, alt, jung, Deutscher, Türke.	Diversity fordert die persönlichen Fähigkeiten im Umgang mit unterschiedlichen Menschen und verschiedenen Kulturen. Es geht um Toleranz und Respekt sowie um die Fähigkeit, in gemischten Teams zu arbeiten. Die Polizei Hamburg meldete, dass sie eine Quote von 18 Prozent Migranten anstrebe – entsprechend dem Anteil unter den Bürgern.
Ehrenamt und gesellschaftliches Engagement	In vielen Bereichen ist ehrenamtlicher Einsatz nötig, etwa von Senioren, die Lücken schließen. Hier werden keine Gehälter mehr bezahlt, sondern z. B. Guthaben auf Zeitkonten eingezahlt.[11]	Gutes Geld gibt es dort, wo ein hoher Wissensstand erforderlich ist, bestimmte Jobs auszuüben; andere Bereiche werden schwer als normal bezahlt zu halten sein (z. B. Pflege, Beschäftigung mit Senioren, Essen ausfahren).
Employability	Arbeitnehmer müssen sich selbst beschäftigungsfähig halten.	Es liegt in der eigenen Verantwortung, das eigene Wissen und Können den Anforderungen des Arbeitsmarktes entsprechend anzupassen. Dazu gehört ein regelmäßiger Abgleich des eigenen Profils mit den gesuchten Anforderungen der Arbeitgeber.
Kooperation	Die besten Ergebnisse entstehen, wenn mehrere Perspektiven und interdisziplinäre Blickwinkel in ein Projekt einfließen. Dies betrifft unterschiedliche persönliche Sichtweisen und verschiedene fachliche Perspektiven. Deshalb wird Arbeit immer mehr in wechselnden Projektteams organisiert.	Wer später mit anderen Experten auf Augenhöhe arbeiten möchte, braucht die Fähigkeit, die Perspektiven von anderen wertzuschätzen, eigene Einschätzungen zu revidieren und sich mit seinen Überzeugungen einzubringen.

Trend	Beschreibung	Heißt für die berufliche Zukunft Ihrer Kinder
Neue Karriere	Einen richtigen Begriff für das, was nach der Schornsteinkarriere gekommen ist und noch kommen wird, gibt es nicht. Die neue Karrierewelt verfügt über ganz unterschiedliche Facetten. Tatsache ist, dass es den stetigen hierarchischen Aufstieg im gleichen Unternehmen, in dem man bis zur Rente bleibt, so kaum noch geben wird.[12] Stattdessen dominieren inzwischen in großen Unternehmen frei wählbare Fach-, Projekt- und Führungskarrieren, die auch durchlässig untereinander sind. Auch wird Beförderung nach anderen Kriterien erfolgen – nicht mehr nach Betriebszugehörigkeit, sondern nach der jeweils für die Aufgabe gebrauchten Kompetenz und Fähigkeit.	Junge Leute sollten nicht darauf spekulieren, eine Karriereleiter hochzusteigen, sondern Spaß daran haben, immer mal wieder etwas Neues dazuzulernen und so das eigene fachliche, methodische und persönliche Profil zu erweitern.
Flexibilisierung der Arbeit	Moderne Technik befreit die Menschen davon, an einem bestimmten Ort sein zu müssen. Viele Aufgaben lassen sich von überall erledigen. Home Office wird normal. Projektverträge werden häufiger, außerdem selbst gewählte Teilzeit. Alles ist möglich, besonders für die sehr gut Ausgebildeten.	40-Stunden-Woche und 30 Tage Urlaub? Auslaufmodelle. In Zukunft verhandeln junge Angestellte selbst, unter welchen Bedingungen sie arbeiten möchten – wenn ihre Qualifikationen entsprechend gefragt sind. Im Zuge dessen verabschiedet sich auch die Präsenzkultur, wie derzeit schon in Skandinavien sichtbar. Es zeugt nicht mehr von Ehrgeiz, möglichst lange im Büro zu sein; im Gegenteil, das ist uncool.

Trend	Beschreibung	Heißt für die berufliche Zukunft Ihrer Kinder
Flexibilisierung des Arbeitsmarktes	Schon jetzt befristen Arbeitgeber etwa die Hälfte aller neuen Arbeitsverhältnisse, insgesamt sind fast 10 Prozent aller sozialversicherungspflichtigen Arbeitsverhältnisse zeitlich begrenzt.[13] Das bezieht längst auch den akademischen Markt mit ein. Weiterhin werden immer mehr Tätigkeiten freiberuflich organisiert. Die Zahl der Selbstständigen hat sich von 1992 bis 2010 um rund 600 000 erhöht und damit mehr als verdoppelt. Das entspricht einer durchschnittlichen jährlichen Wachstumsrate von 4,4 Prozent.[14] Besonders hohe Steigerungsraten gibt es bei den modernen Projektarbeitern in der IT sowie in kreativen Berufen.	Manchmal ist die Befristung die einzige Chance, einen Berufseinstieg zu schaffen – ein notwendiges Übel für den Übergang. Freiberufliche Tätigkeiten sind dagegen, solange selbst gewählt, oft mehr ein attraktiver Lebensstil als Bedrohung – siehe Co-Working.
Frauen	Frauen gehört dieses Jahrhundert, sagt man. Die Frauenquote kommt unaufhaltsam auf die Männer zu. Skandinavien ist auch hier etwa zehn Jahre weiter, aber 40 Prozent Frauen in Führungspositionen wird auch bei uns Realität werden.	Mädchen, die was aus sich machen wollen, werden nicht mehr an dummen Sprüchen und gläsernen Decken scheitern, die machtbewusste männliche Alphatiere eingezogen haben. Für Männer ist das eine Entlastung: Sie müssen die Familie nicht mehr ernähren, das kann auch die Frau.

Trend	Beschreibung	Heißt für die berufliche Zukunft Ihrer Kinder
Lebenslanges Lernen	Die eine Ausbildung oder das eine Studium reichen nicht mehr aus. Menschen müssen lernen zu lernen: immer wieder dazu- und manchmal auch ganz neu. Das bezieht sich auf fachliche, methodische – also die Vorgehensweise betreffende – wie auch persönliche Fähigkeiten. Es ist auch im Zusammenhang mit dem Auslaufmodell Schornsteinkarriere zu sehen. Früher gab es oft einen Kompetenzknick in der Lebensmitte, wenn der berufliche Aufstieg geschafft war. Das dürfte so nur noch selten möglich sein.	Stehen bleiben geht nicht mehr: Einmal im Jahr eine Weiterbildung lautet meine persönliche Empfehlung auch für ganz junge Leute. Die Frage nach Weiterbildung wird zum ständigen Begleiter. Was fehlt mir? Wo muss ich mich verbessern? Jeder sollte sie sich einmal jährlich stellen.
ROWE (Results Only Work Environment)[15]	Immer mehr Unternehmen schaffen Arbeitsumgebungen, in denen nur das Ergebnis gefordert ist. Die Mitarbeiter können kommen und gehen, wann sie wollen und müssen auch nicht mehr vor Ort sein. Die Idee stammt aus den USA und ist derzeit erst in wenigen deutschen Firmen angekommen. Aktuelle Realität in den Firmen ist maximal eine »Flexitime«, also flexible Arbeitszeit mit einer Gleitzeit, Kernarbeitszeiten oder einem Zeitkonto.	Diese Art der Arbeit erfordert viel Selbstmanagement. Die Fähigkeit, sich selbst zu managen, stellt dann auch eine ganz wichtige persönliche Kompetenz dar, die leider wenig gefördert wird. Das durch den Bachelor viel stärker verschulte Studiensystem steht dem eigentlich komplett entgegen.
Selbstunternehmertum	An die Stelle des Versorgungsversprechens tritt eine Geschäftspartnerschaft zwischen Unternehmen und Arbeitnehmer.	Selbstorganisation ist gefordert, ebenso unternehmerisches Denken – auch für die, die einen festen Arbeitsvertrag haben.

Trend	Beschreibung	Heißt für die berufliche Zukunft Ihrer Kinder
Ständige Verfügbarkeit	Das Smartphone ist immer dabei, wir sind ständig online und oft auch am Wochenende und im Urlaub erreichbar. Die Kommunikation mit anderen Zeitzonen erfordert zudem oft, dass wir zu ungewöhnlichen Zeiten im Büro sind.	Abschalten können – das dürfte eine der wichtigsten Anforderungen in Zukunft sein. Fraglos führt die ständige Verfügbarkeit zu Stress, Balance wird mehr und mehr von den Unternehmen verordnet werden, weil sie erkennen, dass sie sich keine ausgebrannten Mitarbeiter leisten können.

Die Ursache für die Veränderungen – und ihre Wirkung

Vielleicht klingen Ihnen meine Schilderungen zu rosig. »Und was ist mit den ganzen negativen Auswirkungen?«, mögen Sie sich fragen. Die Folgen der Veränderung sind ganz deutlich zu sehen: 9 Millionen Burnout-Kranke soll es geben. Die Erkrankungszahlen sind besonders dort hoch, wo durch globalen Wettbewerb viel Veränderungsdruck besteht, etwa in der Textilindustrie oder im Druckwesen, aber auch in den Bereichen Gesundheit, Sozialwesen und Erziehung.[16] Eine junge Kundin kam zu mir, weil sie den Beruf der Erzieherin aufgeben wollte. Die Erwartungen der Eltern machten sie krank. Sie konnte es nicht mehr aushalten, dafür mitverantwortlich zu sein, dass die kleinen Kinder vielleicht später in der Schule versagten. Ihr inneres Bedürfnis war es, ein Kind einfach Kind sein und spielen zu lassen. Doch sie sollte ihren Schützlingen möglichst viel beibringen.

Auch immer mehr Studenten suchen, vom Druck überfordert, einen Psychotherapeuten auf.[17] Und selbst Kinder zerbrechen an den Erwartungen der Eltern, der Umwelt und an sich selbst. Schließlich ist auch »G8«, also das verkürzte Gymnasium, eine Folge der Neuen

Arbeit. Unsere Kinder sollen früher für den akademischen Arbeitsmarkt verfügbar sein.

Wenn wir nicht alle aufpassen, rücken wir zurück in die Zeit des Industriekapitalismus. Nur wird nicht mehr der Arbeiter ausgebeutet, sondern der Akademiker und sonstige Hochqualifizierte. Doch während der Arbeiter noch mit ordentlicher Entlohnung zufriedenzustellen war, braucht der Akademiker Selbstbestimmung, Sinn und Wertschätzung durch Anerkennung. Das ist eine ganz schöne Umstellung für jene Unternehmen, die bisher auf die Ruhigstellung ihrer Mitarbeiter durch Sicherheits- und Beförderungsversprechen ausgerichtet waren.

Sie sehen: Ich beschönige da nichts. Die Wandlung der Arbeitswelt verlangt uns und unseren Kindern eine Menge ab. Damit sie gesund bleiben, dürfen wir sie nicht zu blinden Leistungsmaschinen erziehen, die machen, was der Chef ihnen aufträgt. Sie müssen Persönlichkeiten sein, die wissen, was sie wollen, und Grenzen setzen können. Das ist, davon bin ich fest überzeugt, die wichtigste Voraussetzung für Erfolg in dieser neuen Arbeitswelt.

Ich habe von Parallelwelten gesprochen. Ohne Frage sind Phasen der Veränderung besonders belastend. Im vorangehenden Kapitel erwähnte ich eine Hamburger Firma, die das Home Office für jeden Angestellten eingeführt hat. Mitarbeiter sollen nun Ergebnisse bringen, Zeiteinsatz ist nicht mehr relevant, so die offizielle Devise. Doch die Devise von oben ist unten längst nicht angekommen. Die Abteilungsleiter lächeln darüber. Und die Mitarbeiter fühlen sich veräppelt, die Neue Arbeit sorgt nicht für Befreiung, sondern für mehr Stress: Konnte man früher wenigstens sicher sein, was das Unternehmen von einem erwartet, schwimmt man heute zwischen den Polen. Meinen die es ernst mit der Abschaffung der Präsenzkultur? Ist diese Teamarbeit in Wahrheit nicht eine Farce? Die jungen Leute sind unsicher, das stresst.

Die alten Chefs in den Unternehmen, die sich eine neue Arbeitskultur verordnet haben, ziehen die Neuerungen nicht selten ins Lächerliche. Für Kinder ist es am schlimmsten, wenn ihre Bezugspersonen nicht verlässlich handeln, also ambivalent sind. Sie können so keine sichere Persönlichkeit entwickeln. Für Mitarbeiter ist ambivalente Führung nicht minder belastend. Sie misstrauen allem, werden unsicher – und noch kränker als in einem Unternehmen der alten Kategorie, in der die Ungerechtigkeit in Form der Schornsteinkarriere wenigstens noch klar benannt war.

Es gibt aber auch andere Unternehmen – je kleiner, desto sympathischer sind manche. Kleine und mittlere Unternehmen haben es auch leichter, etwas schnell anders zu machen. Es reicht, wenn sich die Chefs ändern und vorleben, was ihnen wichtig ist. In einer anderen Hamburger Firma wurden beide Geschäftsführer ausgewechselt, die neuen kommen an manchen Tagen gar nicht und gehen sonst immer konsequent vor 17 Uhr. Mitarbeiter können selbstbestimmt arbeiten, es wird Verantwortung übertragen und nicht einfach kontrolliert. Die Vorgesetzten handeln klar und transparent, niemand vermutet falsche Beweggründe hinter ihrem Handeln. Burn-out ist in diesem Umfeld gar kein Thema.

Schön, wenn sich Ihr Kind bei der Berufswahl auch davon leiten lässt, wie es innen in einem Unternehmen aussieht. Es sollte frühzeitig anfangen, sich im eigenen Kreis umzuhören. In einem Praktikum bekommt es am besten mit, wie das Klima ist. Vorsicht vor Bewertungen wie bei »Greatplacetowork«, in der auch das bereits beschriebene Hamburger Unternehmen gut abschneidet. Das ist so wie mit der Fernsehglitzerwelt: Es wird viel Wind um Dinge gemacht, die sich in Wahrheit ganz anders darstellen.

Ihr Kind zwischen Demografiewandel und Fachkräftemangel

»Bei uns bekommen gute Leute Spitzengehälter und ein eigenes Appartement. Sie arbeiten nur vier Tage die Woche und haben 60 Tage Urlaub.« Ein Traum? Ich habe nur die 60 Tage Urlaub hinzugedichtet; der

Rest stammt aus einer Originalanzeige. Der Demografiewandel zwingt die Unternehmen umzudenken. Schon jetzt werben einige Unternehmen im Ausland um Auszubildende – in München ist der Markt längst leer gefegt. Sogar Schüler ohne Abschluss bekommen jetzt eine Chance.

Ihr Kind wird es sich leisten können auszuwählen. Mit jedem Jahr gelangt es in eine stärkere Position. Deutschland verliert seine Einwohner: 2002 waren wir noch 82,5 Millionen, 2050 wird eine Bevölkerungszahl von nur noch knapp 74 Millionen Einwohnern prognostiziert. Zugleich vergreisen wir, 2030 werden rund 28 Prozent der Bevölkerung über 65 Jahre alt sein – 2005 gehörten nur 19 Prozent zu diesen Senioren, die sich dann vermutlich gar nicht mehr so alt fühlen werden. Die Rente mit 67 könnte dann schon eine Rente mit 70 sein. Wenn es so etwas wie Rente dann überhaupt noch gibt.

Das hört sich doch fast nach Paradies an? Wo zu wenige Arbeitskräfte sind, können sich die vorhandenen doch die Arbeitsplätze aussuchen? Das stimmt, aber eben nicht in allen Bereichen. In einigen stagniert und sinkt der Bedarf, in anderen bleibt er stabil oder verstärkt sich.

Äußerst gern zitiert wird in letzter Zeit der Fachkräftemangel. Was allerdings nicht erwähnt wird: Es geht immer nur um bestimmte Fachkräfte, keineswegs um alle. Es geht außerdem manchmal um Fachkräfte, die unter unwürdigen Bedingungen arbeiten müssen: Der Industriemechaniker, ein beliebter MINT-Beruf[18], steht unter dem Druck der Arbeitnehmerüberlassung und über ihm schwebt das Damoklesschwert der ohne Frage psychisch belastenden Zeitarbeit. Der Altenpfleger kommt mit seinen Hungerlöhnen gerade so über die Runden und dreht sich im Hamsterrad des Effizienzzwangs, der seinem helfenden Grundbedürfnis oft grausam im Weg steht. Die Bedingungen in manchen Bereichen haben sich verschärft.

Weiterhin gilt: Jeder mit einer Ausbildung ist eine Fachkraft, aber nicht jede Ausbildung ist gerade in dem Moment gefragt, in dem man einen Job sucht. So gibt es beispielsweise gute und schlechte Naturwissenschaften, (derzeit) begehrte Mathematiker und weniger gefragte Biologen.

Hinzu kommt, dass die Ansprüche an die Qualifikationen nach Studium oder Ausbildung deutlich steigen. Schauen Sie sich spaßeshalber einmal einige Anzeigen in einem Online-Stellenmarkt wie Monster.de an. Die hohe Spezialisierung, die dort gefordert ist, entsteht nicht im Studium oder einer Ausbildung, sondern vor allem durch praktische Erfahrung und Weiterbildung. Hier drei Beispiele, zufällig ausgewählte Stellen für München aus der Stellenbörse Monster.de im Oktober 2011:

Softwareentwickler Embedded VHDL / C (m/w)
Technisch versierter Softwareentwickler für anspruchsvolle Projekte in der Kommunikationstechnik
Ihre Aufgaben:
- Entwicklung von FPGA Logik und Firmware im Bereich der industriellen Kommunikation zur Erstellung von Kommunikations- und Diagnose-Produkten
- Entwicklung hardwarenaher Softwarepakete in C auf NIOS und Microblaze Prozessoren
- Realisierung von anspruchsvollen IP Cores für Altera und Xilinx FPGAs

Business Development Manager Labautomation (m/w)
Verantwortungsvolle Aufgabe am Schnittpunkt von Produktmarketing und Vertrieb
Ihre Aufgaben:
- Entwurf, Durchführung und Begleitung einer Produkt- und Produktmarketing-Strategie als Business Development Manager

- Akquisition und Betreuung von Neu- und Bestandskunden im Bereich Laborautomation

(Inhouse) Elektroingenieur (m/w)
Mitarbeit in der Produktentwicklung (elektronisch gesteuerte 3D-Fertigungsmaschinen)
Ihre Aufgaben:
- Mitarbeit beim Systemdesign zukünftiger Produkte in einem interdisziplinären Team
- Realisierung von Steuerungskonzepten auf SPS- und IPC-Basis

Weiterhin werden in Zukunft verstärkt andere Akzente gesetzt. Die ideale Fachkraft verfügt nicht nur über Kenntnisse, sondern auch über persönliche und methodische Fähigkeiten, diese anzuwenden. Das bedeutet für Fachkräfte, dass sich Tätigkeitsschwerpunkte mehr auf das »How to« verschieben und diejenigen Schwierigkeiten haben werden, die sich auf einmaligen Lorbeeren und inhaltlichem Expertenwissen ausruhen.

Denn Fachkräfte, die nur über Spezialwissen verfügen, stehen ebenfalls innerhalb der Gefahrenzone für Abbaumaßnahmen. Längst ist in den allermeisten Unternehmen der technologische Turnaround geschafft. Es geht derzeit und in Zukunft vor allem um die Optimierung von Prozessen mit dem klaren, wenn auch gern unausgesprochenem Ziel, menschliche Handarbeit weitestgehend überflüssig zu machen. Unternehmen wollen Fehler immer weiter ausmerzen und ihre Methoden bei der Fehlerbeseitigung verfeinern. Das ist ein Grundprinzip der Neuen Arbeit im Bereich der Produktion, aber auch bei Dienstleistungen.

Neue Typen braucht das Land

Fachkräfte können sich nicht mehr auf einmal erworbenem Inhaltswissen ausruhen. Die neuen Aufgaben stehen nicht allein, sondern sind verknüpft mit anderen und überschreiten Bereiche. Sie sind eingebunden in kommunikative Aufgaben: informieren, überzeugen, abstimmen, verhandeln, andere motivieren, »ins Boot holen«, Ideen entwickeln, gemeinsam Lösungen finden. Sie können das auf eine einfache Formel bringen: Abgegrenzte Aufgaben lassen sich outsourcen, auch wenn sie inhaltlich anspruchsvoll sind. Wenn ein Unternehmen eine Konstruktionszeichnung oder ein Stück Software braucht, beauftragt es heute einen Dienstleister in Indien, der dieses fertig liefert.

Das nennt sich Offshoring. Die Verlagerung von Aufgaben, Prozessen und Bereichen in ein anderes Land ist eine Form des Outsourcings. Lange gingen wir davon aus, dass das Wegrationalisieren per Outsourcing und Offshoring nur die einfachen Jobs betreffen würde. Doch auch anspruchsvolle Aufgaben lassen sich auslagern, neben der schon erwähnten Programmierung und der CAD-Konstruktion auch die Systemadministration, die Telefonberatung, die Buchhaltung – kurzum alles, was sich aus Unternehmensabläufen ausgliedern lässt. Es wird deshalb weiter Outsourcing auch höher qualifizierter Tätigkeiten geben.

»Rund 75 000 Softwareingenieure produzieren die indischen Universitäten jedes Jahr. Die im Rahmen des Offshoring von indischen Unternehmen erbrachten Leistungen weisen eine hohe Qualität im Software- und Servicebereich auf. In keinem anderen Land ist der Anteil der mit Qualitätsnormen zertifizierten Unternehmen höher als in Indien.«[19] Die Folge ist, dass Unternehmen Funktionen und Abteilungen ins Ausland auslagern, wenn dort die Kosten geringer sind und die Ergebnisse genauso gut oder sogar besser als vor Ort.

Die Unternehmen stehen unter Druck. Wer sich nicht ausreichend verändert, stirbt oder wird von einem internationalen Konzern geschluckt. Weltweit konkurrenzfähig sein heißt auch, weltweit Kundenbedürfnisse stillen und immer wieder mit Innovationen überraschen. Wir Deutschen als ehemals »barbarisches« Territorium mit einer niedrigen Machtdistanz[20] und Hierarchiegläubigkeit sind dazu derzeit noch besser in der Lage als beispielsweise China, dem immer noch das Image von Copy & Paste anhängt. Der globalen Konkurrenz voraus sein heißt, sich drehen und immer wieder neu erfinden. Im internationalen Wettbewerb, aber auch in der Arbeit vor Ort.

Deshalb ist heute ein anderer Typ Mitarbeiter gefragt als früher. Er sollte weniger hierarchiegläubig sein, kreativer, flexibler und lernbereiter. So einem Typ Mensch geht es nicht primär ums Bewahren seines Status – in Form von Titeln, aber auch Einflussbereichen und Komfortzonen –, sondern darum, sein Unternehmen voranzubringen. Diese Motivation ist nötig, um konkurrenzfähig zu sein, nicht nur als Land, sondern auch mit anderen Arbeitnehmern.

Während Ingenieure früher auch einmal ausschließlich für CAD-Konstruktionen eingesetzt worden sind, ist so ein Job heute problemlos an anderen Standorten zu erledigen und dort eben oft billiger. Der Ingenieur von morgen, hier stellvertretend für jede andere Fachkraft genannt, muss deshalb auch Projekte managen oder Prozesse optimieren. Das bringt andere Anforderungen an die Qualifikation mit sich. Und ist auch eine Chance für alle, die nicht leidenschaftliche Techniker sind. Während der Beruf des Ingenieurs früher, mit Verlaub gesagt, teilweise einen sehr wortkargen und nicht selten einen teamunfähigen Typus Mensch anzog, der sich hinter seinem Wissen verstecken konnte, bieten diese neuen Berufsbilder mehr Entfaltungspotenzial für die Soft Skills.

Drei Säulen

Es ist nicht mehr entscheidend, etwas zu wissen, sondern dieses Wissen anwenden zu können. Die Neue Karriere muss auf mehreren Säulen stehen. Drei einfache Fragen entscheiden darüber, wie »employable« jemand ist, das heißt wie gut gewappnet für den Arbeitsmarkt. Vor allem die letzte Säule wird immer wichtiger, das heißt, entscheidend werden mehr und mehr die beruflichen Netzwerke, die mit den privaten zusammenfließen.

Was (weiß ich)?	Wie (gehe ich vor)?	Wen (kenne ich)?
• Fachwissen • Prozesswissen • Branchenwissen • Branchenübergreifendes Wissen	• Methodenwissen • Kreatives Potenzial • Persönliche Fähigkeiten • Wissen aktualisieren, lernen	• Kollegen • Schlüsselpersonen einer Branche • Andere Ansprechpartner in der Branche • Netzwerke

Ich gebe Ihnen ein Beispiel, wie sich diese drei Säulen praktisch auswirken, unter dem sich auch Nicht-Techniker etwas vorstellen können: Internetseiten. Während früher Webdesigner solche Seiten programmierten, geht es heute primär um das Konzept und die optische Idee (Wie gehe ich vor?). Dafür sind nur sehr geringe Programmierkenntnisse nötig (Was weiß ich?). Die eigentliche Entwicklung wird zunehmend an Programmierer im Ausland delegiert, die den Code für wenige Euro nach den Vorgaben schreiben (Wen kenne ich?).

So verlagern sich die Aufgaben von der eigentlichen Entwicklungstätigkeit (Mit dem Fokus auf »Was?«) auf Bereiche, die eine konzeptionell denkende Persönlichkeit erfordern, die technische Möglichkeiten kennt, über ein gutes Überblickswissen verfügt, gut vernetzt ist und andere ins Boot holen kann. Oft wird hier von Wissensarbeitern gesprochen.[21] Man stellt sich darunter aber oft jemanden vor, der nur Fachliches im Kopf hat. In Wahrheit sorgt der Wissensarbeiter gemeinsam mit anderen für Innovationen, was vernetztes Denken voraussetzt.

Gibt es Leben neben der Arbeit?

Was bedeuten die Veränderungen für die Balance zwischen Arbeit und Leben? Schon jetzt äußern Vertreter der sogenannten »Generation Y« oder Millenials[22], das sind die um die Jahrtausendwende Sozialisierten, die heute auf den Arbeitsmarkt drängen, öfter als vorherige Generationen den Wunsch nach einer besseren Vereinbarkeit. Dass eine Balance möglich ist, zeigen die skandinavischen Länder.

Sie wird auch nötig sein, nicht nur mit Blick auf die Burnout-Zahlen, sondern auch, weil die jungen Leute sie aus ihrer starken Position heraus fordern werden. In den meisten Berufen gehen die Arbeitslosenzahlen seit 2009 kontinuierlich zurück; der Mangel wird offensichtlich. Die Arbeitgeber müssen ihren Fachkräften bieten, was diese verlangen, beispielsweise öfter auch Teilzeit. Auch deshalb steigen Teilzeitquoten in keinem Land Europas so stark an wie in Deutschland: 26 Prozent aller Beschäftigten arbeiten mit verringertem Zeiteinsatz.

Work-Life-Balance spielt eine wachsende Rolle, auch als Ausgleich zu einem immer komplexeren Arbeitsumfeld. Diese Betonung des Lebensstils können sich junge Leute erlauben, solange sie eine nachgefragte Qualifikation besitzen. Gerade Deutschland hat einiges aufzuholen hinsichtlich der Vereinbarkeit von Beruf und Leben. Im europäischen Vergleich liegt Deutschland in puncto Arbeitszufriedenheit nach Daten des European Social Survey (ESS) für 2006 auf dem 18. Platz, lediglich die ehemaligen Ostblockstaaten Slowakei, Ukraine, Bulgarien und Russland erzielen noch niedrigere Werte. Als Übeltäter entlarvt das Institut für Arbeit und Qualifikation (IAQ) zunehmende Arbeitsbelastung, Probleme bei der Vereinbarkeit von Familie und Beruf, geringe Lohnsteigerungen sowie wachsende Unsicherheit über die berufliche Zukunft.[23]

Ein starkes fachliches Profil

Früher versprach der Arbeitgeber seinen Mitarbeitern einen sicheren Arbeitsplatz und verlangte dafür Betriebstreue. Wie ein autoritärer Vater gab er den Weg vor. Heute verspricht der Arbeitgeber keinen sicheren Arbeitsplatz mehr (oder macht sich und anderen etwas vor, wenn er das tut). Treue zum Betrieb kann er auch nicht erwarten. Ein Arbeitsverhältnis wird so zur Geschäftsbeziehung auf Zeit. Der eine gibt, der andere nimmt – was die beiden aushandeln, ist individuell. Der Arbeitgeber erwartet einen fertigen Mitarbeiter, den er am besten sofort einsetzen kann. Finden Arbeitgeber kein geeignetes Personal, so suchen sie weiter oder woanders. Der Mitarbeiter bekommt die Freiheit, Flexibilität, das Gehalt und die Balance, die er für sein berufliches Profil fordern kann.

Die Schornsteinkarriere steckt vielen Führungskräften noch in den Knochen: Manche nehmen nach wie vor an, man müsse sich nur ein paar Jahre anstrengen und könne sich dann auf seinen Lorbeeren ausruhen. Bisher fiel die Leistungskurve im mittleren Alter ab, nicht wenige hörten mit 35 Jahren auf zu lernen und konzentrierten sich stattdessen darauf, den einmal erlangten Status quo zu halten, den Besitzstand zu wahren und zu verteidigen. Das dürfte in Zukunft erheblich schwieriger sein. Ohne Versorgungsversprechen geht es eben nur noch um Leistung. Wer keine bringt, wird aussortiert. So wird auch jeder Angestellte dazu gezwungen, unternehmerisch zu denken. Die Frage »Wie halte ich mich marktfähig?« ist immer gegenwärtig.

Für sein Geld muss Ihr Kind etwas bieten. Das erfordert meist einige Jahre Investitionen in den Aufbau eines interessanten Profils aus Kenntnissen und Erfahrungen, um danach die Früchte zu ernten. Noch während der Ernte muss weiter gesät werden, weil sich vermutlich neue Trends und Entwicklungen zeigen. Womit wir wieder beim »Leben« wären.

Denn die Entwicklungen der Löhne und das Gehalts werden immer schwerer planbar. Es gibt außerhalb der gewerkschaftlichen

Schutzzonen – die bekanntlich kleiner werden – schon länger keinen Anstieg der Gehälter mehr, der allein durch eine Betriebszugehörigkeit begründet wird. Neben dem Verhandlungsgeschick bestimmen Nachfrage und Angebot sowie die erbrachte Leistung das Gehalt.

Wer in den drei in diesem Kapitel beschriebenen Säulen stark ist, wird viel Geld verdienen können, so lange, wie der Markt seine Kompetenzen nachfragt. Aber es kann sein, dass er danach eine Phase erlebt, in der er weniger verdient. Manchmal auch ganz bewusst. Wenn ich am Anfang des Berufslebens vielleicht die eine oder andere Vernunftentscheidung treffe und Geld verdiene, kann ich in der zweiten Lebensphase sinnvolle Dinge tun, ein später Lehrer oder Berater werden, Heilpraktiker oder Künstler.

Mit dem Aufbau eines starken fachlichen Profils erkauft man sich einen höheren Freizeit- und Freiheitswert nach einigen Jahren. Dabei gilt: Was nicht so sehr im Rampenlicht steht, hat meist einen höheren Wert am Arbeitsmarkt. Wissen über die Modellierung von Geschäftsprozessen wird besser bezahlt als Know-how im Bereich Modedesign.

Das sollte sich Ihr Kind überlegen, bevor es sich für eine vermeintliche Traumbranche entscheidet. In der Glitzerwelt von Tourismus, der schönen Künste, Mode und Medien gilt die Regel mit dem interessanten fachlichen Profil nämlich allenfalls eingeschränkt. Da muss sich jeder reinhängen: zeitlich, inhaltlich und mit den Ellenbogen. Dafür, dass hier die Arbeit zugleich auch das Leben ist, sind deutliche Abstriche bei der Bezahlung in Kauf zu nehmen.

Wie Ihr Kind das Prekariat vermeidet

Zwei der drei Töchter einer Bekannten, beide Einser-Kandidaten in der Schule, leben heute von Hartz IV. Was ist geschehen?

Kein Land in Europa hat eine Lohnschere, die in den letzten Jahren so stark auseinandergeklafft ist wie unsere. Zwischen unten und oben tut sich eine immer größer werdende Lücke auf. Eine wachsende Schicht von Geringverdienern und eine Subkultur aus Bildungsfernen, die sich vermeintlich auf Hartz IV ausruht, fett und dumm, weil sich Arbeit für sie nicht lohne und Disziplin für sie ein Fremdwort sei, stelle eine Bedrohung für die gesamte Gesellschaft dar.

Die Tatsachen: Das Lohnniveau der Geringqualifizierten befindet sich derzeit, also 2011, wieder auf dem bereits Mitte der achtziger erreichten Niveau. Die Löhne der Geringverdiener sinken seit der Wiedervereinigung. Seit 2003 müssen auch Personen mit einer abgeschlossenen Lehre Rückgänge hinnehmen.

Die Reallöhne der Universitätsabsolventen stiegen dagegen seit Mitte der achtziger Jahre um 22 Prozent, die der Fachhochschulabsolventen und der Meister immerhin um 17 beziehungsweise 18 Prozent.[24] Der Wert eines Lehrabschlusses sinkt, der eines Studiums steigt. Natürlich gibt es Unterschiede auch bei den Fachabschlüssen, der grundsätzliche Trend aber bleibt bestehen.

Von sinkenden Löhnen auch für Menschen mit Ausbildung ist es nur ein kurzer Weg zu prekären Arbeitsverhältnissen. Prekär bedeutet eigentlich nur »schwierig« und »bedenklich«, Prekariat ist eine Wortneuschöpfung, angelehnt an Proletariat. Dennoch wird der Begriff »prekär« oft mit einem Job gleichgesetzt, in dem man schlecht verdient. »Als prekär kann ein Arbeitsverhältnis bezeichnet werden, wenn die Beschäftigten aufgrund ihrer Tätigkeit deutlich unter ein Einkommens-, Schutz- und soziales Integrationsniveau sinken, das gesellschaftlich als Standard definiert ist.«[25] Es ist nicht mehr selten, dass nicht nur ein Ungelernter als Vollzeitarbeitskraft weniger bekommt als über Hartz IV. Auch eine Fachkraft, die eine Ausbildung absolviert hat, kann manchmal nicht von ihrem Einkommen leben kann und schon gar keine Familie ernähren.

Weiterhin gilt ein Job als »prekär«, wenn Planungssicherheit und gesellschaftliche Anerkennung fehlen. Prekär ist somit nicht das gleiche wie ein sogenanntes atypisches Arbeitsverhältnis, das vom Normalarbeitsverhältnis abweicht. »Unter Normalarbeitsverhältnis wird in der Regel ein Arbeitsverhältnis von abhängig Beschäftigten verstanden, die vollzeitbeschäftigt und nicht als Leiharbeitnehmer tätig sind und die einen unbefristeten Arbeitsvertrag haben.«[26] Nicht normal, also atypisch, sind in diesem Sinn auch befristete Positionen und freiberufliche Tätigkeiten – aber deswegen eben noch lange nicht prekär. Doch was bedeutet »nicht normal«?

»Er ist ja bloß Freiberufler!«

Keine andere Berufsgruppe wächst so rasch wie die der Freiberufler, in der Tabelle »Trends in der Neuen Arbeit« habe ich schon die Zahl genannt: 4,4 Prozent pro Jahr. Immer mehr arbeiten dabei in Projekten für und oft auch bei den Unternehmen. Sie sind also von Angestellten zumindest zeitweise kaum zu unterscheiden. Mit den unternehmerischen Selbstständigen zusammen arbeiten in Deutschland rund 14 Prozent aller Erwerbstätigen auf eigene Rechnung[27] – das sind mehr als die Beamten, deren Zahl kaum noch bei 5 Prozent liegt.[28] Und während deren Anzahl sinkt, steigt die der Freiberufler. Atypisch ist das also nicht mehr.

Jedoch ringen Freiberufler oft um Anerkennung durch ihre Familien. Ihr Status wird im Vergleich zu dem eines Angestellten abgewertet (»Er ist ja bloß Freiberufler«) – meist ungerechtfertigt, denn nur der kleinere Teil der neuen Freelancer hat Existenznöte.

Wenn ein Informatiker nach dem Studium mit freiberuflichen Verträgen in Projekten arbeitet, verdient er dabei oft deutlich mehr als ein Angestellter. Er hat diesen Status frei gewählt und möchte nicht tauschen. Bei manchem freiberuflichen Korrektor, Übersetzer, Journalisten, Dozenten oder auch Designer kann (nicht muss!) das anders aussehen. Hier fehlen oft die angestellten Alternativen. Worin besteht der Unterschied zwischen denen, die es schaffen, und den anderen? Warum landen auch Fachkräfte in Hartz IV? Es liegt an der Grenze zwischen Jobs im dritten und vierten Sektor.

Die Töchter der Bekannten haben sich nicht für zunächst schwierig anmutende Berufswege entschieden. Die eine lernte Goldschmiedin, die andere studierte Romanistik. Sie haben sich bei der Berufswahl gefragt: Was gibt meinem Leben Sinn? Und nicht: Was entspricht mir und womit kann ich mich zugleich weiterentwickeln und Geld verdienen?

Nun müssen weder eine Goldschmiedeausbildung noch ein Romanistikstudium in eine prekäre Situation führen. Hätte die Romanistin sich frühzeitig um Praktika und Kontakte gekümmert, ein Ziel gefunden, Excel oder SAP gelernt oder sich anders orientiert, sähe ihre Situation ganz anders aus. Hätte die Goldschmiedin ihre Kreativität autodidaktisch in Design und visuelle Gestaltung mit dem PC umgewandelt, hätte sie kaufmännisches Wissen aufgesattelt oder eine akademische Laufbahn angeknüpft, hätte eine Karriere jenseits der Prekariats entstehen können. Als Goldschmiedin mit BWL wäre Sie eine Idealkandidatin für Großjuweliere. Und selbst wenn sie das kreative Handwerk nicht direkt und sofort in eine Tätigkeit eingebracht hätte: Vielleicht wäre ihr nach 20 Jahren in einem anderen Beruf die Gelegenheit begegnet, ein Juweliergeschäft zu übernehmen. So funktioniert die neue Karriere: Sie besteht aus Bausteinen, aber es geht immer darum, dass der nächste Schritt bewusst erfolgt. Die bunteste Kette aus Erfahrungen kann dann plötzlich Sinn ergeben.

Es ist abhängig von der Person, die etwas aus ihrer Ausbildung macht und diese durch die berufliche Erfahrung nach und nach in den vierten Sektor führt – oder nicht. Beide Töchter wollten nichts aus ihrer Ausbildung machen, weil ihnen das nicht wichtig war. Die Goldschmiedin erklärt, ihre Situation sei begründet durch den Arbeitsmarkt, der künstlerische Arbeit nicht honoriere. Die Romanistin, dass sie keine Lust habe, sich wirtschaftlichen Zwängen unterzuordnen und einen Job als Assistentin im Vertrieb anzunehmen.

Wir können einen Beruf nicht nur als etwas ansehen, das uns zu jeder Zeit Spaß und Sinn bringt. Wir müssen selbst etwas aus dem machen, was wir haben. Wer diese Einstellung hat, wird auch als Goldschmied bestehen, weil er sich, wenn er nach der Lehre keinen Job findet, pragmatisch anders orientiert. Wobei es für Goldschmiede im Moment nicht mehr so schlecht aussieht wie vor ein paar Jahren – auch das sagt einiges über neue Karrieren. Die Situation am Arbeitsmarkt kann sich immer wieder ändern.

»Mach was draus!« – so lautet das Credo der Neuen Arbeit. Wer gemacht werden will, anstatt die Dinge selbst in die Hand zu nehmen, sollte die Finger lassen von Berufen und Studienrichtungen, die mehr Kompromisse und Eigeninitiative erfordern als andere.

Es gibt eine dritte Tochter, die wurde Ärztin. Sie hat pragmatisch gedacht: Was kann ich, was mag ich, womit möchte ich Geld verdienen?

Soziale Netze bestimmen die Job-Zukunft

Wahrscheinlich haben Sie dieses Buch als gedruckte Ausgabe gekauft, aber vielleicht lesen Sie es ja schon auf einem E-Book-Reader. Ihre Kinder hingegen wachsen in einer Welt auf, in der elektronische Medien schon bald zur Norm werden könnten. Sie führen schon jetzt eine ganz andere Art der Kommunikation; deshalb nennt man sie »Digital Natives« – »digitale Eingeborene«. Die Digital Natives unterscheiden nicht mehr zwischen dem Internet und der realen Welt, beides ist eins.[29]

Nach dem Abitur dachte ich, dass ich meine Leidensgenossen außerhalb von Jubiläumstreffen nicht mehr sehen würde. Selbst als ich im Jahr 2000 von Köln nach Hamburg zog, konnte ich mir nicht vorstellen, was heute geschieht: Menschen, an deren Namen ich mich nur mithilfe eines Blicks in unsere Abiturzeitung erinnere, fügen mich als Kontakt bei Facebook hinzu.

Ich sehe bei Facebook, dass die Moderatorin Anne Will in der gleichen Zeit wie ich an der Uni Köln studiert hat. Und kann Lebensläufe von längst Verschollenen nachvollziehen – ganz besonders gut gelingt das für die letzten zehn Jahre.

Über ihren Sprössling werden später nicht nur die letzten Jahre, sondern wird alles offengelegt sein, zumal sich Recherchefunktionen weiter verbessern werden. Ein Arbeitgeber wird den ganzen Lebensweg nachvollziehen können, besonders einfach ist das bei den heute üblichen seltenen Namen, die im Bildungsbürgertum besonders gern individuell gewählt werden.

Ihr Kind weiß wahrscheinlich schon, dass es nur Informationen öffentlich machen soll, die es selbst löschen kann oder, wenn dies nicht möglich ist, zu denen es sein Leben lang stehen kann. Sicher entfernen lassen sich die meisten Profile in sozialen Netzwerken wie Facebook.

So gut wie unlöschbar sind dagegen Einträge in manchen Foren und auf Internetseiten von Communities (falls es ihr Kind nicht weiß: hier besser nicht mit »Real Name«, also dem echten Namen, unterwegs sein). Auch Petitionslisten und Blog-Artikel haben im Netz vermutlich eine Halbwertszeit, die der von Plutonium recht nahe kommen dürfte. Die Auffindbarkeit macht einen Lebenslauf nachvollziehbar und durchschaubar. Das kann positiv sein, aber eben auch negativ, wenn dadurch Aktivitäten zutage kommen, die man später gern verschweigen würde.

Die positiven Auswirkungen sind aber ebenso gegenwärtig: Das Internet ist für Ihre Kinder auch eine Kommunikationsplattform, die es ermöglicht, zu einem Riesenkreis von Menschen Kontakt zu halten und Netzwerke in einem Ausmaß zu pflegen, wie das früher undenkbar schien. Der Abteilungsleiter, den Ihr Sprössling während des Praktikums kennenlernt, der nette Personaler von der Messe, der Freund von Papa, der Geschäftsführer eines mittelständischen Unternehmens ist – sie alle werden zu Kontakten und wachsen nicht selten mit dem Lebenslauf mit.

Nebenbei entstehen stetig wachsende Jobbeschaffungsmaschinen. Wenn der Abteilungsleiter während des Praktikums einen guten Eindruck von Ihrem Kind hatte, wird er als sein »Freund« in seinem Netzwerk immer wieder daran erinnert – und kommt vielleicht nach Jahren mit einem Jobangebot. Es sind auch ganz neue Aktivitäten möglich: Wer einen Job sucht, tut dies einfach »in seinen Kreisen« kund, so heißt das bei dem noch neuen sozialen Netzwerk Google+. Dort kann man Freunde, Bekannte, Arbeitskollegen, Kommilitonen in unterschiedlichen Bereichen »verwalten« und somit auch steuern, wer welche Informationen bekommt und wer nicht. Frühere Chefs und ehemalige Mitschüler können so die Nachricht erhalten, dass ich gerade auf Jobsuche bin und mich über Unterstützung freue. Das klassische Bewerben wird so mehr und mehr zum Auslaufmodell. Schon jetzt nutzen Digital Natives selbst gedrehte Videos und Facebook-Anzeigen statt tabellarischer Lebensläufe mit aufgeklebten Fotos. Kürzlich rief die Vertreterin einer großen Bankengruppe bei einer Bekannten an, die etwas Negatives über den Ablauf in einem Vorstellungsgespräch getwittert hatte – und entschuldigte sich. Denn das Internet hält nicht nur Informationen über die jungen Leute bereit, sondern auch über die Unternehmen,[30] die sich deutlich mehr anstrengen müssen, um ein gutes Image zu bewahren. Der Werbeprospekt muss der Überprüfung standhalten.

Was diese neuen Netzwerke, die ständig neue Informationen herausschleudern, wirklich für das Leben in Zukunft bedeuten, weiß niemand so genau. Manche behaupten, sie veränderten sogar unser Gehirn. Schlauer werden wir jedenfalls nicht davon – angeblich sinkt der durchschnittliche IQ seit etwa zehn Jahren, nachdem er bis dahin stetig gestiegen ist.[31] Diese Verringerung bezieht sich vor allem auf die sogenannte fluide Intelligenz, die nicht auf Erfahrungswissen zurückgreift, sondern zur Lösung neuer Probleme nötig ist (im Gegensatz zur kristallinen Intelligenz, die sich auf Gelerntes bezieht). Gründe sind wahrscheinlich der erhöhte Fernsehkonsum und die Berieselung durch die Medien. Die sozialen Netzwerke sind daran jedoch wohl nicht schuld.

Was das für Sie und Ihr Kind bedeutet

Schärfen Sie das Bewusstsein Ihres Sprösslings, damit er sich verantwortungs- und zukunftsbewusst in den Netzen bewegt. Ermutigen Sie ihn zum überlegten Netzwerken. Wenn Ihr Kind fragt: »Darf ich mich mit dem Abteilungsleiter vernetzen, der hat mich bei Facebook angefragt?«, stimmen Sie diesem Wunsch ruhig zu. Dieser Abteilungsleiter muss ja nicht die Partyfotos sehen, sondern braucht nur die Information über das Fertigstellen der Bachelor-Thesis. Ja, das kann man so einstellen.

Manchmal werden von Jobberatern, in der Regel ältere Kollegen, die selbst unsicher in den Netzen sind, oft andere Empfehlungen gegeben. Es ist an Ihnen, zu entscheiden, welche Sichtweise Ihnen plausibler und angemessener scheint. Sicher ist jedoch: Die Informationen werden dichter. Das erfordert auch immer mehr Auswahlkompetenz und eine gesunde Kritikfähigkeit.

Für mich jedenfalls steht fest: Ein Netzwerk, das nicht nur Freunde abbildet, sondern auch wichtige berufliche Begegnungen, ist auf Sicht von Jahren Gold wert.

Was Sie Ihrem Kind raten können

Die Neue Arbeit ist anders als vieles, was wir von früher kennen. Noch leben wir in Parallelwelten. Doch wir können keinen Rat mehr geben, der auf unserer Erfahrung der Vergangenheit beruht. Was bedeutet das konkret für Sie und Ihren Sohn oder Ihre Tochter, die vor einer wichtigen Entscheidung stehen (und nein, es ist nicht die wichtigste des Lebens!)? Was sollen Sie ihm sagen? Wie motivieren, wann mahnen?

Die nächsten Kapitel bieten Ihnen dazu Input und leiten praktische Regeln aus dem ab, was Sie bis hier über die Neue Arbeit und Karriere gelesen haben.

1. »Vergiss die Sicherheit«

»Eines weiß ich, in zehn Jahren will ich nicht mehr von Job zu Job springen und einen sicheren Arbeitsplatz haben.« Das sagte ein Abiturient des Jahrgangs 2011, der von der Wochenzeitung *Die Zeit* interviewt wurde. Die Aussage zeigt, dass noch nicht bei den – zumindest nicht bei allen – Jugendlichen angekommen ist, wie sich die Arbeitswelt ändert. Es wird die Form der Sicherheit nicht mehr geben, die auf einem Anspruchsdenken nach Betriebszugehörigkeit beruht.

Das unausgesprochene Abkommen »Du sicherst mir mein Gehalt und meinen Arbeitsplatz, ich bin dir treu« gilt heute nicht mehr. Der Deal zwischen Arbeitgeber und Arbeitnehmer ist heute ein anderer; er lautet: Ich gebe dir Geld, eine schöne Arbeitsumgebung und was du sonst noch forderst – und du mir dein Wissen und deine Erfahrung. Aus einem Abhängigkeitsverhältnis wird so eine Beziehung auf Augenhöhe, die jeder im Rahmen des Arbeitsvertrags und gesetzlicher Vorgaben auflösen kann. Allein in den Branchen, in denen das Angebot die Nachfrage überschreitet, besteht diese Augenhöhe nicht. Dort entwickeln sich prekäre Strukturen.

Versorgungsversprechen weichen Arbeitsverhältnissen, die auf einer Geschäftsbeziehung basieren. Der Arbeitgeber als sicherheitsversprechender »Papa« ist in Rente; sein Nachfolger ist der Arbeitgeber, der Kompetenz einkauft und diese im besten Fall verantwortungsbewusst weiterentwickelt. Das schafft eine Augenhöhe, die wir nicht gewöhnt sind. Wir haben diese Unsicherheit gegenüber dem Neuen aber an unsere Kinder weitergegeben, was sie wiederum ebenfalls verunsichert.

Unsere Versorgerhaltung ist historisch gewachsen. Nachdem die Industriellen ihre Arbeiter zunächst fast wie Leibeigene behandelt hatten, boten sie ihnen Lohn und Brot. Später erkämpften sich Arbeitnehmer Rechte, es entstand eine Art Ersatzfamilie: als Familienoberhaupt der Patriarch des Industriezeitalters als guter Unternehmer, der sich um seine Arbeiter und Angestellten kümmert und sorgt – und der Angestellte, der versorgt wird. Das Bild des versorgenden Unternehmers und des um- und versorgten Angestellten gilt immer noch als Ideal. Einige Unternehmen spielen noch damit, weil sie wissen, dass sie dadurch Fachkräfte anziehen. Das Versorgungs- als Werbeversprechen. Ähnlich ist es mit der Karriereleiter: Unter anderem die Firma Aldi warb 2011 noch mit dem Slogan »Karriere ist eine Gerade« und will damit signalisieren: Bei uns gibt es den geradlinigen Aufstieg noch.[32] Man konserviert alte Konzepte, um junge Leute zu locken, die verunsichert sind vom Neuen. Realistisch sind diese Versprechen nicht.

Die Unternehmen sind den Anforderungen der Globalisierung unterworfen. Sie können die Versorgerrolle nicht mehr übernehmen, selbst wenn einzelne Verantwortliche es wollten. Sie können nicht ausschließen, sich den Anforderungen des Marktes stellen zu müssen, gekauft zu werden, umzustrukturieren. Auch wenn es nach wie vor Menschen geben wird, die lange in einem einzigen Betrieb arbeiten – sie werden es tun, weil sie sich in einem Unternehmen gut entwickeln und es deshalb keinen Grund gibt, in ein anderes zu wechseln.

Eigenverantwortliches Denken muss deshalb Versorgungsdenken ersetzen. Jeder muss sich um seine Employability kümmern, also selbst dafür sorgen, dass er nachgefragt wird. Das löst bei einigen erhebliche Ängste aus, und ich verstehe das. Sicherheit ist ein ganz zentrales menschliches Bedürfnis. Es muss jedoch umgedeutet werden. Das, was wir bisher mit dem Thema Sicherheit verbunden haben, ist nämlich gerade nicht mehr sicher.

Nehmen wir den öffentlichen Dienst. Kaum jemand will dorthin aus Leidenschaft. Er ist die Fluchtburg für Sicherheitsorientierte, aber keine Trutzburg mehr. Der öffentliche Dienst wächst nicht, Gehaltsentwicklungen sind eng begrenzt. Die Arbeitslosigkeit in der Verwaltung ging zwar zurück auf zuletzt 4,5 Prozent,[33] jedoch ist das eher der Fluktuation und der demografischen Entwicklung geschuldet. Die Gesamtzahl der Stellen nimmt ab, und es ist davon auszugehen, dass sich dieser Trend noch verstärken wird, da Technisierung und Prozessoptimierung im öffentlichen Bereich noch sehr am Anfang stehen.

Waren 1991 laut Statistischem Bundesamt noch 6,74 Millionen Personen im öffentlichen Dienst beschäftigt, so waren es 2009 nur noch 4,6 Millionen – darunter 1,59 Millionen Beamte, 22 000 Richter, 184 000 Berufs- oder Zeitsoldaten, 192 000 Auszubildende und 2,59 Millionen Angestellte. Das entspricht kaum einer Quote von rund 16 Prozent aller sozialversicherungspflichtig Angestellten (28,2 Millionen[34]). Das durchschnittliche Bruttogehalt im öffentlichen Dienst liegt bei 3 180 Euro.[35] Zum Vergleich: Im produzierenden Gewerbe und im Dienstleistungsbereich sind es 3 127 Euro[36] – hier bekommt man schon eine Ahnung von der in der freien Wirtschaft sehr viel größeren Gehaltsschere durch viele Jobs am unteren und einige am oberen Ende. Jedoch: Es bestehen kaum Möglichkeiten für sehr viel höhere Verdienste. Und: Einmal im öffentlichen Dienst, kommt man kaum mehr in die freie Wirtschaft. Keiner sagt es, aber man gilt als verdorben und trägt den Stempel »Leistungssparer«. Das kann im Einzelfall völlig falsch sein und ein Klischee – die Wahrnehmung sieht trotzdem so aus.

Nehmen wir die Selbstständigkeit. Die Selbstständigenquote steigt jedes Jahr um 4,4 Prozent. Sie verkörpert die andere Seite der Sicherheit, die Unsicherheit. Stimmt das? Ich finde nicht: Eine gut aufgebaute selbstständige Tätigkeit ist vielfach sicherer als eine Anstellung. Letztendlich geht es ohnehin nur um Employability, also die Beschäftigungseignung – wie begehrt ist das eigene Profil am Markt? Wie sehr sind die erworbenen Fähigkeiten, Kenntnisse, Erfahrungen gefragt? Und da ist Fakt: Der Selbstständige, auch wenn er in eine Angestelltenposition in der freien Wirtschaft wechselt, steht besser da als der Verwaltungsangestellte. Er kann seine Jobs auswählen.

Die neue Sicherheit heißt Employability, wie Professor Dr. Jutta Rump, Direktorin des Instituts für Beschäftigung und Employability (IBE) an der FH Ludwigshafen, erläutert: »Für den Einzelnen wird es in Zukunft vor allem einen Sicherungsanker geben: beschäftigungsfähig und damit fit für den Job zu sein.«

Bei einem Teil der jungen Menschen ist diese Denkweise angekommen. Freiheit und Selbstbestimmung statt Abhängigkeit – für viele ein guter Tausch. Viele haben darüber aber auch noch gar nicht nachgedacht, weil ihnen die Entwicklung nicht bewusst ist.

Was das für Sie und Ihr Kind bedeutet

Immer noch werden Berufsentscheidungen aus falsch verstandener Sicherheit getroffen. Es ist deshalb wichtig, sich bewusst zu machen, dass die traditionellen Berufsfelder für Sicherheitsorientierte nicht sicher sind: der öffentliche Dienst, das Jurastudium oder auch die Steuerlehre. Es kann immer etwas passieren, an das wir derzeit nicht denken. Möglich, dass das Steuerrecht in den nächsten Jahrzehnten so vereinfacht wird, dass das aktuelle Niveau viel zu hoch ist. Dass die Arbeitsagenturen abgeschafft werden, weil es dann ein bedingungsloses Grundeinkommen[37] gibt. Oder … irgendetwas passiert, was wir derzeit noch nicht ahnen und daher auch nicht bedenken können.

Schreiben Sie die Vorteile und Nachteile der alten und Neuen Arbeit zusammen mit ihrem Kind auf. Diskutieren Sie, sprechen Sie über Sorgen und Ängste. Beleuchten Sie die Bedeutung von Sicherheit, wenn dieser Aspekt für Sie selbst und/oder Ihr Kind relevant ist. Sicherheit besitzt bei genauem Hinsehen sehr viele Facetten. Mögliche Fragen können sein:

- Was bedeutet Sicherheit für dich? Ist es die Sicherheit, die genügend Geld auf dem Konto bietet? Die Sicherheit, sich um nichts kümmern zu müssen? Oder die Sicherheit, zu wissen, wo man hingehört?

- Wie fühlt sich Sicherheit für dich an?
- Was bedeutet dein ganz individueller Wunsch nach Sicherheit für deine Berufswahl?

2. »Bau dir spezielles Wissen auf«

Mehr als 70 Prozent der Deutschen verdienen ihr Geld im Tertiär-, das heißt im Dienstleistungssektor. Nun steht dieser dritte Sektor unter starkem Druck. Einfache Dienstleistungen, die am Anfang das Fundament bildeten, sterben aus. Ich erinnere mich noch gut an die vielen Beratungsecken in der Kreissparkasse Köln am Neumarkt, wo ich mein erstes Konto hatte. An den Kassen standen lange Schlangen, an denen Geld in bar von Menschen ausgezahlt wurde. Heute gibt es keine Schalterkräfte mehr und auch keine Beratungsecken. Hotlines übernehmen die wenigen Kunden, die noch Fragen haben. Diese zu beantworten wird immer einfacher, weil Antworten bei Bedarf vom Bildschirm abgelesen werden. Aus Kostengründen ist die Beratungszeit eng begrenzt. Freiheit in der Gesprächsführung? Die gibt es nicht. Alles basiert auf Textbausteinen – genau wie die Antwort-Mails auf E-Post aller Art.

Wenn möglich, schalten die Unternehmen einen Computer als Gesprächspartner ein (»Drücken Sie die 1, wenn …«). Eine mit geringen Fachkenntnissen durchzuführende Beratung ist überall auf ein Minimum eingeschmolzen und weitgehend automatisiert worden. Die Folge: Standardisierbare Dienstleistungen wie die Kundenberatung werden immer schlechter bezahlt.

Nicht standardisierbare Tätigkeiten, die Fachwissen, Methodenkompetenz oder persönlichen Einsatz verlangen, bleiben bestehen und werden besser bezahlt. Forschungs- und wissensintensive Wirtschaftszweige machen bereits jetzt in Nordeuropa rund 50 Prozent aller Dienstleistungen aus. Wissensintensive Bereiche wachsen – und das sind jene, die überdurchschnittlich oft ein Studium erfordern.

»Die Akademikerquote ist in den wissensintensiven Wirtschaftsbereichen mit 15 % (in wissensintensiven produzierenden Bereichen) und 16,7 % (in wissensintensiven Dienstleistungen) besonders hoch, im Schnitt etwa vier- bis fünfmal so hoch wie in den übrigen Wirtschaftszweigen.«[38] Und das ist erst der Anfang einer Entwicklung.

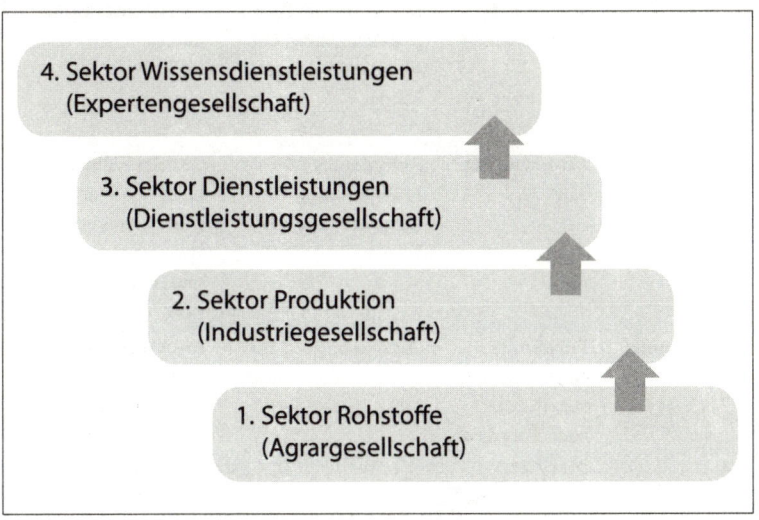

Es entstehen ganz neue Dienstleistungen, etwa solche, die sich mit der Optimierung solcher Prozesse beschäftigen. Wie können wir die Kosten der Kundenberatung minimieren, ohne die Qualität zu gefährden? Welche Prozesse lassen sich auslagern? Wie können Abläufe vereinfacht werden? Das sind Fragen, die derzeit relevant sind.

Bei solchen Aufgaben geht es oft auch um Technik. Der Computer kann inzwischen selbst lernen, aber keine neuen Ideen liefern – Experten schon. Willkommen in der Expertengesellschaft, in der Spezialisierung auf Themen, Bereiche und Branchen sowie die kreative Kopfarbeit immer wichtiger wird.

Welche der heutigen Jobs bieten die Basis für eine Karriere im vierten Sektor? Ich habe einige der Lieblingsbereiche Ihrer Kinder in der nachfolgenden Tabelle analysiert und die Tätigkeiten im dritten und vierten Sektor voneinander getrennt.

Tätigkeit	Dritter Sektor (Beispiele)	Weiterentwicklungs-zwang durch …	Vierter Sektor (Beispiele)
Beratung	Zu allen abge-grenzten Themen wie Finanzen, Bewerbung, Support	Standardisierte Bera-tungsprozesse, Com-puterbedienung, Out-sourcing in andere Länder	Strategieberatung, Spezialisten-/Fachbe-ratung
Bildung/Er-ziehung	Betreuung von Kindern	Anforderung an Frühförderung, Bil-dung, Lebenslanges Lernen	Gezielte Frühförde-rung, Förderung sozi-al Benachteiligter etc., Sprachförderung, spezialisierter Unter-richt
Entwicklung	Programmie-rung, Schreiben von »Code« nach Vorgaben	Outsourcing in Län-der, die billiger entwi-ckeln	Anspruchsvolle Ent-wicklungsaufgaben, Projektmanagement, Prozessmanagement, Beratung, Auswahl von Systemen
Gestaltung	Design mithilfe von Software-programmen wie InDesign	Verbesserung der Softwarelösungen, die es jedem ermöglicht, sie zu nutzen	Spieledesign, Design von Virtual Reality, 3D, kreative Ideen entwickeln, Trends aufspüren und setzen
Gesundheit	Betreuung von Kranken	Ungelernte	Spezialisierte Ge-sundheitsförderung, spezialisierte Tätig-keiten z. B. Study Nurse (eine Weiter-bildung für Kranken-pfleger)
Handwerk	Elektronik, Heizungsbau etc.	Wettbewerb aus Ost-europa und anderen Ländern. Bachelorab-schlüsse konkurrieren mit Lehrabsolventen	Spezialisierung, Tech-nisierung, neue The-men wie Haustechnik

Tätigkeit	Dritter Sektor (Beispiele)	Weiterentwicklungszwang durch …	Vierter Sektor (Beispiele)
Journalismus	Redaktion für Print- und Online-Medien	Überangebot, Verschiebung ins Internet, fehlende Erlösmodelle	fachliche Spezialisierung, Wissensjournalismus, medienübergreifendes Arbeiten
Konstruktion	Konstruktion mit CAD-Programmen	Outsourcing in Länder, die Aufgaben billiger realisieren	Entwicklung kundenindividueller Produkte, Projektmanagement, Beratung
Management	Führung durch Befehl von oben	Selbstmanagement von Wissensarbeitern, Verlust von Autorität, virtuelle Teams, Fordern eines anderen, introvertierteren Führungstyps[39]	Moderne Führung auf Augenhöhe, Moderation von Prozessen, Zusammenführen von Ergebnissen
Marketing	Werbung, operative Marketingaufgaben wie Eventorganisation etc.	Soziale Netzwerke im Internet, Verlust der Bedeutung von gedruckten Medien und dem Fernsehen	Spezialisiertes Marketing, z. B. bezogen auf Social Media oder mobile Anwendungen
Medizin	Hausarzt, einfacher Facharzt etc.	Staatliche Abhängigkeit, begrenzte Honoraraussichten	Spezialisierung auf Gebiete und Krankheiten, aber auch regional (»Landarzt«)
Personal	Personalauswahl	Outsourcing, z. B. von Recruitingprozessen, Verschiebung von Schwerpunkten ins Internet	Spezialisierung auf Zielgruppen, moderne Auswahlverfahren, internationale Personalarbeit, Bildungsmanagement etc.
Rechtsanwalt	Allgemeiner Rechtsanwalt, einfacher Fachanwalt	Überangebot	Erschließen von kleineren Fachgebieten als früher üblich, also nicht nur Internet-Recht, sondern z. B. Recht in sozialen Netzwerken

Tätigkeit	Dritter Sektor (Beispiele)	Weiterentwicklungszwang durch …	Vierter Sektor (Beispiele)
Verkauf	Persönlicher Verkauf direkt oder im Handel	E-Commerce und Preisdruck	Vertrieb komplexer Technik, die Fachkenntnisse verlangt
Weiterbildung	Lehrer, Dozent	Überangebot, Unterfinanzierung von Weiterbildungsangeboten	Erwerb von Bildungskompetenz, methodisch-didaktische Kenntnisse, thematische Spezialisierung

Der dritte Sektor bildet auch eine Art Durchgangsstation – ein Übergang, um sich von dort weiterzuspezialisieren. Das bedeutet, auch nach dem Studium oder der Ausbildung noch weiter in den Aufbau von Wissen (in dem zuvor beschriebenen Sinn) und Praxiserfahrung zu investieren.

Besitzt Ihr Kind spezielles Wissen, kann es sogar Unternehmen seine Bedingungen diktieren. Der Begriff »abhängig beschäftigt« könnte aus unserem Wortschatz verschwinden.

Was das für Sie und Ihr Kind bedeutet

Ein Verwandter von mir arbeitet drei Wochen in Deutschland, lebt aber in Spanien, wo er eine Woche Dienst im Home Office macht. Andere Wissensarbeiter sind vier Tage die Woche im Büro und pausieren öfter mal für mehrere Wochen und Monate. Ein halbes Jahr Weltreise, arbeiten in Hamburg, wenn das Unternehmen in München sitzt, 60 Tage Urlaub: Das ist keine Science-Fiction; es sind alles reale Beispiele von Menschen, die im vierten Sektor tätig sind. Ihr Erfolgsschlüssel sind ihr spezielles Wissen und ihre Erfahrung. Dies versetzt sie in die Lage, Unternehmen ihre Bedingungen zu diktieren.

Sehen Sie die Vorzüge dieser Entwicklung, die tollen Chancen für die Lebensqualität? Dann können Sie mit Ihren Kindern anders darüber sprechen. Erklären Sie ihnen, dass es wichtiger ist, sich im Laufe der ersten Berufsjahre für ein Thema zu entscheiden, als ein bestimmtes Studium oder eine Ausbildung zu absolvieren. Dieses oder diese ermöglicht nur eine Orientierung hin zu einem Thema. Die Weiterentwicklung des eigenen Profils mit einem Thema setzt aber erst im Beruf so richtig ein. Das ist ein Prozess, der niemals aufhört. Genau hier liegt der Unterschied zu früher.

3. »Denk auch mal ans Geld«

In Afrika gilt es als guter Job, Tulpen zu züchten oder Kleidung zu nähen. Die Existenzsicherung steht dort im Vordergrund beruflicher Entscheidungen. Ein Job mit gutem Verdienst ist gesellschaftlich mehr wert als einer mit schlechtem. Bei uns ist das nicht mehr so. Bei uns ist ein guter Job einer, der

1. inhaltlich motiviert,
2. Sinn stiftet,
3. die persönliche Unabhängigkeit wahrt,
4. das unternehmerische Kreativsein ermöglicht,
5. maximale Sicherheit bietet,
6. immer neue Herausforderungen schenkt,
7. Leitungsfunktionen ermöglicht,
8. oder optimal mit dem eigenen Vorstellung von Freizeit, Familie und Leben vereinbar ist.

Die Funktion eines Jobs für das eigene Leben hat sich immer weiter ausdifferenziert, was mit dem steigenden Individualismus harmoniert. Selbstverwirklichung hat sich als Ideal durchgesetzt; welche Unterpunkte dies enthält, ist individuell verschieden. Existenzsicherung taucht in der Liste nicht mehr auf, weil wir lange davon ausgingen, dass jeder Job in der westlichen Welt existenzsichernd ist. Das hat sich als falsch herausgestellt. Ein Job als Arzthelferin ist kaum mehr existenzsichernd. Eine Weiterentwicklung in den vierten Sektor ist hier fast unmöglich. Folglich kann er auch keine der acht Funktionen zur Selbstverwirklichung im Job erfüllen – nicht einmal Nummer fünf, die Sicherheit.

Immer weitere Bereiche verfallen im Zuge des Übergangs in den vierten Sektor. Ich spreche hier von einer »Ehrenamtisierung« von Tätigkeiten, die teilweise besonders sinnstiftend sind. Es gibt Hobby-Journalisten, die bezahlte Kräfte ersetzen, Kulturarbeiter, die den Geldjobs Konkurrenz machen, und viele Tätigkeiten im Bildungsbereich, die am unteren Ende der Gehaltsskala liegen. In vielen dieser Bereiche bringt ein Vollzeitjob nicht mehr als Hartz IV. Das muss man sehen und wissen – und entscheiden, welche Konsequenz daraus zu ziehen ist.

Ich halte es für unbedingt nötigt, einen angestrebten Beruf auch nach seiner existenzsichernden Funktion zu hinterfragen:

- Wird dort genügend bezahlt? Dies können Sie zum Beispiel anhand der Lohntabellen der Gewerkschaften überprüfen.
- Lässt der Beruf sich in den quartären (vierten) Sektor weiterentwickeln?
- Lässt er sich später gut mit anderen Ausbildungen und Studien verbinden?

Dahinter steckt auch die Frage: Kann er ein »Puzzlestein« sein? Ein solcher Puzzlestein führt in andere Berufe, ist eine ideale Kombinationsbasis. So stellt der Beruf des Krankenpflegers einen viel besseren Puzzlestein dar als der der Arzthelferin, weil er sich erweitern lässt, aufstocken lässt, in Kombinationen beispielsweise mit einem Pflegestudium und einer Fachjournalistenausbildung vieles möglich macht. Der (neue) Beruf des Systemgastronomen ist ein besserer Puzzlestein als der des Bäckers, um in Kombination mit einem Studium in Führungspositionen zu gelangen. Das zu beurteilen erfordert oft eine intensive Beschäftigung mit den Bereichen, und manches kann auch nur ein branchenkundiger Berater beurteilen. Viele Puzzlesteine zeigen sich auch in dem Gedankenspiel, zu dem ich Ihnen mit der Tabelle im vorherigen Kapitel eine Anleitung gegeben habe.

Manchmal ist eine Vernunftentscheidung am Anfang des Berufslebens nicht das schlechteste. Vernunftentscheidungen haben sich gerade dann bewährt, wenn jemand – was immer häufiger vorkommt – auf eine künstlerische Karriere schielt. Ein Arzt kann später Schauspieler werden, aber ein Schauspieler nicht mehr so einfach Arzt. Ein Steuerberater kann ein paar Jahre als Musicaldarsteller arbeiten, aber ein ausrangierter Musicaldarsteller wird nach seiner Karriere Schwierigkeiten haben, noch mal in der Steuerberatung Fuß zu fassen. Deshalb hat die Schauspielerin Christiane Paul vermutlich zunächst einmal Medizin studiert. Deshalb haben viele Politiker zunächst ein Jurastudium abgeschlossen. Es ist leichter, zu einer vorhandenen Basis zurückzukommen, als diese später neu aufzubauen. Wichtig ist nur, dass Vernunftentscheidungen zu einer Wahl jenseits der Technologie führen. Hier veraltet Wissen zu schnell, man darf den Beruf dann nicht jahrelang ruhen lassen.

Eine meiner Mitarbeiterinnen hat erst Wirtschaftsingenieurwesen studiert, bevor sie an einer Musicalschule lernte. Sie wurde kein Musical-Star, weil man diese Art von Karriere nicht planen kann, sondern auf das Glück hoffen muss, dass gerade der eigene Typ für ein Stück gefragt ist, das dann auch noch wie *Starlight Express* auf Dauer läuft.

Nebenbei gesagt, war die Glitzerwelt des Musicals im Nachhinein auch nicht so spannend wie gedacht. Und die andauernden Castings, die maximal kleine Arrangements brachten, die kaum ein Monatsgehalt sichern! Vortanzen, aussortiert werden – immer wieder. Die Mitarbeiterin war am Ende froh, etwas Solides gelernt zu haben, auf das sie zurückgreifen konnte. Und da sie bei mir nebenbei immer an der Entwicklung meiner Datenbank mitgearbeitet hatte, war sie auch nie ganz aus dem Thema, trotz ihres technischen Studiums. Trotzdem war der Wiedereinstieg nicht leicht.

Aber missverstehen Sie mich bitte nicht: Ich bin dagegen, dass junge Menschen sich aus reiner Vernunft für etwas entscheiden, das sie gar nicht wollen. Dass meine Kundin Sarah auf ihr Tiermedizinstudium verzichtete, weil der Vater BWL für sinnvoller und lukrativer hielt, war nicht nur falsch gedacht, sondern auch menschlich daneben. Es kostete Sarah viele Jahre und einige Anstrengungen mehr, weil sie jahrelang das Falsche machte, ehe sie sich mit 35 Jahren doch noch für Tiermedizin einschrieb. Mit lauter 19-Jährigen zu studieren stellte aber verständlicherweise auch eine Belastung dar – der Umweg war unnötig.

Tierärztin ist kein prekärer Job – Musicaldarsteller dagegen mit hoher Wahrscheinlichkeit schon. Aber: Wenn der Musicaldarsteller vorher Wirtschaftswissenschaften studiert hat und nach seiner Karriere eine PR-Ausbildung macht, entsteht ein Berufsbild mit Zukunft. Er könnte als PR-Manager für Musicalfirmen arbeiten oder, um die Zielgruppe zu verbreitern, für die Kulturwirtschaft. Gut, wenn vorher ordentlich Kontakte geknüpft worden sind. *Das* ist ein Weg mit Zukunft für die weniger Technikaffinen.

Wenn es um Vernunftentscheidungen geht: Raten Sie Ihrem Kind, auf Wachstumsmärke zu schauen. Die Gesundheitswirtschaft ist so ein wachsender Markt. Auch der Bildungsmarkt wächst. Frühförderung wird immer wichtiger und die Sensibilität für kindliche Fehlentwicklungen steigt. Auch der soziale Bereich bildet einen Markt mit Zukunft: Die Abstände zwischen Bildungsbürgern und bildungsfernen Schichten vergrößern sich. Es wird und muss viel mehr Förderung in diesen Bereichen geben, als es jetzt noch der Fall ist.

Was das für Sie und Ihr Kind bedeutet

All diese Wachstumsmärkte erfordern spezialisierte Kenntnisse. Es ist deshalb nicht mehr nur eine Ausbildung, die den Beruf – oder sagen wir besser: eine Funktion – ausmacht, sondern mehrere, gemixt mit

Erfahrungen. Von dieser Warte aus gedacht, lässt sich an Interessen *und* zugleich an Geld denken. Das ist doch eine gute Nachricht – geben Sie sie weiter!

4. »Entdecke deine Leidenschaft«

Mein Sohn liebt Dagobert Duck. Er rechnet ständig, ob sich etwas lohnt. Vor einigen Wochen haben wir den Tagesverdienst eines Eisverkäufers auf einem Mittelaltermarkt berechnet und dabei mit Umsatz und Gewinn hantiert. Es hat ihm Spaß gemacht, aber ich weiß: Die Tatsache, dass er sich damit beschäftigt, kommt auch von mir. Mein Mann erklärt ihm die Börse, ich betriebswirtschaftliche Grundlagen.

Wir nehmen Einfluss auf die Interessenentwicklung, aber spielerisch. Wir tun es nicht mit dem Ziel, einen zehnjährigen Miniunternehmer hochzuzüchten, sondern aus Freude daran, dass er sich für etwas begeistern kann. »Steuern Sie Ihren Sohn nicht in eine Richtung?«, höre ich die Laisser-faire-Eltern fragen. Ich finde nicht: Wir zeigen ihm Dinge und Aspekte, die er freiwillig annimmt. Andere Eltern würden andere Dinge besprechen, zeigen, betonen. Das Kind kann sie annehmen oder nicht. Entscheidend ist, dass es überhaupt ein Angebot hat oder selbst findet. Denn natürlich kann sich ein Kind auch selbst auf die Suche machen. Es gibt immer wieder Geschichten von begabten Musikern, in deren Familien kein einziges Mitglied auch nur eine Note lesen kann. Oder von Computercracks, deren Leidenschaft auch nicht familienbedingt ist. Aber immerhin ist eine Leidenschaft da – und das ist wichtig.

Leider erlebe ich manche junge Menschen, die gar kein Interesse haben oder sich nur für sehr oberflächliche Dinge wie Mode, Kosmetik und Stars begeistern können. Manchmal liegt das auch an den Familien. Manche Eltern glauben, Interessen würden sich von selbst entwickeln. Das glaube ich nicht: Man muss sie fördern, und zwar möglichst früh. Einfach laufen lassen kann man das nur, wenn die Youngsters von selbst eine Leidenschaft finden. Es geht auch nicht alles immer freiwillig. Die meisten Kinder würden nie von sich aus ein Instrument lernen – oder es zumindest nach dem schnell abgeflauten anfänglichen Interesse wieder in die Ecke schmeißen. Regelmäßiges Üben ohne ein sanftes Schieben der Eltern? Unwahrscheinlich. Ein wenig (Nach-)Druck ist nicht schädlich.

Wenn Sie jetzt einen Sohn oder eine Tochter haben, der oder die kurz vor der Entscheidung für eine Ausbildung steht, ist es noch nicht zu spät, Interessen zu fördern und Begeisterung zu wecken. Es ist überhaupt nie zu spät: Interessen können auch in sehr viel späteren Lebensphasen entstehen. Aber jetzt bilden sie eine wichtige Basis für berufliche Entscheidungen.

Vielleicht gibt es Interessen, ohne dass Sie oder Ihr Kind diese bisher als solche wahrgenommen haben. Unser Bild von den Interessen ist schließlich eindimensional: Den künftigen Experten erkennen wir vor allem in den nächtelang programmierenden Computerfreaks und Nachwuchsingenieuren, die mit Schaltungen experimentieren oder Prototypen erschaffen. Wir schauen auf diese (meist) Jungs durch die Brille unserer Generation, die einen Bill Gates oder einen Steve Jobs hervorgebracht hat. Doch die ersten Computerhelden sind inzwischen Senioren. Die neuen Experten werden ihre Karriere vielleicht gar nicht mit nächtelangem Programmieren beginnen; es könnte sein, dass sie ganz andere Dinge machen. Ich kann Ihnen nicht sagen, was das sein wird, aber es könnte mit dem Internet zu tun haben, mit dem Smartphone oder mit etwas, an das Sie und ich noch gar nicht denken können.

Seit den siebziger Jahren sind immer neue Jobs rund um den Großcomputer, den PC und um das Internet entstanden. Fast alle diese Jobs führten in stabile Arbeitsverhältnisse. Wer seit den neunziger Jahren auf das heute weltweit eingesetzte System SAP umschwenkte und sich innerhalb des Themas spezialisierte, hat auch heute noch einen gut bezahlten Job als Berater oder Entwickler. Was kommt als nächstes? Welche Software wird groß? Erkennen wir ein neues Google überhaupt? Bemerken wir Trends wie Social Media, bevor die »Masse« sich darauf stürzt und ein Trend sich somit umkehrt? Erkennen wir Themen, die zukünftig wichtig sein werden? Und wertschätzen wir es, wenn sich unsere Kids damit beschäftigen? Es ist immer schon Prinzip aller neuen Entwicklungen gewesen: Am Anfang glaubt nur ein kleiner harter Kern, dass sich etwas durchsetzen wird.

Die Beschäftigung mit Technik können wir sorgenfrei zulassen, auch wenn wir nichts davon verstehen. Das Spielen, vor allem das gewaltverherrlichende Ballerspielen zähle ich allerdings nicht dazu – das gehört aus meiner Sicht verboten.

Gedankensteuerung ersetzt Mausbedienung, Computer lernen selbst und werden nicht mehr von Menschen gefüttert. Wissensgebiete verzweigen sich und Technik wird verfeinert. Themengebiete werden damit kleiner. Um sich mit kleineren »Wissenseinheiten« beschäftigen zu können, muss sich ein Mensch erst einmal einen Überblick über das größere Gebiet verschafft haben. Um Fachgebiete vertiefen zu können, braucht ein junger Mensch die Fähigkeit, tiefer einzudringen und Informationen kritisch zu bewerten. Eigentlich müsste »Lernen« ein Pflichtfach an Schulen sein.

Was das für Sie und Ihr Kind bedeutet

Ermutigen Sie Ihr Kind, »seine« Dinge zu tun, auch wenn sie Ihnen fremd vorkommen. Die bestbezahlten Experten werden heutzutage nicht engagiert, weil sie etwas studiert haben, sondern weil sie etwas können. Das sind die – selbstverständlich freiberuflich tätigen – sogenannten »Nerds«: Computerfreaks, die mit Jutetaschen zu Präsentationen in den Konzerne zu erscheinen und dort die Vorstände mit ihrem Wissen umhauen.

Meckern Sie nicht, wenn Ihr Sohnemann oder die Tochter viele Dinge ausprobiert. Das braucht man, um irgendwo hängen zu bleiben. Fordern Sie Ihr Kind aber auch auf, tiefer einzutauchen, wenn es gleich aufgibt, sobald etwas nicht klappt. Manche erwarten, dass Leidenschaft etwas ist, das wie ein Zauber plötzlich da ist. Das stimmt nicht. Leidenschaft ist harte Arbeit. Sie fängt damit an, dass man sich für etwas entscheidet, was einem zusagt. Zu dem Zeitpunkt ist noch kein wirkliches Können vorhanden. Erst das Üben führt zu Virtuosität.

Der US-Neurologe Daniel Levitin hat ermittelt, dass man 10 000 Stunden Üben braucht, um zum Erfolg zu kommen.[40] Er selbst drückt es sogar noch optimistischer aus: »Ten thousand hours of practice is required to achieve the level of mastery associated with being a worldclass expert – in anything.«[41] Ich habe mir das einmal ausgerechnet: Wenn Ihr Sohn oder Ihre Tochter über fünf Jahre hinweg 5,4 Stunden am Tag investiert, Wochenenden einbegriffen, sieht es sehr gut aus. Mit etwas mehr Urlaubsanspruch und Freizeit sind wir dann schon mal leicht bei zehn Jahren, die der Aufbau einer Expertentums kosten kann. Entwickler bestätigen das ebenso wie Musiker. Ich habe das auch bei mir selbst überschlagen: Die 10 000 Stunden habe ich sowohl fürs Schreiben als auch für die Beschäftigung mit den Themen Beruf und Karriere längst erreicht. Das ist zu schaffen, sogar mehrmals im Leben.

5. »Nutze deine Kreativität«

Gestern erzählte mir ein Bekannter, wie er vom Balkon mitgehört habe, wie die beiden Kinder eines deutschen Akademiker-Ehepaares in Hamburg-Harvestehude untereinander Englisch sprachen. Diese Kinder waren in den USA zur Schule gegangen, die Familie hatte an verschiedenen Orten der Welt gelebt und gearbeitet. Seine Theorie war, dass es nicht mehr lange dauern würde, bis es für das deutschsprachige Bildungsbürgertum normal werde, sich auch privat auf Englisch zu unterhalten. So wie es in Indiens Oberschicht längst üblich ist. »Dann wird Deutsch vielleicht eine aussterbende Sprache wie heute Plattdütsch.«

Unwahrscheinlich ist das nicht, wenn ich so an einige meiner jüngeren Kunden denke, die längst an »challenges« denken statt an Herausforderungen. Das frühe Englischlernen, zu dem wahrscheinlich auch Sie Ihre Kinder ermuntert haben, wird sich allerdings nicht mehr in einem Plus an Chancen auszahlen. Englisch zu sprechen und zu schreiben wird schlichtweg normal sein. Es ist kein Schlüssel zum beruflichen Erfolg in einer Welt, in der die Nationen so eng miteinander arbeiten.

Der Schlüssel liegt ganz woanders. Bei der Ausbildung, sagen Sie? Nein, die ist es nicht. Ausbildung ist wie Englisch. Sie allein wird sich nicht in einem Plus an Chancen auszahlen, sondern sie bildet die notwendige Grundlage, um überhaupt jenseits prekärer Bereiche beruflich zu überleben. Der Schlüssel, den Sie Ihren Kindern mitgeben, ist eine Persönlichkeit, die kreativ denken kann. Das ist die wichtigste Eigenschaft, die unsere Kinder von den PISA-Siegern aus dem asiatischen Teil dieser Welt unterscheidet. Es geht dabei nicht um die künstlerische Kreativität, sondern um die Kreativität im Kopf: Freie Denkstrukturen ermöglichen es, Innovationen und neue Lösungsansätze zu entwickeln sowie eingefahrene Wege zu verlassen. Wer Vorreiter sein will und nicht Nachmacher, braucht diese Denk-Kreativität.

Dieses freie Denken entwickelt sich nicht aus dem bei unseren globalen Konkurrenten in Asien üblichen straffen Leistungsdrill. Die in asiatischen Ländern gelehrte Disziplin und Perfektion sind ihr ärgster Feind. Lesen wir das Zitat von jemandem, der es wissen muss. Jiang Xueqin, Vizeschuldirektor der Oberschule der renommierten Pekinger Universität, schreibt: »Chinesische Schulen sind sehr gut darin, ihre Schüler auf standardisierte Tests einzustellen. Aus diesem Grund scheitern sie daran, sie auf eine höhere Bildung und eine wissensorientierte Wirtschaft vorzubereiten. Die Folgen von starrem Auswendiglernen (…): Ein Mangel an sozialen und praktischen Fähigkeiten, fehlende Fantasie und Neugier.«[42]

Eine Copy & Paste-Kultur ohne bahnbrechende Innovationen? So stolpert ein ehrgeiziges Land wie China bei den Anforderungen der Neuen Arbeit: Die Schüler, die als Wettbewerber Ihrer Kinder in die globalisierte Welt ziehen, sind seltener kreativ. »Und dann sollten wir die große Stärke des westlichen Individualismus ausspielen: die Kreativität. Hier ist Europa noch immer stark.«[43] Offensichtlich ist das Problem erkannt, Kreativitätsseminare boomen im bevölkerungsreichsten Land der Erde.

Doch wird man schnell etwas ändern können? China ist kein demokratischer Staat, sondern das Land mit der weltweit höchsten Zahl an Todesurteilen! Die guten PISA-Ergebnisse und der hohe Wissensstandard zeichnen eine technokratische Kultur aus, die im Wissenswettbewerb ihre Schwierigkeiten hat. Das Buch der »Tigermutter« Amy Chua *Die Mutter des Erfolgs*[44] entspringt ihrem Kulturkreisdenken und zeigt, dass dieses Denken offensichtlich auch eine Amerikanisierung überlebt. Dies kann man auch als Zeichen dafür deuten, dass angeborene oder anerzogene Denkweisen über Generationen hinweg stabil sind – was in der Konsequenz heißt, dass der Wettbewerbsvorteil des Westens noch länger fortbestehen könnte.

Statt Arbeitssklaven brauchen wir Vordenker. Wer sonst könnte den Wandel vorantreiben und mit kreativen Ideen Wettbewerbsfähigkeit steigern? Vordenker finden sich in der asiatischen Welt seltener als bei uns. Einige meiner Bekannten und Kunden arbeiten in internationalen Unternehmen und berichten alle Ähnliches. In Sachen Bildung haben die Asiaten teilweise längst zu uns aufgeschlossen. Doch aufgrund ihrer hierarchischen Denkstrukturen können sie Wissen nicht über den von anderen für sie definierten Radius hinaus nutzbar machen.

Der Angestellte eines internationalen Unternehmens schilderte mir einmal, dass es zwei Wochen dauerte, bis er von einem indonesischen Mitarbeiter bekam, was er angefordert hatte. Das Ergebnis steckte voller Fehler. Die Ursache dafür ist nicht Unfähigkeit, sondern die Ausrichtung an Vorgaben, die manchmal nur über Eck erteilt werden können. »Sag Frau XY bitte, dass sie ABC machen sollen«: Das hierarchische Denken verbietet das direkte Gespräch und reduziert Führung auf Befehlsvergabe. Ein Befehlsempfänger jedoch schaut auch dann nicht über den Tellerrand, wenn er studiert hat.

Den größten Erfolg in unserer Arbeitswelt haben junge Leute, die eigene Vorstellungen haben und auch bereit sind, diese durchzusetzen. Die größten Schwierigkeiten dagegen die, die es allen recht machen wollen und sich deswegen unterordnen – bis hin zum Burnout.

Was das für Sie und Ihr Kind bedeutet

Unterstützen Sie es, wenn Ihr Kind eigene Ideen und Kreativität zeigt. Mahnen Sie nicht wie manche Vertreter älterer Generationen: »Pass auf, dass du nicht aneckst« oder: »Mach immer, was dein Chef will.« Das ist ein Denken von gestern. Heute sollten Sie Ihr Kind ermuntern: »Nutze deine Kreativität« und: »Setze deine Ideen durch.«

6. »Such dir ein Thema statt einen Beruf«

Arzt, Lehrer, Rechtsanwalt: Solche klaren Berufsfelder gibt es immer seltener. Mit den veränderten und neuen Aufgaben entstehen auch neue Jobs. Ich sage bewusst »Jobs«, weil es keine wirklichen Berufsbilder mehr sind. Jobbezeichnungen, die die Unternehmen frei wählen, bilden die Klammer für Kombinationen aus Tätigkeiten. Einheitliche Benennung erweist sich als schwierig, handelt es sich doch oft um unternehmensindividuelle Jobbündel. Doch die Bündel sind alle ähnlich geschnürt: In der Mitte steht das Kernwissen in einer Branche, einem Fach, einer Methode oder allem zusammen, flankiert wird es von weiteren persönlichen und fachlichen Anforderungen. All diese Jobs lassen sich nicht studieren, sondern nur in der Praxis lernen. Und das ist auch gut so! Zu schnell drehen sich diese Bereiche, als dass dieses Wissen in einem auf Langfristigkeit ausgelegten Lehrplan Platz hätte.

Der am meisten verbreitete neue Job ist der des Projektmanagers, der seinen ersten Berufsschritt nach dem Studium meist als Projektassistenz oder Teilprojektleiter unternimmt. Es gibt ihn in Varianten von technischer Projektleitung über kaufmännische Projektleitung bis hin zur Gesamtprojektleitung. Direkte Führungsverantwortung besitzt dieser Mensch meist nicht, dafür die meist sehr gut bezahlte Verantwortung, eine Gruppe Experten oder verschiedene Abteilungen in ein Boot zu holen und zum gemeinsamen Ziel zu führen, und zwar »in time«, »budget« und »quality«. Es ist eine Aufgabe, die viel Fingerspitzengefühl, Organisationsgeschick und Know-how über Prozesse und Abläufe erfordert.

Neu sind auch der Requirements Engineer, der für Kundenanforderungen zuständig ist, oder der Prozessmanager, der für das Monitoring interner Abläufe zuständig ist. Beides sind keine technischen Jobs, aber Jobs, die mit IT zu tun haben. Nicht weit entfernt finden wir den Compliance Manager als Wächter über die Regeln etwa des Kartells oder des Datenschutzes.

Ein anderes neuer Job ist der des Technology-Evangelisten: Er informiert und begeistert Menschen für eine bestimmte Technologie und betreibt damit im Internet, auf Messen und direkt beim Kunden eine Art »Presales«. Eine hohe Identifikation mit den Produkten, seien sie von Microsoft oder anderen Herstellern, versteht sich dabei von selbst.

Auch rund um Social Media sind neue Jobs entstanden. Social-Media-Manager sind überall gefragt. Während ich dieses Buch schreibe, berichtet ein bekannter Geschäftsführer eines Weiterbildungsunternehmens in Essen, dass man dort mit einer IHK-Ausbildung zum Social-Media-Manager begonnen habe. Meine Kunden mit Social-Media-Praxis brauchen kaum Bewerbungen zu schreiben, als Freiberufler haben sie dicke Auftragsbücher.

Einen Boom erlebt gerade der Community Manager, der die Diskussionsrunden im Internet moderiert, Experten einlädt, Themenpläne macht. Zweimal habe ich die aktuellen Stellenangebote, die den Begriff Community Management enthielten, bei Kimeta.de gezählt: im Juli 2011 waren es 808, im September schon 1011.

Die neuen Jobs liegen nicht nahe, weil sie keine »richtigen« Namen tragen. Es sind einfach Positionen, in denen bestimmte Tätigkeiten ausgeübt werden. Deshalb ist es wichtiger, sich für Themen zu interessieren und hier Wissen aufzubauen, als nach Berufsbezeichnungen zu suchen. Auch Suchmaschinen von Jobbörsen im Internet sind noch nicht ausreichend darauf ausgerichtet, dass vielfach weniger die Bezeichnung oder der Titel als die Kernkompetenz zählt. Doch auch das wird sich ändern.

Die Karriere im Sinne einer bewussten Gestaltung des beruflichen Lebensweges beginnt heutzutage mit der Entscheidung, sich in ein Thema zu vertiefen. Dies können junge Leute oft erst während eines Studiums tun, weil sie manche Themen erst da kennenlernen.

Der Sohn eines Kunden entdeckte während einer Werkstudententätigkeit in Stralsund seine Leidenschaft für die Computervisualisierung von Landmaschinen. Seitdem wusste er, dass es das ist, wohin es ihn zieht. In seine Bewerbung schrieb er: »Während meiner Werkstudententätigkeit entdeckte ich meine Leidenschaft. Seitdem lege ich meinen Ehrgeiz darein, mein Wissen in diesem Bereich immer weiter aufzubauen und ein Experte auf diesem Gebiet zu werden.« Womit er gleich auch einen weiteren Job beschreibt: den des Experten. Tatsächlich werden in Stelleninseraten immer öfter Experten oder Spezialisten für … gesucht.

Was das für Sie und Ihr Kind bedeutet

Das ist der beste Weg: über Studium, berufliche Praxis und Beschäftigung mit Themen »sein« Gebiet finden – und nicht etwa einen Beruf, den es gar nicht mehr gibt. Fördern Sie diesen Weg und erschöpfen Sie Ihr Kind nicht mit Fragen, welchen Beruf es denn ergreifen möchte. Fragen Sie lieber, in welchem Thema es Experte werden will.

7. »Lerne, dich selbst zu managen«

Die Zahl der Selbstständigen nimmt laufend zu, dabei sind die meisten von ihnen einzeln tätige Solounternehmer, die freiberuflich in Unternehmen arbeiten. Hier beträgt der jährliche Zuwachs 4,4 Prozent im Jahr.[45] Seit 2000 gab es kein einziges Jahr mehr, in dem die Selbstständigkeit abgenommen hat,[46] auch 2010 verzeichnet eine Zunahme. Der Trend scheint also unaufhaltsam.[47]

Als Eltern sollten Sie das wissen, denn Sie kommen aus einer Generation, in der Selbstständigkeit noch die Ausnahme war. Ihre Kinder wachsen in eine Welt, in der eine zeitweise oder dauerhafte Selbstständigkeit normal sein wird. Manche studieren sogar das Unternehmertum, dazu gibt es seit einiger Zeit das Fach »Entrepreneurship«. Startups wachsen oft schnell und bieten interessante Positionen, in denen junge Leute schon früh viel Verantwortung übernehmen können.

Sehen Sie es also nicht als Gefahr, sondern auch als Chance, wenn Ihr Sprössling schon früh eigene Geschäftsideen realisieren möchte. Seine dabei erworbenen Fähigkeiten sind auch später auf dem Arbeitsmarkt durchaus gefragt.

Auch Angestellte brauchen mehr und mehr die Fähigkeiten eines Unternehmers; dies steht im Zusammenhang mit der Aufgabe des Versorgungsversprechens zugunsten einer Geschäftsbeziehung. Sie fordert die Bereitschaft, sich selbst als ein Produkt zu sehen, das attraktiv genug gehalten wird, damit Arbeitgeber es »kaufen«.

Ein Karriereplan ist deshalb heute immer auch ein Business-Plan. Er beantwortet Fragen wie:

- Was macht mein berufliches Profil besonders?
- Für welche Arbeitgeber bin ich besonders attraktiv?
- Welchen Wissensstand haben meine Wettbewerber?
- Wohin entwickelt sich der Markt, in dem ich arbeite?

Solche Fragen müssen sich in Zukunft auch Angestellte stellen.

Zum unternehmerischen Denken gehört es auch, sich selbst organisieren zu können. Was mache ich als nächstes? Wohin entwickle ich mich? Was sind die nächsten Schritte?

Was das für Sie und Ihr Kind bedeutet

Fördern Sie als Eltern diese Mentalität, für sich selbst Verantwortung zu übernehmen und diese nicht an übergeordnete Instanzen wie den Arbeitgeber abzugeben. Sie tun das auch mit Kleinigkeiten, etwa indem Sie Selbstständigkeit und Eigeninitiative loben und fördern (und nicht etwa Ihrem 18-jährigen Sprössling noch das Zimmer aufräumen).

8. »Punkte mit Persönlichkeit«

Sind Sie ein offener Mensch? Wenn ja, haben Sie Ihre Offenheit wahrscheinlich auch an Ihre Kinder vererbt oder durch Erziehung an sie weitergegeben. Schön, wenn die Entwicklung eines offenen Wesens auch durch offene Lehrer unterstützt würde.

Ein Persönlichkeitstest wird besonders gern und oft für Studien herangezogen. Die sogenannten Big Five messen die Ausprägung fünf zentraler Eigenschaften. Darunter ist der Wert »Offenheit für Neues«. Dieser beschreibt, inwieweit sich Menschen auf neue Gedanken und

Entwicklungen einlassen. Mit der Eigenschaft Offenheit eng verwandt ist Veränderungsbereitschaft. Nur wer bereit ist, sich zu verändern, ist wettbewerbsfähig. Experten sind sich einig, dass dies die zentrale Eigenschaft ist, die in Unternehmen und Institutionen der Zukunft gebraucht wird.

Eine beruflich erfolgreiche Persönlichkeit ist weiterhin gewissenhaft. Das heißt, einfach ausgedrückt, sie erledigt Dinge zuverlässig und ordentlich. Umstritten ist die Bedeutung der Extrovertiertheit für beruflichen Erfolg vor allem in neueren Forschungen.[48] Tatsache ist, dass ein Mensch, der auf andere zugeht, seine Ziele leichter erreicht, weil ein Netzwerk wichtig für berufliches Weiterkommen ist. Aber auch Introvertierte können gute Netzwerker und erst recht gute Strippenzieher und Verbindungsglieder sein.

Nächster Erfolgsgarant ist ein niedriger Neurotizismus. Das heißt, Ihr Kind ist nicht sehr ängstlich und macht sich auch keine übermäßigen Sorgen. Das wäre eher etwas, das die eigene Stressempfindlichkeit erhöht und somit kontraproduktiv ist.

Auch die sogenannte Verträglichkeit ist besser nicht zu groß. Sehr verträgliche Menschen passen sich auch an, artikulieren eigene Bedürfnisse nicht und richten sich an anderen aus. Extrem erfolgreiche Menschen sind so gut wie immer eigensinnig, das betrifft die Modedesignerin Coco Chanel genauso wie den Mond-Reiseunternehmer Richard Branson. Zu gering sollte die Verträglichkeit aber besser auch nicht sein, das ergibt sonst einen allzu eigenwilligen und eckigen Charakter, der sich vielleicht sogar schlecht sozial integrieren lässt.

Die Ausprägungen sagen auch etwas über die Berufswahl aus. Wer sich viele Sorgen macht, fühlt sich vielleicht besser in einem Umfeld, das wenig unter Druck setzt. Die »Up-or-out«-Mentalität[49] einer Unternehmensberatung wäre da kontraproduktiv. Wer nicht so extrovertiert ist, profitiert oft von einem eigenen Fachgebiet, das ihn oder sie zum gefragten Experten macht und weniger stark von ihm verlangt, auf andere zuzugehen. Sehr verträgliche Menschen sind möglicherweise mit einem sozialen oder serviceorientierten Beruf besser bedient, da ihr Grundbestreben darin besteht, Menschen zufriedenzustellen.

Persönlichkeit entscheidet mehr als alles andere über Erfolg in einem Beruf. Fachliche Kompetenzen und Erfahrung kann man sich aneignen, Persönlichkeit dagegen lässt sich nur entwickeln, aber kaum grundsätzlich ändern.

Wer einen Job hat, der überhaupt nicht zu seiner Persönlichkeit passt, wird in diesem auch nicht erfolgreich sein. Leider wird dies bei ersten Berufsentscheidungen oft viel zu wenig berücksichtigt. Während ich Tests zur Berufswahl eher kritisch sehe – dazu im dritten Teil mehr –, halte ich Persönlichkeitstests für eine wichtige Orientierungshilfe, sofern diese von einem Profi ausgewertet und mit angemessenen Arbeitsmarktkenntnissen interpretiert werden können.

Was das für Sie und Ihr Kind bedeutet

Ihr Kind sollten Sie ermutigen, sich so zu geben, wie es ist, und nicht vermuteten Erwartungen hinterherzulaufen. Das ist der grundlegende Fehler der meisten jungen Leute. Sie fragen sich: Was erwarten die Arbeitgeber von mir? Viel wichtiger wäre es, zu fragen: Was kann ich Arbeitgebern bieten? Ermuntern Sie Ihr Kind, eine Antwort auf diese Frage zu finden. Dazu kann es sich ruhig Zeit nehmen. Der letzte Teil dieses Buchs hilft dabei.

Teil 2 – Wie Sie Ihrem Kind den Weg zur passenden Ausbildung zeigen

»Lern erst mal was Vernünftiges!«, haben vielleicht Ihr Vater oder Ihre Mutter zu Ihnen gesagt und hatten ein bestimmtes Studium oder eine Ausbildung im Kopf, die heute manch einer unvernünftig nennt.

Wie wir gesehen haben, gibt es keine Pauschalrezepte für den beruflichen Einstieg und Aufstieg mehr, sondern nur individuelle Modelle und Kombinationen, die die Nachfrage und Entwicklung des Arbeitsmarktes berücksichtigen. Doch wie sieht das konkret aus? Was ist möglich? Und was ist zu beachten? Kommen Sie im zweiten Teil mit auf eine Reise durch die Ausbildungswelt Ihrer Kinder.

Lassen Sie uns starten kurz vor dem Schulabschluss, um den viele familiäre Tischgespräche und manche Krisensitzung kreisen.

Schule bald vorbei – und dann?

In der Familie meines Großvaters mütterlicherseits gab es sieben Kinder. Nur eines durfte studieren. Das war mein Opa. Früher hatte nur eine kleine Minderheit Abitur,[1] schon die Hochschulzugangsberechtigung besaß einen hohen Wert. Ein Studium galt als etwas Besonderes.

Aus der vierten Grundschulklasse meines Sohnes gingen sieben Kinder aufs Gymnasium. Weitere sechs mit Gymnasialempfehlung wählten eine Gemeinschaftsschule, die auch zum Abitur führt, die anderen eine Regionalschule, die kein direktes Abitur anbietet. Wir leben ländlich, bei uns sind die Verhältnisse einigermaßen »normal«. Keine Villen oder Promis wie in Hamburg-West, dafür viel Mittelschicht und eine kleine Handvoll Hartz-IV-Empfänger. Durchschnittlich der Ort, durchschnittlich die Gymnasialempfehlungsquote von etwa 40 Prozent.

44 Prozent aller Schüler empfehlen die Lehrer im Bundesdurchschnitt zum Gymnasium. Dabei gibt es erhebliche Unterschiede. »Nur 23,4 % der Schüler in sozialen Brennpunkten werden zum Gymnasium empfohlen. Dagegen bekommen 69,4 % der Schüler aus wohlhabenden Stadtteilen eine Empfehlung«,[2] fasste Anfang 2010 der heutige Hamburger Schulsenator Ties Rabe die Ergebnisse einer Untersuchung zusammen. Wenn mein Sohn mit Kindern aus nicht akademischen Familien Hausaufgaben machte, benötigte er durchschnittlich fünfzehn Minuten für Aufgaben, für die seine Freunde oft bis zu zwei Stunden brauchten. Er hat durch uns einen Vorteil, den die Schule

nicht ausgleicht. Wenn ich die Mails der Eltern dieser langsamer lernenden Kinder sehe, weiß ich, dass dies keinesfalls allein auf das Konto der Intelligenz geht, sondern auf die Möglichkeiten der Eltern, Hausaufgaben zu verbessern, und auf das fehlende Vorbild, beispielsweise bei der fehlerfreien Beherrschung der deutschen Sprache. Schon die Grundschule müsste gegen so ein Ungleichgewicht durch die familiäre Prägung ankämpfen. Ich habe nie gesehen, dass das auch passiert.

Mir ist bewusst, dass ich mit diesem Buch vor allem die gebildeten Eltern erreichen werde. Ich hätte es sehr viel lieber, wenn auch die anderen verstünden, dass sie alles dafür tun sollten, dass ihr Kind wenigstens einen mittleren Abschluss schafft, auf den sich das Abitur später leicht aufsetzen oder durch Berufspraxis ersetzen lässt.

Die Bildungsbürger, die ich mit diesem Buch vermutlich erreiche, haben panische Angst vor niedriger Schulbildung. Wir Bildungsbürger assoziieren alle Schulen außerhalb des Gymnasiums mit Bildungseinbahnstraßen. Nicht mal das Gymnasium gilt uns mehr als Erfolgsschmiede. Zunehmend sehen selbst weniger betuchte Eltern in Privatschulen eine Rettung vor verfallenden staatlichen Lehranstalten und schließen das Gymnasium in den Niedergang mit ein. So entsteht eine Mehrgliedrigkeit der Bildung auch im oberen Bereich – gestatten, Elite.[3] Arbeitgeber werden später beurteilen, ob sie einen Privatschüler bevorzugen. Klar ist, dass schon jetzt Absolventen von Elite-Hochschulen wie der WHU Otto Beisheim School of Management (bei Koblenz) oder der European Business School in Oestrich-Winkel die Bewerber-Nase vorn haben. Längst gibt es Rankings für Hochschulen und Studiengänge, etwa nachzulesen im CHE-Hochschulranking bei *Zeit Online*. Derzeit existieren bei uns nur Wettbewerbe von Schulen, bei denen teilweise staatliche Gesamtschulkonzepte besonders gute Ergebnisse erzielen.[4] Ich gehe davon aus, dass aber auch Schulrankings wie in Dänemark[5] kommen werden – und damit ein Wettbewerb, der nicht mit Systemen, sondern mit den einzelnen Schulen zu tun hat. Das ist so lange gut, wie die staatlichen Schulen mithalten können.

Etikettenschwindeleien

Justin hat schon auf der Grundschule die anderen Kinder geschlagen. Trotz hoher Intelligenz landet er auf der Hauptschule. Und ist da unter seinesgleichen. Die Hauptschule hat sich in den letzten Jahrzehnten zu einer Aufzuchtanstalt von Problem-, Hartz-IV- und Migrantenkindern entwickelt. Auch die »guten« Absolventen dieser Schulen werden ihren Makel nie mehr los. Sandra war trotz Hauptschulabschluss durch eine Bürotätigkeit von einer Tageszeitung als Talent entdeckt worden und durfte ein Volontariat absolvieren, das sie zu einer Zeitungsredakteurin machte.

Nach einem Umzug in eine andere Stadt stellte sie fest: Die Hauptschule und das fehlende Studium akzeptierten alle anderen Redaktionen nicht – Talent hin oder her. Ich hätte als Arbeitgeber gesagt: Ist doch interessant, das spricht für eine ganz besondere Begabung! Doch in Branchen, in denen die Auswahl ohnehin größer ist als das Stellenangebot, fehlt solche Offenheit oft. Ich musste deshalb leider allzu oft feststellen: Im Lebenslauf zählt – solange noch das Denken in »Systemen« dominiert – nur der Schultyp, und wenn da »Hauptschule« steht, wirkt sich das für Spätentwickler wie ein Fluch aus. Fast ein Segen deshalb, dass die Hauptschule durch die unterschiedlichen Benennungen (siehe die folgende Tabelle) in Zukunft nur noch von Bildungsprofis identifizierbar ist.

Trotz des Widerstands der Bürger strich man die Hauptschule in den meisten Bundesländern. Doch wenn der Tabellenletzte »fliegt«, tritt ein anderer an seine Stelle. Im Süden wurde die Hauptschule einfach umetikettiert und heißt nun Werkrealschule. In vielen anderen Bundesländern entstand eine neue Schulform, die Haupt- und Realschule in einen Topf wirft, ohne etwas wirklich Neues daraus zu machen. Nach der siebten Klasse werden die Schüler an den Regionalschulen bei uns in Schleswig-Holstein aufgeteilt und besuchen einen Haupt- und Realschulzweig. Die einzige Verbesserung besteht darin, dass jetzt zwei Jahre zusammen gelernt wird und sich dann noch die Spätzünder zeigen können. Theoretisch wenigstens.

Es hat seit PISA 2000 fast zehn Jahre gedauert, bis die Hauptschule fast in allen Bundesländern kippte. Doch auch die Mittelschulen ohne direkten Weg zum Abitur, die Länder wie Sachsen und Schleswig-Holstein noch unter »Artenschutz« stellen, sind Auslaufmodelle. Bildungsexperten plädieren seit Langem für ein eingliedriges System, das zu verschiedenen Abschlüssen führt. Doch die dafür notwendige Abschaffung des Gymnasiums ist derzeit bei denselben Bürgern nicht durchsetzbar, die auch gern die Hauptschule behalten möchten.

Das aktuelle Bildungssystem

Im Moment scheint alles auf eine Zweigliedrigkeit zuzulaufen. Neben dem auf kognitive Fähigkeiten setzenden Gymnasium etabliert sich eine Gesamt- oder Gemeinschaftsschule, die durch projekt- und kursorientiertes Lernen und die Betonung sozialer Fähigkeiten langsamer zum mittleren Abschluss und die Leistungsstarken auch zum Abitur führt.

»Die zweite Säule kann sich so zu einer Schule entwickeln (...), die das von so vielen Eltern heiß begehrte Gymnasium in einem pädagogischen« Wettbewerb herauszufordern vermag«, formuliert der Bildungsexperte Prof. Dr. Valentin Merkelbach.[6] Hoffentlich geht damit eine Vereinheitlichung einher.

Die föderale Bildungshoheit ist schwer vereinbar mit der neuen Mobilität von uns Eltern. Denn wer mit seinen Kindern umziehen muss, hat Mühe, in einem anderen Bundesland die passende Schulform zu finden und seinem Kind den reibungslosen Anschluss zu ermöglichen.

Die jeweilige Schule muss im Wettbewerb bestehen, und nicht ein System. Falls Sie es also noch beeinflussen können: Suchen Sie nach einer richtig guten Schule. Es könnte sein, dass das in Zukunft nicht nur für die Entwicklung Ihres Kindes, sondern auch für den Lebenslauf eine ganz andere Rolle spielt als heute. Wenn Ihr Kind auf einer bestimmten Gemeinschaftsschule sehr viel besser gefördert wird als auf einem Gymnasium, zögern Sie nicht wegen eines Etiketts, das längst verblichen ist.

Um Ihnen eine Übersicht zu bieten, habe ich die aktuellen Schulsysteme gegenübergestellt.

Bundesland	Schulsystem
Baden-Württemberg	Umettikettierung beschlossen: Die bisherigen »besseren Hauptschulen« (also jene, die nach 10 Jahren zum mittleren Abschluss führten) sollen jetzt alle Werkrealschulen heißen.
Bayern	Umettikettierung: Die Hauptschulen sollen jetzt Mittelschulen heißen, bleiben neben den Realschulen bestehen.
Berlin und Brandenburg	Neben dem Gymnasium gibt es eine integrierte Sekundarschule mit Haupt-, Real- und Gesamtschule. Diese führt nach 12 oder 13 Schuljahren auch zum Abitur.
Bremen	Gymnasium und Oberschule, die nach 12 oder 13 Jahren zum Abitur führt.
Hamburg	Gymnasium und Stadtteilschule, die direkt und ohne Schulwechsel nach 13 Jahren zum Abitur führt.
Hessen	Hauptschulen laufen aus. Bestehen bleiben Gymnasien, integrierte Gesamtschulen und Mittelstufenschulen.
Mecklenburg-Vorpommern	Hier gibt es Regionalschulen, Gesamtschulen und Gymnasien. Nach der 4. Klasse besuchen Kinder zwei Jahre eine Orientierungsstufe.
Niedersachsen	Gymnasium und Oberschule (geplant), die beide direkt zum Abitur führen.
Nordrhein-Westfalen	Gymnasium und Gemeinschaftsschule sowie integrierte Gesamtschulen mit Abiturzweig.
Rheinland-Pfalz	Gymnasium, integrierte Gesamtschule und »Realschule plus«, die allerdings nicht direkt zum Abitur führt, sondern erst nach dem Wechsel auf eine Fachoberschule.

Bundesland	Schulsystem
Saarland	Schon vor 2000 gab es keine Hauptschulen mehr. Derzeit Gymnasium mit 12 Jahren zum Abitur und Gemeinschaftsschule, die nach 13 Jahren zum Abitur führt.
Sachsen-Anhalt	Hier gibt es ein zweigliedriges System. In der Sekundarschule werden Haupt- und Realschulabschluss erworben. Es gibt weiterhin Gymnasien und Gesamtschulen.
Sachsen	Hier gab es nie Hauptschulen, was nebenbei gesagt zu besseren Ergebnissen bei PISA 2000 führte; Sachsen und Thüringen hatten für die nachfolgende Abschaffung der Hauptschule durch andere Länder Vorbildcharakter. Derzeit gibt es Gymnasien, Mittelschulen und neu Gemeinschaftsschulen, die zum Abitur führen. Die schwarz-gelbe Regierung möchte die Gemeinschaftsschulen bis 2014 aussetzen (Stand Mai 2011).
Schleswig-Holstein	Gymnasium, Regionalschule ohne direkte Abiturmöglichkeit und Gemeinschaftsschule, die nach 13 Jahren zum Abitur führt.
Thüringen	Hier gab es wie in Sachsen nie Hauptschulen (siehe dort). Derzeit gibt es Gymnasien, Mittelschulen und neu seit 2010 Gemeinschaftsschulen, die zum Abitur führen (entweder direkt oder in Kooperation mit einem benachbarten Gymnasium).

Muss ich mein Kind durchs Gymnasium prügeln?

Die Mutter von Celina war verzweifelt. Sie Medizinerin, der Mann Ingenieur, schaffte die Tochter nur mit Ach und Krach die Realschule mit einer »Vier« in Mathe. Dabei war Celina bis zur siebten Klasse aufs Gymnasium gegangen. Die schlechte »mittlere Reife«, die es nicht zuließ, so einfach in eine Oberstufe zu wechseln,[7] war für beide wie ein Schlag ins Gesicht. Sie verspürten Scham und hatten das Gefühl, die Rückwärtskarriere der Tochter vor der Familie und Bekannten rechtfertigen zu müssen. Intelligenz sollte sich doch vererben, dachten sie insgeheim. Dass sie dadurch unbewusst Druck auf ihre Tochter ausübten, merkten sie nicht.

An mangelnder Intelligenz liegt so ein schulischer Rückschritt selten. Celina erzählte mir später, wie sie selbst die Spirale empfunden hat: Schon die erste Arbeit mit einer schlechten Note bestätigte sie in dem Glauben, schlecht in Mathe zu sein. Sie fügte sich, anstatt zu sagen: »Ich zeig's euch«, vielleicht auch, weil der Mathelehrer sie von oben herab behandelte. Viele Schüler, oft Mädchen, gehen ein wie ein schlecht gegossenes Pflänzchen, wenn der Lehrer kein Feedback geben kann. Oder nicht in der Lage ist, sich auf unterschiedliche Lerntypen einzustellen. Ein anderes Beispiel ist Anna, die ich erst viele Jahre nach ihrem Abschluss kennenlernte. Anna war eine Erfahrungslernerin: Sie musste etwas tun, um es zu begreifen. Der Matheunterricht zu der damaligen Zeit und oft auch noch heute, gerade an Gymnasien, ist aber auf einen auditiv-visuellen Lerntyp eingestellt.

Jedenfalls verstärkte sich bei Celina die Angst. Schulische Leistungen haben in den meisten Fällen wenig mit Intelligenz zu tun. Sehr intelligente Kinder können ebenso scheitern wie weniger intelligente – beide muss man besonders fördern, erklären die Experten und legen diverse Programme auf.

Die breite Schicht der Mittelleister wird darüber gern vergessen. Sie kann durch (fehlendes) Feedback und Förderung jedoch stark nach oben und unten gezogen werden, in schulischen wie später auch in beruflichen Leistungen. Das bestätigen diverse Studien, die etwa Malcolm Gladwell für sein Buch *Überflieger*[8] aufbereitet hat. Oder anders ausgedrückt: Mit einer mittleren Intelligenz kann ein Kind alles oder nichts erreichen – je nach Förderung.

Es wird wie Celina eher nichts erreichen, wenn es immer wieder die Erfahrung macht, nur mit viel Anstrengung einigermaßen akzeptable Leistungen zu erbringen. Auch das Gefühl, dem Wunsch der Eltern nicht entsprochen zu haben, wird sich einbrennen – selbst wenn diese das nie eingefordert haben.

Celina lebte dauerhaft in dem Gefühl, mit ihrem einfachen kaufmännischen Job wenig familiäres Ansehen zu genießen. Mit Excel

Analysen und Verkaufsreports zu erstellen war für sie anfangs purer Stress. Bis sie merkte, dass sie das sogar sehr gut konnte. Sie entdeckte, dass es ihr Spaß machte, mit den Servicetechnikern im Haus über IT zu reden. Heute studiert Celina nach einer Beratung bei mir Wirtschaftsingenieurwesen an einer Fernhochschule und ist sehr glücklich damit. Das geht dort ohne Abitur.

Ich denke, ich habe damit die Frage in der Überschrift beantwortet: Nein, es macht keinen Sinn, ein Kind durchs Gymnasium zu prügeln, wenn es nicht will, kann oder nicht der gymnasiale Lerntyp ist. Manchmal braucht ein junger Mensch mit 16, 17 Jahren einfach auch noch etwas Zeit und Lebenserfahrung. Vielleicht ist er aber auch in einem nicht-akademischen Job besser aufgehoben, dauerhaft oder auch zeitweise.

Der Kampf mit dem inneren Schweinehund

Möglicherweise ist Ihr Kind einfach faul. Oft höre ich: »Zu der Zeit hatte ich andere Interessen.« Mädchen interessieren sich für Jungs und umgekehrt. Es ist gerade in einer bestimmten Clique cool, nichts für die Schule zu tun. Diese Begründungen für schlechte Leistungen sind die, die Ihre Kinder später am meisten ärgern werden. Nicht wenige junge Leute bereuen im Nachhinein bitter ihre Schulfaulheit. Die meisten hätten sich von den Eltern mehr »Tritte« gewünscht. Sollten Sie also zu Laisser-faire neigen oder zu der damit verwandten Einstellung »chacun à son façon« (jeder so, wie er kann), überdenken Sie das lieber. So, wie so gut wie kein Kind freiwillig jeden Tag auf einem Instrument übt, engagieren sich die meisten auch nicht freiwillig über ein minimales Maß hinaus. Es liegt täglich ein riesig großer Schweinehund vor der Kinderzimmertür. Es ist stressig für Eltern, diesen Schweinehund immer wieder fortzujagen, aber fürs Kind am Ende meist besser. Maria vereinbarte mit ihrer Mutter, dass sie für jeden Punkt, den sie im Abitur besser als diese abschneiden würde, 100 Euro bekäme. Am Ende schaffte sie 1,3 (die Mutter hatte 2,0): 700 Euro. Ich halte normalerweise nichts von Geld als Anreiz für Leistung – bei so einem positiven Wettbewerb kann es aber durchaus einmal sinnvoll sein. Zumal in der Endphase vor den Abiturprüfungen, wo es wirklich vor allem um Fleiß und Lernen geht.

Letztendlich könnte es sein, dass Sie einen Praktiker herangezogen haben, der der Bürowelt nichts abgewinnen kann. Auch die neue Arbeitswelt braucht Menschen, die bauen, Gerüste hochklettern, Rohre reparieren, Geländer schmieden oder Menschen versorgen und betreuen. Es kann auch nicht nur Chefs geben oder Menschen, die kreative Konzepte und großartige Strategien entwerfen. Wenn Ihr Kind ein Praktiker ist, gerne mit den Händen oder körperlich arbeitet oder Freude an Service und Hilfeleistung hat, ist das Abitur in der Tasche sicher nicht falsch, aber eben auch nicht unbedingt nötig.

Tatsache ist: Einige junge Menschen sind in ihren Berufen viel erfolgreicher geworden, eben weil sie nicht um jeden Preis durchs Gymnasium geprügelt worden sind. Zwei Beispiele:

- Ewa war zunächst auf einer Förderschule, kam dann über Hauptschule und Realschule aufs Gymnasium und schaffte das Abitur dort zunächst nicht. Sie machte es später in der Abendschule nach. Ihr interessanter Lebensweg war für viele Arbeitgeber ein Grund, sie zu Gesprächen einzuladen.
- Peter, der vom Gymnasium auf die Hauptschule zurückempfohlen wurde, absolvierte nach der Ausbildung die Meisterprüfung und hängte Jahre später ein Studium dran.

Schon die alte Welt war durchlässiger, als manche denken. Die neue und gerade entstehende Bildungswelt der Bausteine ist es noch mehr! Ihr Kind wird deshalb nicht mehr so schnell in einer Sackgasse landen wie einige meiner älteren Kunden, die in einer späteren Lebensphase gern studiert hätten, denen aber das Abitur oder die Fachhochschulreife dazu fehlte.

Nicht zuletzt besteht auch die Möglichkeit, nach der mittleren Reife an einem Gymnasium das Abitur nachzumachen. Um das Abitur mit einer mittleren Reife, auch Realschulabschluss und in Nordrhein-Westfalen und Brandenburg Fachoberschulreife genannt, machen zu können, braucht Ihr Kind einen sogenannten qualifizierten Realschulabschluss, bei dem alle Hauptfächer mindestens der Note »befriedigend« entsprechen müssen.

Schafft Ihr Kind es, die 12. bzw. beim G8-Abitur die 11. Klasse abzuschließen, kann es die Fachhochschulreife erhalten, die es andernfalls auch an einer Volkshochschule oder in einer anderen Einrichtung nachmachen kann. Die Fachhochschulreife besteht aus einem schulischen und einem praktischen Teil. Der praktische Teil wird durch eine Ausbildung oder ein sechsmonatiges bis einjähriges Berufspraktikum erworben.

Hatte ihr Kind nur eine Fremdsprache in der Schule – normalerweise ist das der Fall, wenn es auf einer Hauptschule war –, bleibt zunächst das sogenannte Fachabitur, mit dem sich nur bestimmte Fächer studieren lassen. Das Fachabitur[9] ist eine eingeschränkte Fachhochschulreife. Durch die Prüfung in einer zweiten Fremdsprache lässt es sich zu einer vollwertigen Fachhochschulreife ausbauen.

Falsche Lockmittel

Viele Eltern fürchten, die 2 vorm Komma der Abiturnote könnte schwinden. Vielleicht sehen sie sogar den ganzen Abschluss in Gefahr. Und beschwören vor sich selbst und ihrem Kind schlimme Szenarien von beruflichem Scheitern herauf.

In dieser Situation motivieren sie ihre Kinder häufig extrinsisch, also mit Geschenken und Geld. Warum die intrinsische Motivation für die Neue Arbeit besonders wichtig ist, habe ich im ersten Teil des Buchs dargestellt. Ihr Kind sollte – auch schulische – Dinge machen, weil es sie machen möchte und im Idealfall sogar, weil es Spaß daran hat. Wer dagegen auf extrinsische Lockmittel setzt, konditioniert sein Kind zwar auf eine sehr einfache Weise, aber falsch. Wie gesagt: Ausnahmen bestätigen die Regel, wie im Fall von Maria.

Schauen wir uns dazu Anton an. Anton bekommt Geld fürs Lernen. Das investiert er in Computerspiele. Er führt seine Eltern an der Nase herum, während er sich die Taschen füllt – das weiß ich von einer Freundin der Mutter. Während er scheinbar Hausaufgaben macht, läuft in einem anderen Fenster auf dem PC ein Spiel.

Extrinsische Motivationen lösen kurzfristige Effekte aus. Die Leistungsfähigkeit wird auch nur vorübergehend etwas gesteigert – im Vergleich zur intrinsischen Motivation läuft sie dennoch auf niedrigerem Niveau. Das sollten Sie wissen, bevor Sie zum Geldbeutel greifen. Schauen Sie sich dazu vielleicht einfach einmal bei YouTube das geniale Motivationsvideo von Daniel Pink an (es ist allerdings auf Englisch).[10]

Sie legen mit dem Mit-Geld-Locken, wenn Sie sehr früh damit beginnen, vielleicht sogar das Fundament für ein späteres Scheitern. Die alte Arbeitswelt funktionierte mittels monetärer Anreizsysteme, des Lockrufs goldener Uhren und deutscher Markenwagen. Solche Motivatoren gibt es auch jetzt noch, etwa im Vertrieb von Versicherungen. Doch sie werden immer seltener.

Jemand, der schon so früh mit Geld geködert wird, wird verführt, ein Angestellter zu werden, der nach der nächsten Gehaltserhöhung, Beförderung oder Designeruhr giert oder auch permanent unzufrieden ist, denn diese Motivatoren wirken nur kurze Zeit, wie Schokolade. Dann ist nicht nur die Unzufriedenheit vorprogrammiert, sondern auch der Karriereknick. Lediglich extrinsisch motivierte Mitarbeiter bringen weniger Leistung als intrinsisch motivierte, für die Geld nicht unwichtig sein muss, aber eher einen Hygienefaktor darstellt.

In den anspruchsvollen Jobs ist ein innerer Antrieb extrem hilfreich und auch das beste vorbeugende Mittel gegen Burnout, der immer ein Zeichen für Über- oder Unterforderung ist. Sie erinnern sich an den Herrn mit dem komplizierten Namen – Mihály Csíkszentmihályi? Seinen Untersuchungen nach entwickelt sich der glücklich machende Flow-Zustand genau in der Zone zwischen Über- und Unterforderung.

Damit Kinder einen erfolgreichen Berufsweg beschreiten können, brauchen sie eine gesunde Neugier und ein natürliches Interesse – das bildet die Basis, um einen Beruf oder eine Aufgabe zu lieben. Doch wie kriegen Sie Ihr Kind dazu?

Fragen Sie Ihren Sohn oder Ihre Tochter, was ihn oder sie motivieren würde, die Hausaufgaben zu machen. Das muss gar keine unmittelbare Belohnung sein. Manchmal bewirkt eine Veränderung des Umfelds oder der Uhrzeit, zu der Aufgaben erledigt werden, schon kleine Wunder. Vielleicht hilft gemeinsames Lernen, vielleicht eine andere Art von Lernen. Dazu ist es hilfreich, den Lerntyp[11] Ihres Kindes zu kennen. Lernt es durch Tun und Ausprobieren, fällt ihm die Arbeit mit Büchern oft schwer. Vielleicht kann es Ergebnisse in Mindmaps fassen oder einfach möglichst viel seiner theoretisch gelernten Inhalte praktisch nachvollziehen.

Stellen wir uns vor, Anton würde nicht mit Ego-Shootern ballern, sondern kreative YouTube-Videos drehen oder Computerprogramme entwickeln. Dann möchte ich dem bisher Gesagten hinzufügen: Lassen Sie ihm seinen Spaß und sein Hobby. Was er tut, könnte ihm beruflich später mehr nützen als die Eins in Mathe.

Gibt's denn Bildung ohne Abitur?

Nun kann es sein, dass alles Engagement scheitert und Ihr Junior seine (oder Ihre?) Ziele nicht erreicht. Dann sollte weder Ihre Weisheit erschöpft noch die Welt zu Ende sein. Eine meiner Mitarbeiterinnen hat »nur« einen Realschulabschluss und studiert jetzt neben Ihrer Tätigkeit für eines meiner Unternehmen. Sie ist toll, kann schreiben, mitdenken und selbstständig arbeiten – und ich bin sicher, dass sie es weit bringen wird.

Celina, die Tochter der Medizinerin und des Ingenieurs, die sie bereits kennen, erlangte einen Realschulabschluss und absolvierte eine kaufmännische Ausbildung. Danach stand ihr eine Menge offen: Sie konnte an einer Fernhochschule studieren, nachdem sie zuvor ein Probesemester durchlaufen und eine Prüfung absolviert hatte.

Derzeit bestehen (je nach Bundesland gibt es Unterschiede) vier Modelle, um ohne Abitur zu studieren:

- Mit einer Meister- oder Technikerprüfung lässt sich fast überall ein Fachhochschulstudium aufnehmen. In Hessen nach fünfjähriger Berufserfahrung seit Neuestem generell auch ein Universitätsstudium. Die Möglichkeit, an einer Uni zu studieren, haben dort alle mit Abschlüssen auf ähnlichem Niveau wie Meister/Techniker, etwa Sparkassenbetriebswirte oder auch durch die Industrie- und Handelskammern geprüfte Betriebswirte.[12]

- Mit einem individuell von der Hochschule entwickelten Zulassungstest wird die Hochschulreife attestiert. Auf der Website der Hochschule Wismar ist ein Beispieltest einsehbar. Ich finde ihn nicht sonderlich schwer. Wer ihn besteht, kann alle Fächer studieren. Wird dieser Test an einer Universität bestanden, kann auch hier studiert werden.

- Teilweise gibt es statt Zulassungstest auch eine fächerbezogene Begabtenprüfung, durch die Berufserfahrene das Abitur und damit die Berechtigung, auch an einer Uni zu studieren, erwerben.

- Alternativ oder zusätzlich besteht die Möglichkeit, ein zwei- bis viersemestriges Vorbereitungsstudium zu absolvieren, das ohne weitere Prüfung in das richtige Studium übergeht. Oft wird das Vorbereitungsstudium schon auf das Studium angerechnet – so geht keine Zeit verloren.

In fast allen Ländern sind die Zugänge zu den Hochschulen inzwischen stark gelockert. Nur in Bayern halten die Behörden noch die Hürden hoch.[13] Im Zweifel schreibt man sich an einer Fernhochschule ein. Die Kosten des Studiums liegen dabei meist um die 250 Euro im Monat bei Bachelorstudiengängen und um die 450 Euro im Monat bei Masterabschlüssen, einschließlich Master of Business Administration (MBA).

Drei Fallbeispiele

1. Sarah, Bauzeichnerin, entdeckte ihre Leidenschaft für Wirtschaftsinformatik, hatte aber nur einen Realschulabschluss. Gar kein Problem: Sarah konnte, ohne das Abitur nachzuholen, an verschiedenen Fernhochschulen (z. B. Akad, Euro-FH, Hochschule Wismar »Wings«) studieren, außerdem an der Fachhochschule für Wirtschaft und Ökonomie (FOM) im Abendunterricht, die es in verschiedenen Bundesländern gibt.

2. Pedro, Elektriker mit Hauptschulabschluss, wollte nach Abschluss seiner Ausbildung Elektrotechnik studieren. Ich empfahl ihm zunächst eine Meisterprüfung. Die Meisterprüfung wird inzwischen auch innerhalb der EU als Fachhochschulabschluss anerkannt. Eine Alternative zum Meister ist der Techniker, ebenfalls EU-weit als gleichwertig zum Fachabitur anerkannt. Damit könnte Pedro unter anderem an der Wilhelm-Büchner-Hochschule in Darmstadt (www.wb-fernstudium.de) verschiedene Fächer ohne weitere Aufnahmeprüfung studieren.

3. Mara hatte einen Realschulabschluss und wollte nach einer Ausbildung zur Krankenpflegerin unbedingt Ärztin werden. Das Medizinstudium ist immer noch stark reglementiert, dennoch gibt es Bundesländer, die auch ohne Abitur zum Studium zulassen, falls man eine Prüfung ablegt. Die Note dieser Prüfung entspricht der Abiturnote und ist Voraussetzung zur Zulassung. Falls sie das nicht schafft, könnte Mara alternativ in die Niederlande gehen, wo es keinen Numerus clausus für Medizin gibt. Der Masterabschluss ist dabei gleichwertig mit dem deutschen Staatsexamen. Einzige Vo-

raussetzung: sehr gutes Englisch, denn in den Niederlanden wird in niederländischer oder englischer Sprache studiert. Der Medizinerabschluss aus Holland berechtigt zur Ausübung des Berufs auch bei uns in Deutschland.[14]

Mein Kind will eine Lehre machen: Was soll ich raten?

»Ich würde mich selbst nicht mehr einstellen«, sagt der Personalleiter eines Hamburger Konzerns, ein Industriekaufmann. Wenn er einmal jemanden einlädt, der zum Beispiel nur eine Technikerprüfung aufweisen kann, fragt er: »Warum haben Sie denn nicht studiert?« Wenn er zwischen einem Techniker und einem Ingenieur die Auswahl hat, stellt er mit großer Wahrscheinlichkeit den Akademiker ein. Es sei denn, die Berufserfahrung des Technikers ist deutlich größer.

Wer »nur« eine Lehre absolviert hat, kann sich beruflich oft nur noch begrenzt entwickeln. In den Führungsetagen der Wirtschaft beträgt der Akademikeranteil bereits jetzt 85 Prozent. Tendenz steigend. Das fehlende Studium hängt wie ein Damoklesschwert über dem Lebenslauf einer nicht studierten Führungskraft. Das ist die eine Seite, und sie bezieht sich auf eine Karriere in der Industrie.

Die andere: Deutsche Handwerker genießen überall in der Welt einen guten Ruf. Eine solche betriebliche Lehre gibt es sonst annähernd vergleichbar nur noch in Österreich und der Schweiz. Wer in einem kleinen oder mittleren Handwerksbetrieb lernt, kann oft auf eine Übernahme setzen und eine folgende lange Betriebszugehörigkeit. Das ist eine Chance – auch weil er als Meister einen Betrieb übernehmen oder sich selbstständig machen kann.

Fakt ist: Die deutsche Lehre ist gut. Sie ist bloß nicht mehr aufstiegsrelevant. Natürlich: Es muss aber auch nicht jeder ein Experte oder eine Führungskraft werden wollen. Doch sich darüber im Vorfeld Gedanken zu machen sollte ein selbstverständlicher Teil der Berufsorientierung sein.

Zu beachten ist weiterhin, dass überall sonst in der Welt das Wissen für die Ausübung von Berufen und Jobs an Akademien und Hochschulen vermittelt wird. Hier liegt ein Teil des Problems bei betrieblichen Ausbildungen, denn sie werden nicht ohne Weiteres und überall anerkannt.

Faktor Mobilität

Nur zwischen Deutschland, Frankreich und Österreich ist es seit 2005 geregelt, dass kaufmännische und handwerkliche Ausbildungsabschlüsse grundsätzlich kompatibel sind – sofern es ein direktes Äquivalent in dem Nachbarland gibt. Für handwerkliche Berufe existiert zusätzlich zwischen Deutschland und der Schweiz ein entsprechendes Abkommen.

Für manche Jobs gibt es in den Nachbarländern keine einfach übertragbare Entsprechung. Dies gilt beispielsweise für den Altenpfleger, den es in keinem anderen Land außer in Deutschland gibt. Entsprechend kann man in diesem Beruf auch nicht anderswo arbeiten. Ein Grund, aus dem sich ein mobiler junger Mensch gut überlegen sollte, ob für ihn eine Krankenpflegerlehre nicht besser geeignet ist, falls er einmal Deutschland verlassen möchte. Zumal, dies als Randnotiz, für Gesundheit nur bei uns derzeit so schlecht bezahlt wird. Über 3 300 Euro Monatsgehalt gibt es mit Berufserfahrung in Dänemark,[15] bei uns tariflich kaum 2 300 Euro. Auch die Schweiz und Luxemburg zahlen besser als wir.

Unsere Kinder sind mobiler, als wir es waren. Es ist deshalb wichtig, von vornherein in seine Überlegungen auch die Möglichkeit mit einzubeziehen, einmal woanders zu arbeiten. Denn ob Ihr Kind heute schon weiß, wo es in zehn Jahren leben möchte? Vielleicht heiratet es wie die Physiotherapeutin Sabine nach Kanada und erlebt in diesem

Land mit 53 Prozent Akademikerquote, dass ein deutsches Physiotherapieexamen nichts wert ist, da für Physiotherapeuten dort ohne Ausnahme ein Studium verlangt wird.

Akademiker, bitte!

Die derzeitigen Absolventen von Studiengängen merken ebenfalls, wie sich die Welt ändert. Sehr oft werden sie auf Positionen gesetzt, die vorher Absolventen des dualen Systems und darauf aufbauender Weiterbildungen wie zum Techniker, Meister oder Betriebswirt IHK innehatten. Akademiker substituieren Arbeitnehmer mit mittlerer Qualifikation, zugleich werden die Absolventen mittlerer Ausbildungen für immer einfachere Arbeiten eingesetzt. »Die Betriebe wollen die typischen, in langen Schul- und Hochschulbiografien erworbenen Potenziale der Akademiker nutzen: abstraktes Denken, Planungsfähigkeit, IT-Kompetenz (…)«, sagt die Sozialwissenschaftlerin Ingrid Drexel vom Institut für sozialwissenschaftliche Forschung in München.[16] Sie analysiert: »Der Umgang mit abstraktem Wissen (…), Steuerungsaufgaben und Aufgaben der Außenkommunikation werden aus dem Aufgabenspektrum der mittleren Positionen ausgegliedert und neu gebündelt zu Positionen für Akademiker.«

Der Akademiker als Hilfsarbeiter

Noch vor Kurzem wurden Assistenzstellen gern mit Personen mit kaufmännischer Ausbildung besetzt. Inzwischen stellt die Assistenz – ob im Marketing, Vertrieb, Personal, Projektmanagement oder der Geschäftsführung – vielfach eine Funktion für Akademiker dar. Das wertet die betriebliche Ausbildung ab.

Die logische Folge ist eine Angleichung der Gehaltsniveaus auf vielen Positionen. So kann es sein, dass ein Medieninformatiker das gleiche Gehalt erzielt wie ein erfahrener Mediengestalter. Manch Bachelor und auch Master der Betriebswirtschaftslehre muss sich mit Stellen anfreunden, die früher auf Lehrabsolventen zugeschnitten waren und auch noch so dotiert sind. Ich tippe in den nächsten Jahren auf eine weitere Angleichung der Gehälter von Absolventen einer Ausbildung und Akademikern. Weiterhin werden mehr und mehr Akademiker auf Stellen gesetzt, die früher Lehrabsolventen bekamen.

Konkurrent der Lehre wird vor allem auch das duale Studium sein, auf das unsere europäischen Nachbarn neidvoll schauen. Es vereint Studienabschluss und Lehre – eine aus Sicht der Unternehmen ideale Kombination. Praxis und Theorie: Warum nur eines, wenn beides zur gleichen Zeit geht? Gerade in Betriebswirtschaftslehre, Wirtschaftsinformatik oder Wirtschaftsingenieurwesen wird »dual« der rein betrieblichen Lehre den Rang ablaufen und mindestens kurzfristig einen leichteren Berufseinstieg bieten. Im Handwerk zeigt sich der duale Trend noch nicht so deutlich; hier dürfte es aber in den nächsten Jahren zu ähnlichen Entwicklungen kommen wie im kaufmännischen Bereich.

Daraus leitet sich meine Empfehlung ab. Möchte Ihr Sprössling lieber heute als morgen anfangen zu arbeiten, braucht er einen festen Rahmen; ist ihm eine feste, möglichst dauerhafte Position in einem Unternehmen wichtig, sollte er lieber auf das duale Pferd setzen als auf die reine Ausbildung. Auch wenn eine solche Kombination aus Studium und Ausbildung deutlich mehr Arbeit und wenig Ferien bedeutet: Sie wird in den kaufmännischen Bereichen die Lehre verdrängen, die dann kaum noch Aufstiegschancen impliziert. Ihr Kind sollte zumindest einmal darüber nachdenken, ob es nicht lieber drei Jahre in einem dualen Studium richtig reinhaut und am Ende beide Abschlüsse in der Tasche hat.

Nicht ratsam ist das duale Studium allerdings, wenn ein starkes thematisches Interesse vorhanden ist, Ihr Kind eher unterschiedliche Erfahrungen sammeln möchte, wissenschaftlich arbeiten oder sich während des Studiums erst beruflich orientieren will. Auch eher analytische

Persönlichkeiten profitieren oft von einem Uni-Studium, während duale Studiengänge tendenziell kontaktorientiertere Praktiker ansprechen.

Zudem stellt es auch nicht das einzig mögliche Konzept dar: Nach wie vor gibt es ebenfalls Gründe für den Abschluss einer Lehre und ein sich anschließendes Studium – beispielsweise weil man dadurch als Werkstudent im alten Betrieb ausgezeichnet Geld verdienen kann.

Die Folgen der Taylorisierung

Auch handwerkliche Tätigkeiten in der Industrie, die auf Lehrberufen basieren, werden abgewertet: Hier konkurrieren Techniker und Bachelor-Ingenieure. In der Industrie führt die Taylorisierung[17] dazu, dass Facharbeiter inzwischen einfachste Jobs ausüben, die oft weit unter ihren Qualifikationen und Möglichkeiten liegen. Gleichzeitig wird ihnen der Aufstieg, der Ingenieuren möglich ist, verbaut. Hinzu kommt der anhaltende Trend zur Zeitarbeit,[18] der manchen Industriefacharbeiter zum Arbeitssklaven macht – der zudem extrem den Konjunkturschwankungen ausgesetzt ist, was sich negativ auf das gesamte Lebensgefühl auswirkt.

Im kreativen oder kreativ-technischen Bereich verwischen die Grenzen ebenfalls zugunsten der Akademiker: Mediengestalter werden besonders gern von Agenturen ausgebildet, weil sie billig sind – aber wenn man einen studierten Medieninformatiker für fast das gleiche Gehalt haben kann, dann nimmt man natürlich den. Fachinformatiker sind ebenfalls beliebt als Auszubildende und werden dann auch ein paar Jahre weiter beschäftigt. Bewerben sie sich später, konkurrieren sie mit Informatikern und Wirtschaftsinformatikern – und ziehen nicht selten schlechtere Karten. So läuft es letztendlich doch auf ein Studium hinaus, und zumindest einmal würde ich Ihrem Kind die Frage stellen: »Warum dann nicht gleich?«

Natürlich: Weiterhin wird es viele Arbeitgeber und mittelständische Unternehmen geben, die Bewerber mit betrieblicher Ausbildung schätzen, ja gegenüber den Akademikern sogar bevorzugen. Doch die Zahl derjenigen, die sich bei ähnlicher Erfahrung und gleichem Kenntnisstand im Zweifel für den Hochschulabsolventen entscheiden, nimmt eben auch ständig zu. Sie erinnern sich an die 1-Prozent-Regel? Veränderung ist ein schleichender Prozess. Das eine geht, das andere kommt, oft langsam und über Jahrzehnte.

Hat Handwerk noch goldenen Boden?

Wer wird in Zukunft unsere Lampen anschließen, Rohrbrüche beseitigen, Autos reparieren, Grabsteine hämmern oder Häuser bauen? Handwerkliche Tätigkeiten in unseren Häusern, Büros und auf Baustellen werden immer gebraucht. Sie lassen sich nicht standardisieren und auf Knopfdruck abwickeln. So kann die oft im Vergleich zur Lehre in einem Großkonzern etwas argwöhnisch betrachtete handwerkliche Ausbildung in einem kleinen oder mittleren Betrieb vor Ort aus meiner Sicht langfristig interessante Perspektiven für junge Menschen bieten, die sich nicht um Zwölf-Stunden-Tage reißen. Und das weitgehend ohne Zeitarbeit und dubiose Arbeitsvermittler, denn im Handwerk zählt die Beziehung zwischen Meister und Lehrling, welche fast wie in der Familie auf Dauer angelegt ist.

Ich sehe das Handwerk nicht bedroht, so lange jedenfalls nicht, wie es um Tätigkeiten geht, die sich nicht oder nur schwer autodidaktisch aneignen lassen. Elektriker sind also gegenüber Fliesenlegern im Vorteil, Optiker gegenüber Köchen. Derzeit liegt die Quote der Abiturienten unter den handwerklichen Lehrlingen bei beachtlichen 13 Prozent. Das zeigt, dass hier auch ein Paradigmenwechsel in den Köpfen stattfindet.

Bisher ist verankert, dass die verpönte und deshalb überwiegend abgeschaffte oder umbenannte Hauptschule die Brutstätte der künftigen Handwerker sei. Diese Einteilung ergibt heute keinen Sinn mehr.

Ein Beruf im Handwerk kann auch für Abiturienten interessant sein, wenn sie sich für ihn interessieren und praktisch sowie an körperlicher Betätigung orientiert sind.

Mag sein, dass ein Elektriker irgendwann einmal den Wunsch hat zu studieren, um etwas anderes und Neues kennenzulernen. Möglich, dass er einen Betrieb übernimmt. Um die Aufstiegsrelevanz eines Jobs muss er sich höchstwahrscheinlich weniger Sorgen machen als der im Lehrberuf ausgebildete kaufmännische Angestellte.

MINT schmeckt nicht immer

Die MINT-Berufe werden gern hochgejubelt und nehmen auf der Berufenet-Webseite der Arbeitsagentur sogar einen eigenen Bereich ein. Dies erweckt leicht den Eindruck, dass jeder Beruf in diesem Feld der Mathematik, Ingenieurwissenschaft, Naturwissenschaft und Technik sicher sei, was definitiv falsch ist.

Nehmen wir den Industriemechaniker, einen der beliebtesten Ausbildungsberufe. Sein Arbeitsplatz ist die Produktionshalle, und dort herrscht strengstes Arbeiten nach dem Prinzip Angebot und Nachfrage. Geht es mit der Konjunktur bergab, läuft der Industriemechaniker Gefahr, arbeitslos zu werden, selbst wenn er sich beispielsweise zum CNC-Fräser weitergebildet hat.

Nur die IG Metall, bekanntlich eine der stärksten Gewerkschaften, hält hier noch die Hand drüber. Wer es jedoch nicht schafft, nach seiner Ausbildung übernommen zu werden, oder einer der immer häufiger werdenden Abbauwellen zum Opfer fällt, wird zum Freiwild der Arbeitnehmerüberlassung (»Leiharbeiter«) oder ist auf Zeitarbeitsunternehmen angewiesen. Das gilt es zu bedenken. Zwar klingt es oft toll, für Audi oder ein bekanntes großes Unternehmen zu arbeiten, im Zweifel sind im örtlichen Handwerk oder Kleinunternehmen die Beziehungen jedoch fester und stabiler. Ein Meister wird eher die

Versorgerrolle übernehmen können und wollen als ein Konzern; er kann personen- und deutschlandbezogen arbeiten.

Auch der MINT-Beruf Fachinformatiker, vor allem der Systemintegration, ist nicht ohne Einschränkung zu empfehlen. Aus zwei Gründen: Zum einen ist die akademische Konkurrenz stark, zum anderen werden IT-Landschaften zunehmend outgesourced – und damit ein Hauptarbeitsbereich der Systemadministratoren, die sich oft aus dieser Ausbildung entwickeln. Es gäbe noch viele weitere Beispiele – mir bleibt hier nur die Empfehlung: Es ist nicht alles automatisch lecker (und zukunftssicher), wo MINT draufsteht.

Jobs »mit Zukunft« und das Butterbrot-Prinzip

Oft werde ich nach Jobs gefragt, die zukunftssicher sind. Die Zukunftssicherheit hat ganz entscheidend mit dem Menschen selbst zu tun: was er kann und was er bereit ist, in sich selbst und in nächste berufliche Schritte zu investieren. Es geht um den Arbeitsmarkt und wie er sich verändert, aber auch um Persönlichkeit. Passt diese zum Beruf, lässt sich auch aus manchen Jobs, die ich nicht als Perle im Zukunftsarbeitsmarkt leuchten sehe, etwas machen.

Aus diesem Grund kann ich keinen Rat von der Stange geben. Zunächst einmal gilt es, Wunsch und Wirklichkeit zu trennen. Oft steckt mehr Träumerei (und Fernsehen oder Medien) hinter Berufsbildern als persönliche Stärken. Weiterhin jubeln Medien gerne hoch, was bei näherer Betrachtung die Werbeaktion eines Unternehmens, einer Institution, einer Lobby oder der Bundesregierung ist.

Schenken Sie deshalb nicht jedem Artikel Glauben. Bei den genannten Zukunftsjobs handelt es sich oft gar nicht um sogenannte »grundständige« Ausbildungen, sondern um Weiterbildungen, die eine andere Lehre oder ein Studium voraussetzen.

Sie möchten ein Beispiel? Nun gut, aktuell sucht fast jedes Unternehmen Social-Media-Manager. Diese »Berufsbezeichnung« ist nicht genormt; ich als kleines Unternehmen könnte ihn auch verleihen. Dann würde ich ihn »Social-Media-Manager« mit dem Zusatz in Klammern (sh-Akademie) nennen. Natürlich mache ich das nicht, keine Sorge.

Manche dieser Weiterbildungen assoziieren große Karrieresprünge und berufliche Möglichkeiten, die es in Wahrheit so nicht gibt. Wer sich als Social-Media-Manager erste Sporen verdienen möchte, braucht dazu eine solide Ausbildung oder ein Studium. Social-Media-Manager stellt – wie so viele der Ausbildungen, die keine sind, Coach etwa – lediglich eine Zusatzqualifikation dar.

Welche Ausbildung denn eine gute Basis bildet? Im Bereich Social Media sind da beinahe alle gleich, da derzeit kein direkter Weg zu diesem Job hinführt. Fast alles ist denkbar, etwa aus dem Bereich Technik oder Kommunikation, auch Wirtschaftspsychologie – je nach späterer Ausrichtung, die eher kommunikationsorientiert oder technisch sein kann.

Zurück zur Zukunftssicherheit. Stellen Sie sich diese vor wie ein Butterbrot: Unten ist eine Scheibe aus möglichst gesundem Backwerk, in Form einer Ausbildung oder eines Studiums. Die Butter sorgt dafür, dass das Brot auch den Arbeitgebern schmeckt: eine Weiterbildung oder eine der inzwischen in vielen Bereichen sehr modernen Zertifizierungen[19]. Die Butter brauchen Sie aber nicht zwingend, sie ist ein Schmierstoff. Den eigentlichen Geschmack macht immer und in jedem Fall der Belag aus: Salat, Käse oder Wurst. Und das ist die Erfahrung. Zeitgemäßen Belag wie eine Social-Media-Weiterbildung kann man dünn auf Brote schmieren – sie funktionieren aber nicht für sich allein. Nur Butter will keiner haben, und Brot allein reicht auch nicht aus.

Natürlich gibt es immer wieder Experten, die irgendeinen neuen Trend und Job hochreden. Glauben Sie nicht jedem Propheten, der angeblich weiß, was morgen gefragt ist – und lassen Sie Ihr Kind den Abschnitt »Erstell eine eigene Prognose« lesen (im Kapitel »Mein Kind will studieren – was soll ich raten?«).

Eine Bekannte von mir sollte einmal einen Artikel über das Thema »Jobs mit Zukunft« verfassen. »Bitte suche einfache, leicht zugängliche Jobs für jedermann«, verlangte die Redaktion. Meine Bekannte trieb der Wunsch, einen inhaltlich stimmigen Bericht zu liefern. Daran waren ihre Auftraggeber allerdings nicht interessiert – dazu hätte sie nämlich schreiben müssen, dass ohne teils langwierige Ausbildung kein einziger der »Jobs mit Zukunft« funktioniert! Und dass viele der besonders zukunftssicheren Jobs heute auf einer Kombination von zwei oder drei Ausbildungen und/oder spezifischer Berufserfahrung beruhen, will auch niemand wissen, der seinen Lesern leichte Lösungen verkaufen will.

Es gibt keine Wunderjobs

Gern werden Jobs als Zukunftswunder dargestellt, die sich bei näherer Betrachtung als Luftblasen herausstellen. Der Wellnessberater gehört dazu: Solche »Ausbildungen« kann man in wenigen Wochen machen. Wiederum handelt es sich um eine Weiterbildung, die bestenfalls Sinn hat, wenn zuvor eine Lehre als Masseur, Physiotherapeut oder Fitnesskaufmann absolviert worden ist. Auch die gern gegebene Berufsempfehlung Podologe – medizinischer Fußpfleger – ist hanebüchen: Mit einer Arbeitslosenquote von rund 30 Prozent selbst in guten Zeiten kann man einen solchen Beruf, der zudem so gut wie ausschließlich in eine Selbstständigkeit führt, einfach nicht als Top-Job der Gesundheitsbranche verkaufen!

Argumentiert wird mit wunderbaren Jobchancen. Neue Jobs in der gehypten Wellnessbranche stellen sich bei Licht betrachtet oft als Saisontätigkeiten in den wenigen Resorts und größeren Hotels heraus, die Deutschland und Österreich zu bieten haben. Tatsächlich traf ich einmal einen angestellten Wellnessberater, der rund um die Uhr für Sauna-Aufgüsse zuständig war: um 12 Uhr Minze, um 12.30 Uhr Zitrone – bis zum bitteren Schokoladenende um 21 Uhr.

Kein Einzelfall. Sein beruflicher Hintergrund zeigt auch gleich, wie man an solche Jobs kommt: Der Mann war vorher Leistungssportler gewesen und besaß eine handwerkliche Ausbildung, sodass er außerhalb der Saison auch für Hausmeistertätigkeiten einsetzbar war – ein ordentliches Butterbrot also.

Als Megatrend der Zukunft präsentiert sich neben dem Segment Wellness gern der Bereich »Senioren«. Sicher wird die Demografie hier einige neue Geschäftsideen zutage fördern, Jobvermittlungen für Senioren etwa, wie bereits in Skandinavien. Neue Altenberater, die selbstständig ihr Geld in Privathaushalten verdienen, rennen mit ziemlicher Sicherheit in eine prekäre Existenz. Der demografische Wandel führt nicht automatisch ins Paradies. Erinnern Sie sich an den Trend zum Ehrenamt, den ich im ersten Teil beschrieben habe? Es wird immer mehr Bereiche geben, in denen Sie zwar arbeiten, aber kein Geld verdienen können.

Ich könnte noch eine Menge mehr Jobs ohne große Zukunftsaussichten aufzählen, aber ich möchte Ihnen lieber einen einfachen Rat geben: Wenn Sie von einem neuen Job lesen, schauen Sie nach, ob es sich um einen anerkannten Ausbildungsberuf handelt. Eine gute Informationsquelle ist das Bundesinstitut für Berufsbildung (BIBB)[20], das wie eine Qualitätssicherung von Ausbildungsberufen fungiert. Es modernisiert und reformiert Berufsbilder, wie kürzlich das des Geomatikers[21], und schafft neue aufgrund einer nachgewiesenen Nachfrage, wie jüngst den Mathematisch-technischen Softwareentwickler (MATSE). Solche neuen Berufe haben oft gute Chancen, sich am Markt zu bewähren, und stellen eine Alternative für alle dar, die keine Lust haben zu studieren oder sich die Belastung eines dualen Studiums (derzeit) nicht zutrauen.

Was wird aus …?

Kennen Sie noch den Beruf des Gürtlers? Jemand aus meinem Bekanntenkreis ergriff nach der 10. Klasse diesen mittlerweile im Industriemechaniker aufgegangenen Beruf. Berufe verändern sich, und einige sterben sogar aus. So gibt es keine Schriftsetzer mehr. Wer diesen Beruf gelernt hat, hat das sicher nicht vorausgesehen, denn dass das Desktop-Publishing einmal jedem Autodidakten ermöglichen würde, seine eigenen Layouts am Computer selbst zu erstellen, ahnten bestenfalls einige Visionäre. Beate, die diesen Beruf gelernt hat, entschied sich später für ein Medieninformatikstudium. Michael entwickelte sich autodidaktisch zum Grafiker und ist heute selbstständig.

Manche Entwicklungen lassen sich auch von Kennern und Visionären nicht voraussehen, zudem stößt man immer wieder auf widersprüchliche Prognosen. Was wird aus dem Berufsbild des Druckers? Seit 2011 trägt dieser übrigens den Namen Medientechnologe Druck. Die einen meinen, Buch- und Zeitungsdruck gehen immer weiter zurück, bis wir irgendwann kein Papier mehr haben. Manche argumentieren, dass die Konkurrenz aus Osteuropa dem Gewerbe noch mehr zu schaffen macht als derzeit und dieser Industriezweig ganz auswandert (im Textilbereich ist das ja schon geschehen).

Das würde bedeuten: schlechte Prognosen. Die Zahlen sagen aber auch, dass vielleicht weniger Zeitungen (hier ist es deutlich) und Bücher (hier derzeit noch nicht) gedruckt werden, aber mehr andere Erzeugnisse, etwa für die Werbung. Zugleich ist die Zahl der Drucker seit zehn Jahren zurückgegangen und die Arbeitslosigkeit gesunken. Die Kunst besteht jetzt darin, diese Fakten gegeneinander abzuwägen und für sich daraus ein Fazit zu ziehen. Das ist gerade bei so widersprüchlichen Informationen nicht leicht. Wenn Sie meine Einschätzung interessiert: Ich persönlich vermute, dass zumindest das nächste Jahrzehnt noch gesichert ist für diesen Beruf. Und mehr als ein Jahrzehnt kann man für keinen Beruf mehr erwarten.

Wie sich ein Beruf in den letzten Jahren entwickelt hat, ist detailliert erfasst. Die Zahlen der Jahre 1999 bis 2010 sind vom Institut für Arbeitsmarktforschung in »Berufe im Spiegel der Statistik«[22] aufbereitet. Sie sehen dort zum Beispiel:

- wie sich die Bestände in den Berufen entwickelt haben: Dabei gilt 1999 als das Jahr mit der Ziffer 100. Mehr als 100 bedeutet also, dass der Bestand (also die Zahl der Arbeitnehmer in dem Beruf) sich erhöht hat – weniger, dass er sich verringert hat.
- Wie hoch die Arbeitslosenquote in jedem Jahr war und wie sie sich zusammensetzte.
- Welcher Altersgruppe die Menschen in den Jobs angehören (je älter, desto mehr machen ihren Platz für Junge frei).
- Wie viele Menschen in einem entsprechenden Berufsfeld eine Ausbildung haben. Je weniger, desto schlechter für das Gehaltsniveau, denn dies bedeutet, der Ausbildungsberuf konkurriert mit Autodidakten oder Ungelernten.

Leider werden einige unterschiedliche Berufe unter einem Berufsbild zusammengefasst. Das sollten Sie im Einzelfall nachlesen und bedenken, bevor Sie mit den Zahlen arbeiten. Weiterhin können sich Zahlen von Jahr zu Jahr ändern und schwanken regional erheblich, informieren Sie sich also zusätzlich.

Problematische Ausbildungsberufe und bessere Alternativen

Hinsichtlich ihrer Berufswahl sind Mädchen und Jungs wenig kreativ. Seit Jahren stehen die gleichen Lehrberufe an der Spitze: bei Mädchen etwa Arzthelferin, Bürokauffrau, Verkäuferin und Friseurin, bei Jungs Industriemechaniker, Verkäufer, Elektriker und Koch.

In der folgenden Übersicht habe ich beliebte Lehrberufe und ihre Zukunftsaussichten anhand der Daten des Instituts für Arbeitsmarktforschung, des aktuellen Stellenangebots und eigener Erfahrungen bewertet. Meine Tabelle hat keinen Anspruch auf Vollständigkeit. Ich möchte auch betonen, dass es immer entscheidend ist, was ein junger Mensch aus seinem Beruf macht. Im Einzelfall kann es sehr sinnvoll sein, sich für einen Beruf zu entscheiden, von dem alle anderen abraten. Das ist antizyklisches Verhalten – und wird belohnt, wenn die Entscheidung individuell und mit Köpfchen und einem Plan in der Tasche getroffen wird.

Nehmen wir einen Beruf mit einem der schlechtesten Images überhaupt: den Maler und Lackierer. Es gibt jedoch erfolgreiche Maler, die tragfähige Unternehmen aufbauen oder begabte Denkmalschützer sind. Manchmal stellt eine Berufsausbildung zudem nur eine Etappe auf einer Reise dar: Wer sich weiterqualifiziert, kommt auch weiter – sonst jedoch, und wenn zudem auch noch ein Plan fehlt, sind die Ausgangsvoraussetzungen bei den genannten Berufen deutlich schlechter als bei anderen.

Beruf/Berufsgruppe	Zukunftssicherheit	Alternativen
Arzthelferin Der Beruf weist eine sehr niedrige Arbeitslosenquote auf …	… was ihn nicht besser macht, denn der Preis dafür sind niedrige Gehälter (aufgrund fehlender Tarifbindung in kleinen Arztpraxen).	Alle anderen kaufmännischen Ausbildungen sind breiter und kompatibler zu Positionen in anderen Unternehmen. Wer mit den Händen arbeiten möchte: Zahntechniker, Hörgeräteakustiker, Optiker, Krankenpfleger.
Bäcker Die Arbeitslosigkeit lag selbst zuletzt (2010) noch bei 11,3 %, zeitweise über 20 %, Schichtarbeit normal.	Der Trend zu Großbäckereien verändert den Job: Knöpfe bedienen statt selbst zu backen – so gut wie kein Gestaltungsspielraum, wenig Weiterentwicklung.	Wer körperlich und mit Lebensmitteln arbeiten möchte: Brauer und Mälzer haben viel niedrigere Arbeitslosenquoten. Ebenfalls eine bessere Position auf dem Arbeitsmarkt haben Fachkräfte für Fruchtsafttechnik, Destillateure, Milchtechnologen etc.

Beruf/Berufsgruppe	Zukunftssicherheit	Alternativen
Buchhändler Die vergleichsweise niedrige Arbeitslosenquote von 7,6 % täuscht, denn hier dominiert versteckte Arbeitslosigkeit. Buchhändler arbeiten oft prekär oder in anderen Jobs.	Eigenständige Buchhandlungen sterben aus, in den Filialbuchhandlungen arbeiten Minijobber und das Internet revolutioniert den Buchmarkt.	Für viele ist die Alternative ein geisteswissenschaftliches Studium. Mein Tipp: querdenken. Wenn es etwas mit Büchern sein muss, dann z. B. an den Bibliotheksassistenten denken (heißt heute Fachangestellter für Medien- und Informationsdienste, am sichersten in einer Uni-Bibliothek).
Gärtner Die Arbeitslosigkeit lag selbst zuletzt noch bei 27,1 %, zeitweise über 30 %, viel Konkurrenz aus Osteuropa.	Der Job ist körperlich anstrengend und unsicher, wenig Weiterentwicklung möglich.	Der Bestatter spricht ebenfalls ruhebedürftige Menschen mit Liebe zur Natur an und weist traditionell niedrige Arbeitslosenquoten (zuletzt 5,4 %[23]) auf. Der 2011 modernisierte Beruf des Schornsteinfegers ist traditionell, aber mit einer moderaten Arbeitslosenquote. Oder: Pferdewirt (immer noch hohe Arbeitslosigkeit, aber mit 12,2 % niedriger als beim Gärtner) oder Tierpfleger (immer noch hohe Arbeitslosigkeit, aber sinkender Bestand). Oder spezielle Bereiche wie Baumpflege anstreben, hier gibt es regionale Zusatzausbildungen.
Industriemechaniker Relativ langsamer Rückgang der Arbeitslosigkeit, aber immer noch mehr als 10,9 %.	Gilt als MINT-Beruf, trotzdem heikel, ähnlich wie Feingerätemechaniker. Grund: Stellen für Industriemechaniker werden inzwischen weit überwiegend über Zeitarbeit vermittelt, sehr konjunkturabhängig.	Eine handwerkliche Ausbildung, etwa als Elektriker, in einem kleineren Betrieb kommt Sicherheitsbedürfnissen oft mehr entgegen. Arbeitsverhältnisse im Mittelstand sind stabiler und weniger von ständiger Prozessoptimierung bedroht. Alternativ schauen Sie auf speziellere Ausbildungen wie Fluggerätemechaniker, Chemikant, Binnen- und Hafenschiffer (alle weisen weit niedrigere Arbeitslosenquoten als der Industriemechaniker auf).

Beruf/Berufsgruppe	Zukunftssicherheit	Alternativen
Kaufmann im Einzelhandel /Fachverkäufer Hohe Arbeitslosigkeit trotz Demografiewandels. Die Quote derjenigen, die eine Ausbildung haben, sank auf jetzt 68,1 % (77 % vor zehn Jahren).	Kaum Vollzeitjobs, schlechte Bezahlung, wenig Aufstieg, Fachverkauf vom Internet bedroht. Viele Hartz-IV-Aufstocker, weil Gehälter zu niedrig.	Ein duales Studium im Einzelhandel für bessere Aufstiegschancen (aber: man kommt durch sehr enge Branchenbindung kaum mehr aus dem Einzelhandel heraus – das ist zu bedenken) oder eine breitere und mehreren Branchen anerkannte kaufmännische Lehre, z. B. Bürokaufmann. Sport- und Fitnesskaufmann für die Bewegungsaffinen;. Fachmann für Systemgastronomie für Gerne-Esser.
Koch Immer noch enorm hohe Arbeitslosenzahlen von mehr als 21,7 %. Bestand hat zugenommen (1999 = 100, 2010 = 107), was die Situation verschärft.	Die Zahl von Ungelernten in dem Beruf steigt (zuletzt 64 %), was darauf hindeutet, dass man im Zweifel lieber jemanden einstellt, der kochen kann und billiger ist als ein ausgebildeter Koch.	Nur für die ganz Begabten und Leute, die später in Johann Lafers Spuren treten wollen – aber vielleicht dann doch zuerst ein Mathestudium wie bei TV-Koch Christian Rach.
Maler und Lackierer Es herrscht eine hohe Arbeitslosenquote von zuletzt 24,7 %, ähnlich schlecht sind typische Alternativen wie Fliesen-, Platten- und Mosaikleger oder Dachdecker, nur leicht besser Anlagenmechaniker (»Klempner«).	Der Beruf zieht meist niedrig qualifizierte Bewerber mit Hauptschulabschluss an. Hohe Konkurrenz aus dem Ausland. Es dürfte schwierig bleiben.	Bei Wahlmöglichkeit besser einen der besseren MINT-Beruf ergreifen, z. B. Elektroniker. Wer die Voraussetzungen nicht hat und körperlich arbeiten möchte, hat aufgrund der rückläufigen Entwicklungen Chancen beispielsweise als Berg- und Maschinenmann.

Beruf/Berufsgruppe	Zukunftssicherheit	Alternativen
Mediengestalter Auch in guten Konjunkturzeiten: Der ehemalige Schriftsetzer hat hohe Arbeitslosenzahlen von um die 21,9 %.	Es wird gerne ausgebildet, bei erfahrenen Kräften setzen sich aber die Akademiker durch; es sei denn, eine Fachkraft hat sich stark spezialisiert. Software wird immer einfacher zu bedienen, sodass der Wert von Softwarekenntnissen abnimmt.	Direkt kommt als Alternative nur ein Studium infrage (Medientechnik, Kommunikationsdesign o. Ä.). Oder querdenken, z. B. an so etwas Exotisches wie den Steinmetz. Wenn Ihr Kind nichts anderes will: Machen Sie ihm klar, dass der Job frühe Spezialisierung erfordert und ein Dranbleiben am technischen Fortschritt.
Raumausstatter Ähnlich schlecht sieht es bei der kreativen Schwester Gestalter für visuelles Marketing (Dekorateur) aus. Die Arbeitslosigkeit ist relativ hoch, bei beiden Berufen zuletzt über 13,6 %.	Der Beruf ist bedroht, weil er auch nicht unbedingt eine einschlägige Ausbildung erfordert. Kaum ein Unternehmen außer Ikea leistet sich eigene Gestalter für visuelles Marketing.	Bessere Prognosen hat, wer sich für technischere Berufe entscheidet, etwa Technischer Modellbauer Karosserie und Produktion (zuletzt 4,6 %), technischer Systemplaner (ehemals Technischer Zeichner, Arbeitslosigkeit bei 7,1 %, Bestandsrückgang).
Schneider (Modeschneider etc.) Die Arbeitslosigkeit in diesem Bereich lag in einigen Jahren durchaus mal bei fast 50 % – absolut abzuraten. Besser sieht es beim Textilgestalter aus, auch der hat aber langfristig eher schlechte Prognosen.	Die Textilbranche hat sich nahezu komplett ins Ausland verlagert, sodass es Jobs in der Produktion kaum noch gibt – und dieser Trend scheint unaufhaltsam.	Derzeit stehen Bekleidungstechniker bzw. Bekleidungstechnische Assistenten noch viel besser da; aufgrund der Verlagerung der Textilindustrie ist dies aber oft ein Reise- und Managementjob (der oft akademische Weiterqualifikation fordert). Die Textilbranche ist in Deutschland keine Branche mit Zukunft. Bleibt nur die Kreation (Modedesign) – hier muss man gut sein.

Beruf/Berufsgruppe	Zukunftssicherheit	Alternativen
Tischler/Schreiner (Holzmechaniker) Immer noch hohe Arbeitslosenquote von 12,9 %, hoher Anteil Jüngerer.	Der Trendberuf der achtziger Jahre zieht weiterhin Höhergebildete an, die oft später ein Architekturstudium anhängen. Als Dauerberuf nicht perspektivenreich.	Wer flinke Hände hat und Ruhe liebt, könnte z. B. an den Uhrmacher denken (Arbeitslosenquote sinkt auf zuletzt 6,8 %, kaum 15 % Arbeitnehmer unter 35 Jahren in diesem Beruf!). Im Vergleich zu anderen handwerklichen Berufen wenig Zeitarbeit. Auch Feinoptiker werden trotz Bedrohung des Fachhandels durch die Verlagerung ins Internet vermutlich weiterhin Jobs finden.
Tourismuskaufmann Arbeitslosenquote zuletzt 8,8 %.	Reisebüros sind aufgrund des Internets bedroht. Es gibt eine große, gut ausgebildete Konkurrenz mit Studium Tourismuswirtschaft.	Wer es solide mag: Bankkaufleute haben eine Arbeitslosenquote von zuletzt 1,1 %, Versicherungskaufleute 2,6 %. In beiden Berufen entwickelte sich der Bestand an Arbeitnehmern rückläufig, was trotz aller Bankwirren für Stabilität spricht.
Veranstaltungskaufmann Bestandentwicklungssprung von 100 auf 179 in zehn Jahren, Arbeitslosenquote zuletzt 20,1 %, sehr wenige Ältere.	Der Job ist beliebt, fordert mehr Geschick als Fachwissen. Es gibt weiterhin viele schlecht bezahlte Stellen bei Agenturen und freiberufliche Tätigkeiten.	Studium. Sonst an andere kaufmännische Jobs denken, z. B. Kaufmann Dialogmarketing oder Fachangestellter für Arbeitsmarktdienstleistungen (Verwaltungsjob, kommt 2012 neu auf den Markt). Ebenfalls mit einem Schwerpunkt in der Organisation arbeitet die Fachkraft Kreislauf- und Abfallwirtschaft.

Die Akademisierung der Ausbildung

»Bei uns hat keiner studiert, das brauchst du doch nicht.« Von meinen jungen Kunden höre ich immer noch, dass die Eltern so etwas sagen. Der Vater eines 16-jährigen Sohns und einer 14-jährigen Tochter wollte nicht, dass seine Kinder studieren. Sie sollten lieber »etwas Praktisches« lernen. Als Studienabbrecher ist er selbst gebranntes Kind und glaubt, eine Lehre hätte er – anders als das Studium – wenigstens durchgezogen. Das eigene Trauma überträgt er nun auf seine Kinder. Ich bin der Meinung: Niemand sollte von einer eigenen Erfahrung auf sein Kind schließen. Jeder Mensch ist anders. Und die Zeiten sind es auch!

Ein Studium ist schon lange nichts Besonderes mehr. So schlossen 2007 in Deutschland 23 Prozent eines Jahrgangs ein Hoch- oder Fachhochschulstudium ab, 1995 waren es nur 14 Prozent gewesen. Die Studienanfangsquote lag 2010 bei 46 Prozent. In den OECD-Ländern, für die die Daten für beide Zeitpunkte vorliegen, stieg die Absolventenquote allerdings durchschnittlich auf 36 Prozent. 91 Prozent eines Altersjahrgangs erreichen in Finnland die Hochschulzugangsberechtigung, 71 Prozent nehmen dort auch ein Studium auf. Bei unserem Nachbarn Niederlande sind es 54 Prozent, in Österreich immer noch 42 Prozent.[24] Norwegen und die Niederlande weisen eine Quote von 40 Prozent Akademikern unter den 25- bis 34-Jährigen auf. In Kanada, dem Musterland der Akademisierung, haben 53 Prozent dieser Altersgruppe studiert.[25] Ohne Studium geht da nichts: Die schon erwähnte bekannte Physiotherapeutin gilt in Kanada als ungelernt.

Auf die Gesamtbevölkerung bezogen gibt es bei uns laut Statistik 26,4 Prozent sogenannte Hochqualifizierte; im OECD-Durchschnitt sind es 47 Prozent.[26] Zu den 16,2 Prozent Hochschulabsolventen gesellen sich weitere 10,2 Prozent Meister und Techniker.[27] Das Statistische Bundesamt zählt diese zur Gruppe der Hochqualifizierten[28] dazu. Nur mit diesem kleinen Trick kommen wir somit überhaupt auf unser Viertel. Dabei gilt EU-weit ein Techniker- und Meisterabschluss eigentlich nur als Fachhochschulreife, also letztendlich als Studienberechtigung.

Falls Sie als Leserin oder Leser dieser Berufsgruppe angehören, möchte ich dazu noch kurz etwas anmerken. Oft sagen mir zum Beispiel ältere Techniker, sie könnten all das, was ein studierter Ingenieur auch kann, und sehen sich auf einem gleichen Niveau. Bei sehr viel

Erfahrung in einem nachgefragten Bereich stimmt auch, dass einige Arbeitgeber sie mit Ingenieuren gleich bewerten.

Doch diese Zahl schrumpft, ich kann das an den Einladungsquoten zu Vorstellungsgesprächen erkennen – die je nach Konjunktur und aktueller Nachfrage sowie Erfahrungslevel eben doch oft schlechter sind als die von Ingenieuren. So hart das für jemanden mit viel Erfahrung ist: Je mehr jüngere Akademiker mit gleicher Erfahrung dazukommen, desto mehr wird der Techniker auf eine Stufe darunter gestellt werden. Und eben nicht mehr daneben.

Sonstige Hochqualifizierte

Es spricht also vieles für ein Studium. Akademiker bleiben länger im Beruf, und die Beschäftigungsquote der Studierten im Alter von 60 bis 65 Jahren liegt deutlich höher, als es bei denjenigen der Fall ist, die durch eine Lehre ausgebildet wurden, und erst recht bei den Ungelernten.[29] Hochqualifiziert zu sein sichert somit den Arbeitsplatz. Dieser Trend wird einige Konsequenzen mit sich bringen:

- Da der Übergang in ein Unternehmen nur durch das duale Studium einigermaßen »sicher« ist, bestehen höhere Hürden für den Berufseinstieg. Möglicherweise hat das wie in den anderen EU-Ländern steigende Jugendarbeitslosenzahlen zur Folge, wenigstens in den konjunkturschwachen Zeiten.[30] Zudem wird neben dem Studium erworbene Berufserfahrung immer wichtiger.
- Mehr Wettbewerb unter den Akademikern, steigende Bedeutung von Rankings und individuellen Profilen ist die logische Folge von »mehr Angebot«. Innerhalb der akademischen Ausbildung wird sich der Wert einzelner Studiengänge, Lehrstühle und Hochschulen unterschiedlich entwickeln.
- Die Akademisierung greift auch nach Ausbildungen des »dualen Systems«. Das betrifft in erster Linie Berufe, die einen höheren Anspruch an das Theoriewissen der Absolventen haben, etwa Opti-

ker, Erzieher, Logopäden oder Physiotherapeuten. Alle diese alt-ehrwürdigen Ausbildungen besitzen inzwischen ein akademisches Pendant oder können dual studiert werden. Selbst für den Krankenpfleger wird ein duales Studium angeboten.

Für Augenoptik gibt es einen Bachelor of Science sowie Master unter anderem in Jena. Erzieher müssen heute mehr leisten. Für sie wird nach und nach eine akademische Ausbildung parallel zu oder im Anschluss an eine Lehre etabliert. Ein Beispiel dafür ist das Studium »Erziehung und Bildung im Kindesalter« an der Alice-Salomon-Fachhochschule in Berlin. Aber auch »nur« mit einem Bachelor kann die Arbeit in einem Kindergarten starten.

Hinzu kommen Ausbildungen, die eine Sonderstellung einnehmen, letztendlich aber unter das Kapitel »dual« gebucht werden können, da sie theoretisches Lernen und Praxis verbinden. Dazu gehört die Ausbildung zum Fluglotsen. Trotz hoher Anforderungen und hohen Anspruchs existiert dazu kein Studium, jedoch ist die Ausbildung nicht minder anspruchsvoll. Für diesen gut bezahlten Beruf, der Abitur verlangt, liegen die Zugangshürden hoch – nur Menschen mit sehr hohem Konzentrationsvermögen überwinden sie. Die Ausbildung zum Piloten ist ebenfalls wahlweise akademisch: Hier kann ein werdender Flieger zum Beispiel bei der Lufthansa zwei Jahre lernen oder studieren. Und auf dem Schiff gibt es als Kapitän nach einem Studium der Nautik fast hundertprozentige Beschäftigungssicherheit.

Nicht ganz so gute Verdienstchancen wie bei den Flugjobs hat Ihr Kind bei der Polizei – dafür einen Job, der mit Sicherheit nicht überflüssig wird und eine hohe Berechenbarkeit bietet. Die Ausbildung erfolgt dual, mit praktischen Elementen und Unterricht an der Polizeiakademie. Während früher Realschüler eine Chance hatten, braucht man heute oft mindestens Fachhochschulreife. Die genauen Zugangsvoraussetzungen sind länderspezifisch geregelt, die Aufnahmeprüfung ist hart und erfordert eine gute körperliche Kondition.

Auch Laufbahnen in der Verwaltung werden zunehmend akademisch. Der einfache Dienst, der für Absolventen mit Hauptschulabschluss zugänglich war, ist in der Beamtenlaufbahn außerhalb der Justiz[31] nicht mehr anzutreffen, und gerade der mittlere Dienst ist derzeit von Rationalisierungen am stärksten betroffen.

Der Schlüssel für zukunftstaugliche Jobs

Dass am 11.9.2001 zwei Flugzeuge das World Trade Center und in Folge auch die Börsen zum Einsturz bringen würden, konnte keiner voraussehen. Dieses Ereignis hatte Folgen nicht nur für den amerikanischen Arbeitsmarkt. Investmentbanker, die bis dato an einen sicheren Job glaubten, wurden arbeitslos. Die Ereignisse in unserer Welt sind inzwischen so miteinander verzahnt, dass ein unerwartetes Ereignis Einfluss auf das große Ganze haben kann. Mit anderen Worten: Es kann immer wieder anders kommen, als wir uns zunächst vorgestellt und geplant hatten.

Deswegen gibt es auch keine wirklich zukunftssicheren Jobs. Es gibt aber sehr wohl Jobs, die nach allem, was wir heute wissen können, besser für die Zukunft der Arbeitswelt geeignet sind als andere.

Mit meinem Schlüssel aus neun Fragen, den ich Ihnen folgend vorstelle, können Sie diese selbst identifizieren.

1. Wird Technik die zum Beruf gehörenden Tätigkeiten auf einfach erlernbare Handgriffe reduzieren?

2. Können fortschreitende Prozessoptimierungen den Job überflüssig machen, das heißt, kann Technik übernehmen, was bisher der Mensch tut?

Nehmen wir das Beispiel einer Kassiererin, die eine Verkäuferlehre absolviert hat. Es ist davon auszugehen, dass in Zukunft niemand mehr an der Kasse sitzen wird, sondern wir den Einkauf selbst einscannen. Die größte Supermarktkasse in Rumänien funktioniert bereits heute nach diesem Prinzip, uns bei uns stehen solche Kassen schon seit 2003 in einigen Real-Supermärkten. Noch stellt sich die Dienstleistungsgewerkschaft ver.di gegen eine breitere Einführung – doch wie lange noch? Ungelernte Kräfte stellen jetzt schon die Überzahl im Einzelhandel, organisatorische Tätigkeiten übernehmen mehr und mehr Akademiker.

3. Ist für die Tätigkeit ein Wissen erforderlich, das sich nicht oder nur schwer autodidaktisch erwerben lässt?

Schauen wir uns einfach einmal in einem normalen Büro um. Welche Jobs kann der Hausmeister ausüben, für welche muss er einen Fachmann kommen lassen? Beispiel: Elektrische Leitungen lässt er wohl einen Fachmann verlegen. Die Wände dagegen kann er selbst streichen oder er kennt bestimmt jemanden, der diese Arbeit billig für ihn erledigt. Wenn wir weiterhin überlegen, wie sich die Haustechnik entwickeln wird, können wir in diesem kleinen Rahmen schon schnell erkennen, welche Jobs Zukunft haben und welche nicht: Es sind die informations- und elektrotechnischen, kurzum viele der sogenannten MINT-Berufe.[32]

4. Lässt sich der Beruf upgraden?

Ein zukunftssicherer Job beinhaltet von Anfang an ein sinnvolles Konzept zur Weiterentwicklung. Am besten baut er gleich auch Brücken in andere, angrenzende Bereiche. Beispiel: Ein Studium Pflegemanagement ergänzt Ausbildungen im Gesundheitsbereich.

5. Ist die Tätigkeit vom Outsourcing bedroht?

Abgegrenzte Tätigkeiten, etwa in der Buchhaltung und der Programmierung, lassen sich outsourcen – eingebundene Tätigkeiten dagegen kaum. »Eingebunden« sind Tätigkeiten, die verschiedene

Prozesse und Bereiche innerhalb und außerhalb des Unternehmens integrieren. Das kann man sich vorstellen wie den Unterschied zwischen einem Punkt (abgegrenzt) und einem Netz (erstreckt sich). Ein Job, der isoliert ist wie ein Punkt, ist gefährdet. Ein Job, dessen einzelne Tätigkeitsstränge sich ausbreiten wie ein Netz, dagegen nicht. Beispiel: Programmierer arbeiten »punktuell« an einer Software oder Hardware. Entwickeln sie auch Konzepte oder beraten sie, erweitern sie sich »netzartig« – und ertippen sich damit mehr Sicherheit im Job.

6. Ist die Tätigkeit im Ausland ohne Weiteres anerkannt?

In unserer mobilen Welt ist dieser Aspekt besonders wichtig. Die betriebliche Lehre, wie in Deutschland, Österreich und der Schweiz verbreitet, ist weltweit einmalig. In anderen Ländern wird vieles, was wir im Betrieb lernen, in einem Studium oder an einer Fachschule vermittelt. Es kann sein, dass der Abschluss einer Lehre in anderen Ländern nicht anerkannt ist. Hinzu kommen landesspezifische Reglementierungen, das heißt, bestimmte Berufe erfordern eine staatliche Zulassung. Der Beruf des Fahrzeugtechnikers ist in Griechenland und in Tschechien reglementiert. In Spanien benötigen Luftfahrtingenieure zunächst eine Anerkennung ihres Abschlusses (komischerweise gilt das nicht für den Fahrzeugbauingenieur).

7. Wandert der Beruf in den nächsten Jahren in den akademischen Sektor?

Immer mehr frühere Ausbildungsberufe lassen sich inzwischen studieren. Das gilt etwa für den Erzieher, für Logopädie, Physiotherapie und Ergotherapie. Noch wehren sich berufsständische Vereine und Verbände gegen diesen Trend, der die duale oder wie im Fall der Physiotherapie schulische Ausbildung abwertet. In der Praxis werden akademische Physiotherapeuten deshalb oft von ihren Kollegen kritisch beäugt und gering geschätzt. Doch zukunftssicherer ist bei Berufen, die ein erhebliches theoretisches Wissen erfordern, wohl ein (duales) Studium.

8. *Ist der Beruf vom Abrutschen in den prekären Bereich bedroht?*[33]
Diese Frage könnte man auch ersetzen durch diese: Bei welchen Jobs stellt sich die Weiterentwicklung aus dem tertiären in den quartären Dienstleistungsbereich, in dem spezialisiertes Wissen erforderlich ist, schwierig dar? Vorsicht vor Branchen mit Berufen, in denen ein weiterer Preisverfall nur durch Mindestlöhne und Gewerkschaften verhindert wird. Dazu zählt der Einzelhandel, die Gastronomie, das Reinigungsgewerbe sowie oft auch Dienstleister für Unternehmen wie Call Center. Friseure und viele andere kreativ-handwerkliche oder kreativ-technische Berufe werden dauerhaft schlecht vergütet, ja bewegen sich teilweise auf »Ehrenamt«-Niveau.

9. *Gibt es eine wachsende Konkurrenz in dem Beruf oder dem Bereich?*
   Wie sieht der Altersschlüssel aus?
Hier hilft das zuvor dargestellte Angebot des Instituts für Arbeitsmarktforschung »Berufe im Spiegel der Statistik«.

Stellenmarkt-Check: Suchen Sie im Internet Stellen zu dem entsprechenden Beruf, zum Beispiel über www.kimeta.de. Wie viele Stellen gibt es? Handelt es sich dabei nicht nur um Ausbildungsstellen und Praktika, sondern auch um »echte« Jobs? Werden diese oft von Personaldienstleistern im Rahmen von Arbeitnehmerüberlassung oder Zeitarbeit ausgeschrieben oder von den Firmen direkt?

Gehen Sie den Schlüssel für Zukunftstauglichkeit einmal anhand der Berufe durch, die Sie aus Ihrem Umfeld kennen. Bei den bekanntesten Lehrberufen habe ich das auf den vergangenen Seiten schon getan; Sie können das auf jeden anderen Beruf übertragen. Denken Sie aber auch daran, dass ein Beruf heute kaum noch für zehn Jahre »hält«. Stellen Sie sich die Frage: Ließe sich der Beruf mit einer Weiterbildung, einem Studium oder einer anderen Ausbildung aufstocken oder zu etwas Neuem und in Richtung quartärer Sektor entwickeln? Zukunftssicherheit entsteht in Zukunft mehr und mehr durch die Kombination verschiedener Aus- und Weiterbildungen mit Berufserfahrung.

Mein Kind will etwas »Unsicheres« lernen

Ihr Kind ist von Leidenschaft getrieben, will unbedingt einen bestimmten Beruf erlernen, der Ihrer Meinung nach die Anforderungen des gerade vorgestellten Schlüssels nicht erfüllt? Besteht diese Leidenschaft nach Abwägen aller Gegenargumente weiterhin fort? Dann stehen Sie vor zwei Möglichkeiten:

a) Es handelt sich um einen fernseh- und mediengesteuerten Mädchen- oder Jungentraum.
b) Ihr Kind will wirklich und auch gegen Widerstände.

In letzterem Fall liegt die Wahrscheinlichkeit höher, dass Ihr Kind in seinem Beruf zu einer Spitzengruppe gehören wird und sich durchsetzt. Wer sich auf einen Beruf einlässt, der überlaufen, unterbezahlt oder durch aktuelle Entwicklungen bedroht ist, muss zwangsläufig durchsetzungsstärker sein als andere. Oder darf einfach keine Angst haben, irgendwann einmal umzusatteln. Der Beruf darf dann keine »Butterbrot-Funktion« haben, sondern vielleicht zunächst nur dem Zweck dienen, Lebenserfahrung zu sammeln. Wer aus Leidenschaft einen unsicheren Job ergreift, darf kein Sicherheitsmensch sein. Nichts behindert den Erfolg mehr als die Angst zu scheitern oder nicht mithalten können. Wer einen solchen Job will, muss sich begeistert in den Konkurrenzkampf begeben.

Echte Leidenschaft sehe ich selten. Bei der ersten Berufsentscheidung spielt sie oft keine oder manchmal nur eine kleine Rolle. Manche Leidenschaft ist bei Licht betrachtet dem Nacheifern bekannter Vorbilder geschuldet, dem Wunsch, einer bestimmten Gruppe zuzugehören, oder kleinen Erfolgserlebnissen. Ihre Bedenken sollten Sie besser diplomatisch kommunizieren, beispielsweise indem Sie Ihrem Kind zeigen, dass Sie seine Berufsvorstellung ernst nehmen, es aber gleichzeitig dazu auffordern, seinen Wunsch auf dessen tatsächliche Tauglichkeit »abzuklopfen«: »Ich nehme wahr, dass du Eventmanager werden willst, seitdem du die Abifeier organisiert und dafür so viel Lob bekommen hast. Hast du dich mal informiert, was du in diesem Beruf wirklich tun musst und welche Chancen du damit hast?«

Mein Kind will studieren – was soll ich raten?

Wahrscheinlich haben auch Sie Ihr Kind mit wohlgefüllten Brotdosen für die lange Schulzeit versorgt oder schmieren ihm immer noch Brote. Schließlich soll ihr Sprössling eine gute Grundlage bekommen. Als verantwortungsbewusste Eltern packen Sie deshalb immer auch noch etwas Obst mit ein. Sie wissen: Mit der richtigen Grundlage lernt es sich einfach besser als hungrig.

Das bereits vorgestellte Butterbrotprinzip gilt auch fürs Studium. Ein Studium ist das Brot. Es macht aufnahmefähig und legt die Basis für Erfolg – wie auch immer Sie oder Ihr Kind diesen für sich definieren. Und es ist auch nicht egal, was Ihr Kind studiert. Um im Bild zu bleiben: Germanistik ist Weißbrot und Maschinenbau Schwarzbrot.

Lange habe ich das anders gesehen. Ich dachte, jedes Studium habe seine Berechtigung, jeder solle seinen Interessen folgen und nicht bloß kühler Berechnung. Der amerikanische Vorstand eines Unternehmens, für das ich später tätig war, vertrat diese Ansicht. Er hieß Paul, hatte in jedem Winkel der Welt gearbeitet und sprach das undefinierbare Englisch der Weltenbummler. Ich übernahm diese Sicht. Sie ist nichtsdestotrotz heute falsch.

Was taugen Bachelor und Master?

Es gibt immer mehr Studiengänge – und immer mehr, die nichts taugen. Durch die Umstellung auf Bachelor und Master ist das Studium zwar flexibler geworden, was ich sehr begrüße. Vom Idealmodell eines flexiblen, modularen Baukastens sind wir jedoch noch entfernt. Nicht jeder Master lässt sich an einen Bachelor anschließen, die Auswahl ist begrenzt. Es müsste ein weiteres Fach erfunden werden: Studium-Kombinatorik.

Weiterhin soll, so die Bologna-Experten, jeder Abschluss berufsqualifizierend sein. In der Praxis offenbart sich dies als Farce. Ein Bachelor in Vergleichender Literaturwissenschaft ist eben nicht berufsqualifizierend. Es erfordert ganz andere Anstrengungen, damit in einen Job zu kommen. Die Grundlage bei manchem Studium ist schlechter als bei anderen; sie ist wie Weißbrot – schwer verdaulich für Personalentscheider. Zwar steigen die Chancen für Sozial- und Geisteswissenschaftler mit dem demografischen Wandel, jedoch mag folgendes Beispiel einen Unterschied klarmachen: Für ein extra für diese Zielgruppe ausgeschriebenes Traineeprogramm zahlt die Lufthansa etwa 25 000 Euro im Jahr Bruttogehalt. Absolventen anderer Fächer können erheblich mehr bekommen, bis zu 40 Prozent mehr. Sozial- und geisteswissenschaftliche Fächer werden von der Wirtschaft geringer geschätzt. Das macht sie keineswegs schlechter, nur sollte man das wissen.

Ein Studium ist oft keins

Gleichzeitig reicht ein Butterbrot nicht mehr fürs Berufsleben. Wir werden erleben, wie einige unserer Kinder zwei oder drei Studiengänge absolvieren werden. Das hat viele positive Seiten, beispielsweise lösen sich dadurch festgefahrene Muster auf. Für die meisten Menschen ist es eben kein Geschenk, ihr Leben lang dasselbe zu machen. Die Chancen, durch ein flexibleres Studiensystem mit vielen Teilzeit-

und auch Fernstudienvarianten dem Job einen neuen Kick zu geben oder auch ganz neue Arbeitsgebiete finden zu können, stellen in einer Zeit, in der ein Beruf eben auch Sinn geben soll, eine Bereicherung dar.

In den folgenden Kapiteln fasse ich die meiner Meinung nach wichtigsten Ratschläge zusammen, die Sie Ihrem Kind geben können. Beginnen möchte ich mit der neuen Kombinierbarkeit von Abschlüssen, die vieles möglich macht, was früher undenkbar war. Wie wäre es zum Beispiel mit Philosophie und Physik, Germanistik und Wirtschaftswissenschaften oder Umwelttechnik und Nachhaltigkeit? Alles möglich heute – und das ist gut.

»Bilde dir deinen Baukasten«

Der junge Mann hatte bei der Bundeswehr Staatswissenschaften studiert und parallel an der Fernuni einen Bachelor in BWL gemacht. Der Bachelor hat ihn enttäuscht. Viel zu verschult sei das gewesen, so genau nach Plan. Vorgegeben gewesen sei etwa, wie lang die Bachelor-Thesis sein musste, und eine freie Wahl des Themas habe auch nicht bestanden. Er ist eine sehr gut organisierte und sehr selbstständige Persönlichkeit, jemand, der so oder so seinen Weg machen wird. Aber das sind die wenigsten jungen Menschen. Die meisten brauchen jemanden, der ihnen einen Rahmen vorgibt. Bei mir stellen sich einige Bedenken ein, wenn ich an später denke. Die Arbeitswelt der Zukunft braucht Selbstorganisation mehr als alles andere. Wer mit einem festen Plan durchs Studium geführt wird, lernt das nicht. Das ist die Schattenseite des neuen Systems.

Das Bologna-System

Der wichtigste Vorteil des neuen Systems liegt in seiner Kombinierbarkeit. Das Basisstudium (Bachelor) lässt sich durch Masterstudiengänge immer mal weiter »upgraden«. Das passt zu den sich schnell verändernden Anforderungen unserer Arbeitswelt.

Wenn Ihr Kind heute etwas studieren möchte, dann wird es sich normalerweise erst einmal für einen Bachelor entscheiden. Das ist eine Art Basis- oder auch Grundlagenstudium. Es ist etwas kleiner als ein FH-Diplom, beinhaltet aber auch mehr als ein Vordiplom oder eine Magister-Zwischenprüfung.

Ein Bachelorstudiengang hat eine Regelstudienzeit von sechs bis acht Semestern und wird meist mit einer Bachelorarbeit, Thesis genannt, abgeschlossen. Es soll, das betonen unsere Bildungspolitiker gern, einen »berufsqualifizierenden« Abschluss liefern.

Abschluss	Abkürzung	Fächer
Bachelor of Arts, Bachelor of Fine Arts, Bachelor of Music	B.A. B.F.A B.Mus.	Geisteswissenschaften, künstlerische Studiengänge, oft auch Betriebs- oder Volkswirtschaftslehre (hier werden B.A. oder B.Sc. verliehen)
Bachelor of Education	B.Ed.	Abschluss für das Lehrerstudium (1. Staatsexamen, danach folgt Referendariat), befähigt aber noch nicht zur Lehre; wird als 2-Fach-Bachelor studiert
Bachelor of Science	B.Sc.	Naturwissenschaften, auch Psychologie und Informatik
Bachelor of Engineering	B.Eng.	Ingenieurwissenschaften
Bachelor of Laws	LL.B.	Rechtswissenschaften

Abschluss	Abkürzung	Fächer
Bachelor with Honours	B.A. (hons.) – nur in einigen Ländern; eine Art »Bachelor plus«, der teilweise auf den Master angerechnet wird.	Eigener Bachelorabschluss, kombinierbar mit allen Fächern
Master of Arts, Master of Fine Arts, Master of Music	M.A. M.F.A. M.Mus.	Geisteswissenschaften, künstlerische Studiengänge, oft auch Betriebs- oder Volkswirtschaftslehre (hier werden M.A. oder M.Sc. verliehen)
Master of Education	M.Ed.	Voraussetzung, um als Lehrer zu arbeiten
Master of Science	M.Sc.	Naturwissenschaften, auch Psychologie und Informatik
Master of Engineering	M.Eng.	Ingenieurwissenschaften
Master of Laws	LL.M.	Rechtswissenschaften
Master of Business Administration	MBA	Weiterbildungsstudiengang in Management

FH, Uni, Akademie – alles gleich

Vielleicht haben Sie auch ein Diplom und kennen noch die Unterscheidung des Uni-Diploms vom Dipl.-Ing. (FH). Auf den FH-ler schauten die Uni-Diplomierten herab und freuten sich, dass diese Absolventengruppe auf jedem Dokument darauf hinweisen musste, wo sie den Abschluss erworben hatte. Das ist heute nicht mehr so. Der Grad Bachelor wird von staatlichen und von anerkannten privaten Universitäten und Hochschulen sowie von privaten Berufsakademien verliehen. Universität oder »nur« Fachhochschule – das muss Ihr Kind nicht mehr sagen. Deshalb kann es mit dem Bachelorstudium einer Hochschule auch an einer Universität studieren. Theoretisch wenigstens, denn letztendlich entscheiden das die Unis selbst.

Mit der Einführung von Bachelor und Master wurden die alten Diplome zur Seite gedrängt. Teilweise bestehen sie aber noch weiter. Einige Universitäten, und darunter vor allem die Technischen Universitäten (TUs), halten am Diplom fest oder denken sogar über eine Wiedereinführung des Diploms nach wie das Land Mecklenburg-Vorpommern. Allerdings waren bei Redaktionsschluss durch eine Entscheidung des Akkreditierungsrats solche Pläne wieder vom Tisch.[34] Auch der Magister wurde fast überall gegen den Master ausgetauscht. Die Umgewöhnung hier ist allerdings leichter und weniger umstritten: Mein M.A. für Magister Artium entspricht dem M.A. für den Master of Arts – und beide Titel werden hinter dem Namen getragen.

Durchfallquoten

Dass die Durchfallquoten in den Ingenieurwissenschaften im Zuge der Bachelor-/Masterreform stiegen,[35] liegt wohl auch am zu engen Plan. Die Abiturienten werden mit unterschiedlichen Mathe-Niveaus von den Schulen entlassen – dafür können sie nichts. Wer mit einem Berliner Abitur nach Mannheim wechselt, hat dort ordentlich zu kämpfen. Brückenkurse sollen das neuerdings ausgleichen. Hinzu kommt, dass eine angepeilte Studienanfängerquote von 50 Prozent eben auch bedeutet, dass junge Leute studieren, die nicht so leicht lernen und mehr Zeit brauchen. Dramatisch ist das alles, anders als oft kolportiert, aber nicht: In der Fächergruppe Mathematik/Naturwissenschaften blieb die Studienabbruchquote nach Informationen des HIS (Hochschul-Informations-System) auch nach Einführung des Bachelors konstant bei 28 Prozent. Im Maschinenbau stieg die Quote leicht von 30 auf 34 Prozent.

Warum sollte ein Bachelor an der Uni nicht wieder freier gestaltbar sein und ein Fachhochschulabschluss verschulter? Die Verkürzung der Studienzeit halte ich ebenso wie »G8« mit seinem engen Korsett und 35-Stunden-Wochen schon für Zehnjährige für falsch: Die verlorene Zeit kommt bei der Jobsuche und beruflichen Orientierung wieder dazu – das sehen wir in unserer Praxis sehr deutlich. Die jungen Leute haben keine Zeit mehr für Persönlichkeitsentwicklung, die angesichts der Anforderungen der neuen Arbeitswelt aber wichtiger ist als je zuvor. Haben Sie also keine Angst vor der einen oder anderen Bremse vor oder nach dem Studium, einem Auslandsaufenthalt oder einem sozialen Jahr zum Beispiel. Das prägt mehr als alles Lernen.

Kredit-Punkte

Doch wie läuft das Studieren heute in der Praxis ab? Verwirrend für uns »Alte« ist das Leistungspunkte-System, das European Credit Transfer and Accumulation System (ECTS). Ein Student muss durchschnittlich 30 Leistungspunkte pro Semester erwerben, was etwa 40 Wochenstunden Studium entspricht. So werden innerhalb eines Bachelorstudiums 180 bis 240 Leistungspunkte vergeben. Wie viel Studium steckt in den ECTS-Punkten?

Bachelor:	$180–240 \text{ ECTS} \times 30 \text{ h} = 5\,400–7\,200 \text{ h}$
FH- und Uni-Diplom:	ab $240 \text{ ECTS} \times 30 \text{ h} = 7\,200 \text{ h}$
Master:	weitere 90 bis $120 \text{ ECTS} \times 30 \text{ h} = 2\,700–3\,600 \text{ h}$

Drei Master-Typen

Mit einem Masterstudium ist der Bachelor wie ein Baukasten erweiterbar. So kann im Master entweder das Studienfach fortgeführt und vertieft oder fächerübergreifend erweitert werden. Diese Erweiterung nennt man »konsekutiv«. Daneben gibt es noch einen dritten Typ, den weiterbildenden Master, der auch nicht-konsekutiv sein kann, also nicht auf das vorherige Studium aufsetzen muss. Ein typischer weiterbildender Master ist der MBA, den auch ein Germanist erwerben kann – für den dies auch, anders als für einen Master der BWL, wirklich Sinn ergibt.

Das Studium in einem weiterbildenden Masterprogramm dauert zwischen einem und zwei Jahren und kann sehr häufig auch berufsbegleitend durchgeführt werden. Dann findet der Unterricht in den Abendstunden statt oder in Form von Blockveranstaltungen an Wochenenden.

Falls Ihr Kind mit diversen Broschüren und Internetseiten für internationale Studiengänge auch bei Ihnen Verwirrung auslöst, sollten Sie noch wissen, was der Bachelor with Honours (hons.) bedeutet, der sehr gern an ausländischen Universitäten verliehen wird. Hierbei handelt es sich um ein meist zweisemestriges Zwischenstudium zum Master, das vertiefende wissenschaftliche Kenntnisse vermittelt. Es kann auch als erstes Jahr des Masters anerkannt werden. Ein guter Abschluss – das heißt im angloamerikanischen Ausland dann »second class« – ermöglicht das Master-Studium.

Stein auf Stein

Das Baukastensystem ermöglicht vieles. So lässt sich ein Ingenieurstudium mit Bachelorabschluss und dem Master of Business kombinieren. Weiterhin sind zwei, drei verschiedene Master keine Seltenheit mehr, denn der Master bietet auch die Möglichkeit zur schnellen Anpassungsqualifizierung. Kaum jemand aus unserer Generation raffte sich früher mit 40 Jahren noch zu einem zweiten Studium auf, doch mit dem Master wird sich das ändern. Akademikerinnen können auf diese Weise in der Elternzeit etwas für ihren Lebenslauf tun und/oder sich neue Bereiche erschließen – und müssen sich dafür nur noch durch bis zu zwei Masterjahre anstatt früher durch fünf, sechs Jahre Studium schlagen.

Folgt ein Master direkt oder nach erster Berufserfahrung, so kann dieser die im Bachelorstudium eingeschlagene berufliche Richtung vertiefen oder aber eine neue, beruflich verwertbare Facette eröffnen. Gerade bei den Geisteswissenschaften bietet die Kombination mit einem Master aus einem anderen Fach neue Perspektiven, die die Chancen Ihrer Kinder auf dem Arbeitsmarkt verbessern. In den Naturwissenschaften wiederum macht der Bachelor einen Studienabschluss greifbarer – sogar für junge Erwachsene, die bisher nicht unbedingt von Mathe begeistert waren.

Studientyp	Beschreibung	Chancen und Risiken	Empfehlung
(Duale) Betriebliche Lehre	Ausbildung in einem kaufmännischen oder informationstechnischen Beruf, im Handwerk oder in einem Gesundheitsberuf	Sofort Geld verdienen und beruflich einsteigen. Gefahr der Degradierung durch eine Konkurrenz, die Studium und Lehrabschluss zugleich mitbringt. Fortschreitende Akademisierung bei den Gesundheits- sowie Erziehungsberufen.	Statt kaufmännischer Lehre duales Studium. Weiterentwicklungsmöglichkeiten durch Studium prüfen. Prüfen, ob Branchenbindung (z. B. Schifffahrtskauffrau/-kaufmann) langfristig besser ist als eine breitere Ausbildung.
Ausbildung an einer Fachschule	Üblich im Gesundheitsbereich, etwa bei der Physiotherapie, und im Sozialen (Erzieher)	Dieser Bereich ist stärker wissensorientiert und wird fast durchweg akademisiert. Schulen kosten Geld, es gibt keine Ausbildungsvergütung.	Studium als Alternative klären und dann entscheiden.
Duales Studium	Kombination aus Ausbildung und Studium an einer staatlichen oder privaten Fachhochschule. Meist BWL oder Mix-Fächer wie Wirtschaftsinformatik und Wirtschaftsingenieurwesen, teilweise branchenbezogenes Wirtschafts- oder Managementstudium (z. B. Tourismus). Abschluss Bachelor, nach 3 bis 4 Jahren anschließender Master möglich.	Direkte Berufserfahrung und sofortiger Geldverdienst (Lehrgeld 500–1 000 Euro), erste Anstellung im Ausbildungsbetrieb zu 80 % wahrscheinlich. Berufserfahrung bezieht sich auf ein Unternehmen, frühes Festlegen auf das ausbildende Unternehmen. Wechsel in ein anderes Unternehmen unmittelbar nach der Ausbildung teilweise schwieriger.	Empfehlenswert für praktisch veranlagte junge Menschen, die sonst eine Lehre gemacht hätten und die nach dem Bachelor erst erst einmal arbeiten möchten. Anschließender Master teilweise an derselben FH berufsbegleitend möglich.

Studientyp	Beschreibung	Chancen und Risiken	Empfehlung
	Fächer wie Wirtschaftsinformatik und Wirtschaftsingenieurwesen, teilweise branchenbezogenes Wirtschafts- oder Managementstudium (z. B. Tourismus). Abschluss Bachelor, nach 3 bis 4 Jahren anschließender Master möglich.		
Duales Studium Berufsakademie (Sozialwesen, Technik, Wirtschaft), z. B. in Baden-Württemberg Duale Hochschule[36]	Kombination aus Ausbildung und Studium an einer staatlichen Berufsakademie, Abschluss Bachelor nach 3 Jahren.	Direkte Berufserfahrung und sofortiger Geldverdienst (Lehrgeld 500–1 000 Euro), erste Anstellung im Ausbildungsbetrieb zu 80 % wahrscheinlich. Berufserfahrung bezieht sich auf ein Unternehmen, frühes Festlegen auf das ausbildende Unternehmen, Studien. Manche Personaler sehen weniger Wert in einem Berufsakademie-Abschluss.	Empfehlenswert, wenn ein Studium bei mittlerer Reife angestrebt wird – viele Akademien verlangen kein Abitur, z. B. die Macromedia Berufsakademie.
Studium Fachhochschule/ Universität/ Technische Universität	Durch die Bologna-Umstellung verwischen sich die Unterschiede etwas, die Stellung und Anerkennung der einzelnen Hochschule gewinnt an Wert.	Wichtiger als die Frage, ob Universität oder Fachhochschule, ist oft deren Ranking, also wie die Hochschule bewertet ist.[37] Dies kann für einzelne Studiengänge unterschiedlich ausfallen.	Wer später in einer Unternehmensberatung starten möchte, ist mit einem Uni- oder TU-Studium immer noch besser beraten.
Fernstudium	Meist ideal berufsbegleitend oder in einer Elternzeit. Fordert die Fähigkeit, sich selbst zu motivieren, stärker als Präsenzstudien. Teilweise gibt es Präsenzeinheiten, z. B. am Wochenende.	Bietet die Möglichkeit, ein Studium abzuschließen, auch wenn z. B. nicht möglich ist, täglich vor Ort zu sein. Das Image unterscheidet sich stark. Bietet sich an für Sportler oder junge Leute, die sich zeitweise auf eine andere Karriere konzentrieren und schlecht vor Ort sein können.	Vor Studienaufnahme Anerkennung des Studiums recherchieren und frühere Absolventen des Studiengangs befragen!

Studientyp	Beschreibung	Chancen und Risiken	Empfehlung
IHK- und Handwerks- kammer-Ab- schlüsse	Die Industrie- und Handelskammern ver- leihen kaufmännische Abschlüsse und zertifi- zieren Weiterbildun- gen.	Manche wissen nicht, dass man nach einer mehr als dreijährigen Berufserfahrung einen Abschluss erwerben kann, z. B. als Fachinformati- ker (wenn zuvor in dem Be- reich gearbeitet wur- de) – auch wenn es sich dabei nicht um eine offizielle Ausbildungszeit handelte.	Wer dual studiert, sollte sich am Ende einer Prü- fung vor der IHK unter- ziehen. Weiterhin kann es nach einer Ausbildung sinnvoll sein, einen aner- kannten IHK-Weiterbil- dungslehrgang zu ma- chen, z. B. als Personalkauffrau/-kauf- mann.
Abschlüsse vor der Hand- werkskammer	Die Handwerkskam- mern verleihen hand- werkliche Abschlüsse und zertifizieren Wei- terbildungen. Sie küm- mern sich auch um ihnen zugeordnete Be- rufe sowie um Meister- und Technikerprüfun- gen.	Die MINT-Berufe haben überwiegend gute Aussich- ten; im kreativ-handwerkli- chen Bereich sieht es dage- gen schlecht aus. Auch ältere Berufe wie Bäcker, Maler oder Installateur sind nur be- dingt zu empfehlen.	Wie bei den Kaufleuten gibt es auch bei den Handwerkern bereits du- ale Studiengänge, die zu Studienabschluss und Ausbildungsabschluss in einem führen, etwa für Elektroniker/Bachelor of Engineering – allerdings ist das Angebot derzeit noch begrenzt.
VWA-Ab- schlüsse und andere Institu- tionen für Zwischenqua- lifikationen (»Wirte«)	Die Verwaltungsaka- demie ist eine Abend- schule für Berufstätige, die nebenbei einen Ab- schluss erwerben möchten.	Bietet sich an, wenn man be- reits im Beruf steht und sich nicht vor einem Studium scheut. Einige Abschlüsse stellen eine Zwischenqualifi- kation auf dem Weg zum Studium dar. Die Zielgruppe der VWAs sind berufserfah- rene Ältere. Anders der Kommunikationsfachwirt, der auch viele jüngere Leute anzieht. Achten Sie darauf, dass der Lehrgang in der ört- lichen »Szene« einen sehr guten Ruf besitzt.	In vielen Lehrgängen las- sen sich inzwischen ECTS-Punkte sammeln, die auf ein späteres Stu- dium angerechnet wer- den können.

»Schau nicht nur auf die Bühne, sondern auch hinter die Kulissen«

Ich fragte die 15-jährige Tochter einer Bekannten, was sie denn stu- dieren wolle. »Germanistik, Geografie oder so«, erwiderte sie. »Warum?« »Das interessiert mich.« Ob sie sich schon andere Studiengänge angesehen hätte, Wirtschaftsinformatik etwa? »Ist da Mathe drin?«, fragte sie ängstlich. »Ein bisschen schon, aber ist das schlimm?«, wollte ich wissen.

Da ist sie wieder: die Butterbrotfrage. Was mache ich als Mutter oder Vater, wenn mein Kind auf ungesundem Weißbrot besteht? Ich rate zum Beispiel, dass es mal dieses oder jenes Schwarzbrot probieren soll. Damit meine ich: Einfach nur mal hinsehen, sich anschauen, fragen …

Meine Frage jedenfalls regte, wie ich später erfuhr, zum Nachdenken an und hat die Tochter auf die Idee gebracht, auch andere Studienrichtungen in ihre Entscheidungsfindung einzubeziehen.

Job-Darwinismus

Vor einiger Zeit fand ich den vertrauten Namen eines früheren Kommilitonen auf einem Buchrücken wieder. Er ist inzwischen Professor. Wie ein winzig kleiner Teil der Akademiker hat er es, vermutlich über einen langen, entbehrungsreichen Hürdenlauf, an die wissenschaftliche Spitze geschafft. Ich erinnere mich, dass er immer schon da hinwollte und sich vom ersten Semester an als wissenschaftliche Hilfskraft verdingte.

Ein Teil derjenigen, die Geistes- oder Kulturwissenschaften studieren, ohne Lehrer werden zu wollen, denkt gar nicht an später. Ein Teil von ihnen will »etwas mit Medien oder Büchern« machen. Und dann gibt es noch die, die wissenschaftlich arbeiten möchten.

Nur ganz wenige werden das Ziel Wissenschaft erreichen. Eine knallharte Auswahl wird bestimmen, wer am Ende übrig bleibt. Das Gleiche gilt für die Jobs in den Medien: Je beliebter, desto mehr Andrang, desto schlechter die Bezahlung, desto mehr herrscht strengste Auslese – Job-Darwinismus. Nur die Besten überleben. Was unsere Kinder vielleicht noch nicht wissen: Diese Besten sind nicht logischerweise die Qualitäts- und Inhaltssieger. Es sind diejenigen, die Leistung bringen, diese aber auch verkaufen können und die zudem gut vernetzt sind. Fehlt einer dieser Faktoren, wird die Durchsetzung schwer. Es geht also auch hier um die passende Persönlichkeit.

Praktisch nicht verwertbar

Der Anspruch an ein Studium liegt darin, die Fähigkeit, Probleme zu analysieren und zu lösen, sowie die Kompetenz auszubilden, sein Wissen eigenständig zu erweitern und zu aktualisieren. Je höher die Denkfähigkeit, die ein Studium prägt und entwickelt, desto gefragter die Absolventen. Deshalb sind Physiker (wenigstens mit Master) und Mathematiker beliebt bei Unternehmen – selbst wenn der Praxisbezug im Studium oft gering ausfällt. Diese Abstrakt-Denker stellen einen Typ der Arbeitsmarktgewinner dar. Der andere sind die Praktiker. Und wer keiner dieser Gruppen zugehört, ist – hart formuliert – »praktisch nicht verwertbar«.

Wer Fächer wie »Deutscher Idealismus und moderne europäische Philosophie« studiert, bereichert sich selbst und seinen Intellekt, muss sich aber darüber klar sein, dass sowohl die theoretische als auch die praktische Verwertbarkeit in einem Wirtschaftsunternehmen gering sind.

Immer wieder bereuen Absolventen später ihre Entscheidung für ein bestimmtes Studienfach, manche im Rückblick, manche bereits während des Studiums. Wenn sie nämlich merken, dass der Spaß aus dem Leistungskurs Biologie im Studium plötzlich verschwunden ist (weil der eigentlich nur durch den guten Lehrer vermittelt wurde) oder sie kurz vor Ende ihres Studiums registrieren, dass sie mit ihrer Studienwahl kaum je die 40 000 Euro brutto im Jahr erzielen werden, die in gefragten Fächern heute oft die untere Grenze für den Berufseinstieg darstellen. Und wie frustriert viele sind, wenn sie erfahren, dass sie im Laufe ihres Berufslebens nicht wie andere mit Gehaltserhöhungen rechnen können, sondern mit einem ewig weitgehend gleich bleibenden Niveau sowie möglicherweise heftigen Schwankungen.

Neulich entdeckte ich auf der Website einer Universität die Berufsbiografien ihrer Absolventen aus den Kultur- und Geisteswissenschaften. Einer von ihnen war Lektor in einem Verlag geworden. Ein Traumjob für viele. Ein Albtraum für die Mehrzahl derjenigen, die es nicht schaffen, in diesem beliebten Feld Fuß zu fassen, weil sie nicht gut genug sind, sich zu schlecht verkaufen und zu wenige gute Kontakte besitzen.

»Schau nicht nur auf die Bühne, sondern auch hinter die Kulissen« – die Überschrift dieses Kapitels ist zugleich ein Satz, den Sie Ihren Kindern von mir weitergeben können. Bevor sich Ihr Kind für ein nicht wirtschaftsrelevantes Fach entscheidet, sollte es sich über die Jobrealität informieren – und nicht von Glanz und Glitter blenden lassen. Und wenn es sich dann entscheidet, braucht es mit so einem Fach einen umso klareren Plan zum beruflichen Einstieg – will es mit seiner Wahl mehr als nur Geistesbildung erzielen.

»Vorsicht, Schweinezyklus«

Lehrerschwemme – erinnern Sie sich? Lang ist es her. Inzwischen besteht, zumindesten bezogen auf einige Fächer, eher ein Mangel. Kürzlich habe ich eine Sportlehrerin aus Nordrhein-Westfalen beraten, die sich Jobs aussuchen konnte. Gefragt sind in einigen Bundesländern auch Latein und natürlich naturwissenschaftliche Fächer. Nicht auszuschließen, dass sich das irgendwann umdreht und aus dem Mangel wieder eine Schwemme wird. So, wie es eine Zeit lang bei Jura war: Es gab einfach zu viele Rechtsanwälte. Nun hat sich das wieder etwas gedreht, die Aussichten werden wieder besser. So geht das immer: Kaum liest man von Mangel, stürzen sich viele auf diese Fächer. Werden prekäre Existenzen beschworen, wie Mitte der Nullerjahre, dreht sich das wieder. Das ist der von mir bereits in der Einleitung erwähnte Schweinezyklus.

BWL ist das neue Jura. Es galt lange als der Karrierewegbereiter. Es erlebte seinen ersten Boom in den achtziger Jahren, im Yuppiezeitalter. Smarte Anzugträger waren es, die damals dieses Fach wählten. Heute entscheidet sich jeder dazu, der nichts falsch machen möchte. Und Manager, Personalberater oder die Absolventen selbst stützen diese Aussage »nichts falsch machen« auch heute noch gern.

Vor Kurzem fand ich eine Stimme, die aussprach, was ich schon länger denke und seit drei, vier Jahren in meiner Beratungspraxis bemerke: Betriebswirtschaft ist keine Karrieregarantie mehr. Es ist ein Massenstudium, das selten aufgrund einer persönlichen Leidenschaft studiert wird, sondern überwiegend aus der Angst heraus, sonst etwas falsch zu machen.

Weil BWL so jung ist, gibt es nur wenige ältere Angestellte, die das Fach studiert haben. Anders als etwa bei den Bauingenieuren fehlen damit Stellen, die altersbedingt frei werden könnten. Sehr viele Betriebswirte starten mit der Hoffnung ins Berufsleben, im mittleren oder oberen Management zu landen. Keine andere Studentengruppe hält damit so sehr an alten Karrieremodellen fest.[38] Die Wahrheit jedoch lautet: Viele BWLer landen auf Sachbearbeiterstellen, manche auch mit Masterabschluss. Sie ersetzen dort Angestellte, die früher nur eine betriebliche Lehre brauchten.

Wenn junge BWL-Absolventen zu mir kommen oder sich mit meiner Mitarbeiterin austauschen, so stellen die Tätigkeiten »unter Niveau« ein oft angeschnittenes Thema dar. Eine typische Aussage lautete etwa: »Ich habe das doch studiert wegen der Chancen, auch strategisch zu arbeiten. Und jetzt soll ich den ganzen Tag Excel-Tabellen ausfüllen?«

In meiner Kartei habe ich eine Kundin, die drei verschiedene Masterabschlüsse besitzt, einer davon stammt von einer französischen

Universität. Sie hat drei Jahre Berufserfahrung und findet dennoch keine Stelle, die besser bezahlt wird als 40 000 Euro brutto pro Jahr. Sie ist im Marketing, dort ist die Situation besonders schwierig, wenn man nicht zu den Absolventen der Top-Unis mit den Top-Noten gehört. Aber auch Personalwesen und selbst Controlling bieten kaum noch stetigen Aufstieg. Nur die besten setzen sich durch. Und die mit viel und spezifischer Erfahrung.

Die wirtschaftlichen Grundlagen haben sich verändert. Mit dem Internet ist das Marketing auf eine völlig andere Basis gestellt und eng mit Technik verzahnt worden. Der neu entstandene Bereich Online-Marketing wurde den IT-lern zugeschoben oder motivierten Autodidakten. Derzeit entwickelt sich mit den sozialen Netzwerken ein ausbildungsfreier Raum, in den natürlich keine Ungelernten, aber Absolventen verschiedener Ausbildungsrichtungen drängen.

Alles wird von der Technik umarmt. Die Konsequenz ist, dass der Betriebswirtschaftler der alten Schule lieber gleich ersetzt wird durch Wirtschaftsinformatiker und Wirtschaftsingenieure. Deren Studium ist derzeit einfach besser nutzbar, denn die Absolventen solcher Mix-Studiengänge können sich flexibel zwischen technischen und organisatorischen Tätigkeiten bewegen.

Ich will jetzt keinen Lockruf in Richtung der Wirtschaftsingenieure aussenden, denn mit ihnen könnte dasselbe passieren – Stichwort Schweinezyklus. Ein junges Fach, gerade sehr beliebt, schnell erhöhte Absolventenzahlen, kaum Ältere. Andererseits: Nur das Studium reicht ohnehin nicht, und da Technik die Basis von fast allem ist, ist ein Grundverständnis, wie es in Wirtschaftsingenieurwesen und Wirtschaftsinformatik vermittelt wird, bestimmt noch auf Sicht von 10, 20 Jahren gefragt. Meine Vermutung ist deshalb, dass die Nachfrage zumindest noch einige Jahre unverändert anhalten könnte. Und wenn der Einstieg durch Berufserfahrung geschafft ist, ist alles weitere normalerweise ohnehin einfach.

»Bedenke die Konsequenzen einer Interessenwahl!«

Sie werden oft hören, man solle sich gerade wegen des unberechenbaren Schweinezyklus für ein Interessenstudium entscheiden. Man wisse ja ohnehin nie, wohin die Reise gehe, mit einer Interessenwahl könne man dann auch nicht falschliegen. Ich sehe das etwas anders. Es gibt durchaus einiges, was sich falsch machen lässt, weil sich Entwicklungen sehr wohl voraussagen lassen.

Sicher jedenfalls ist, dass die Welt der Akademiker vorerst geteilt bleiben wird, was die Verdienstaussichten betrifft. Das am besten verdienende Viertel aller Akademiker erzielte schon im Jahr 2007 ein Jahresbruttoeinkommen von mindestens 67 000 Euro. Das am schlechtesten verdienende Viertel kam nur auf maximal 39 000 Euro. Dieses Viertel hat mit hoher Wahrscheinlichkeit etwas studiert, das auf dem Arbeitsmarkt auch nach vielen Berufsjahren wenig wert ist und kaum Steigerungspotenzial birgt: Germanistik, Politologie, Journalistik, Kommunikationswissenschaften, Mode- oder Textildesign, Kommunikationsdesign, oft auch Geologie, Geografie oder Biologie.

In kreativen Branchen und den Medien arbeiten die Menschen nicht nur immer öfter freiberuflich; bei den dort gezahlten Gehältern besteht auch kaum Luft nach oben. In vielen Bereichen, etwa dem Journalismus, bewegen sich die Vergütungen seit etwa zehn Jahren sogar nach unten. Gut verdienende Angestellte werden ersetzt durch schlechter verdienende frische Absolventen. Da diese Entwicklung mit dem Verfall des tertiären Sektors (siehe Abschnitt »Was Sie Ihrem Kind raten können«) zusammenhängt, ist sie unaufhaltsam.

»Hauptsache abgeschlossenes Studium« gilt als Begründung für die Interessen-Studienwahl. Das wichtigste Argument, um seinen Marktwert zu verbessern, sei eben einfach fundierte Berufspraxis – und das ist absolut richtig. Doch der Weg zu fundierter Berufserfahrung gestaltet sich mit den falschen Fächern schwerer. Selbst nach fünf Jahren im Beruf kann es sein, dass ein Personalreferent mit der Fächerkombination Germanistik und Soziologie immer noch etwas seltener zum Vorstellungsgespräch eingeladen wird als ein Mitbewerber mit Psychologie und Wirtschaft.

Ich warne auch deshalb vor einer reinen Interessenwahl, weil nur ein Teil derjenigen, die sich aus Neigung für ein Studium entschieden haben, auch nach dem Berufseinstieg noch uneingeschränkt zu seiner Entscheidung stehen kann. Das liegt an den Erfahrungen, die später im Job gemacht werden. Dieser Teil bereut seine Wahl: »Hätte ich das gewusst, hätte ich mich anders entschieden.« Zwar muss natürlich nicht jeder einen Job anstreben, der überdurchschnittlich bezahlt wird. Aber Risiken und Nebenwirkungen gehören eben nicht nur ins Kleingedruckte.

Reden Sie Ihrem Kind ein Interessenstudium nicht aus, doch empfehlen sie ihm, sich die Konsequenzen gut zu überlegen und an pfiffige Kombinationen zu denken (siehe Physik und Philosophie). Raten Sie ihm außerdem, sich bereits während des Studiums kaufmännische Grundlagen anzueignen, wenn diese nicht Teil des Studiums sind.

Raten Sie zu Gesprächen mit Absolventen, die zwei, drei Jahre im Beruf sind. Diese Berufstätigen sind jung genug, um noch an die Schwierigkeiten beim Berufseinstieg denken zu können. Und sie stehen nahe genug am Arbeitsmarkt der Zukunft, um dessen Auswirkungen aus dem eigenen Erleben beschreiben zu können. Wir Älteren sind oft schon zu weit weg.

Nun könnte der Umkehrschluss lauten: Studiere das, was die besten Aussichten hat. Doch auch dazu kann ich nicht raten, und zwar wiederum aus pragmatischen Gründen: Ein erzwungener Arzt wird ein schlechter Arzt sein, mögen die Chancen für Mediziner auch noch so glänzend sein. Ein Lebensmitteltechniker, der seine Arbeit verabscheut, wird diese nicht gut machen. Apotheker, ein bombensicherer Beruf, gelten als die unglücklichsten Menschen Deutschlands, wie eine Studie ermittelte.

Abgebrochene Träume sorgen außerdem auf dem weiteren Berufsweg für permanentes Unglück. Ich erinnere mich noch gut an Michael, einen leidenschaftlichen Sportler, der sich jedoch – den Rat seiner Eltern befolgend – für Maschinenbau einschrieb und sich danach auch noch, absolut jenseits seiner Interessen, zum Patentanwalt ausbilden ließ.

Wenn eine klare Leidenschaft vorhanden ist, eine lange Liebe, wie bei Michael, gibt es gar keine Frage: Dieser ist zu folgen, nachdem vorher die verschiedenen Möglichkeiten sondiert und gegeneinander abgewogen wurden. Und manchmal gibt es ja auch noch die Kombination von Interesse und Pragmatismus – ein Doppelstudium. Oder die Option, sich das Geschichtsstudium für einen späteren Zeitpunkt aufzuheben.

»Tapp nicht in die Mädchen-Falle«

Mädchen sind besonders anfällig für die Interessenwahl. Obwohl sie beispielsweise in Mathematik oft besser sind als Jungs, entscheiden sie sich viel seltener für Naturwissenschaften.

Vielleicht tragen wir als Eltern Mitschuld, weil wir immer noch ein Rollenmodell transportieren, nach dem die Frau einfach zuverdienen muss, aber nicht unbedingt die Hauptlast tragen. »Dann kann sie auch ruhig Germanistik studieren«, denken nur noch wenige offen, trotzdem scheint diese Sichtweise irgendwo unbewusst verankert zu sein. Nur so ist zu erklären, dass laut Schülerbarometer (siehe Tabelle folgende Seite) fast 20 Prozent der Mädchen Sprach- und Kulturwissenschaften studieren möchten – obwohl diese Fächer weit überwiegend in Jobs mit schlechteren Verdiensten und prekären Berufssituationen führen. So viele schreiben sich letztendlich zwar doch nicht dafür ein, trotzdem rangiert bei Mädchen bei der letztendlichen Studienentscheidung Germanistik gleich hinter BWL, allerdings gefolgt von Medizin und Rechtswissenschaft, erst auf dem fünften Platz folgt die Erziehungswissenschaft.

Als Eltern sollten Sie die Motivation Ihrer Tochter auch unter diesem Gesichtspunkt betrachten und sie daraufhin beraten. Hinterfragen Sie die Gründe für ihre Entscheidung:

- Welche Begabungen kannst du in dieses Studium einbringen?
- Hast du dir Gedanken gemacht, was du mit dem Studium werden kannst?
- Ist das, was du dir ausgedacht hast, realistisch?
- Gäbe es für dich nicht noch Alternativen?

Es ergibt keinen Sinn, ein Mädchen, das sich überhaupt nicht für Technik interessiert, zu einem Ingenieurstudium zu überreden. Aber eine Kombination, ein besonderer Studiengang? Oder erst mal ein Studium generale, wie es an der Leuphana Universität in Lüneburg möglich ist? Zur Orientierung?

Weisen Sie auf Alternativen hin. Auch die vielen Facetten der Naturwissenschaften werden oft auf den ersten Blick nicht gesehen. Oft helfen Gespräche mit Frauen, die das entsprechende Fach studiert haben.

Da Mädchen selbstkritischer sind als Jungs, trauen sie sich vieles nicht zu, was sie durchaus leisten könnten. Es kann also sein, dass Ihre Tochter sagt: »Das kann ich nicht«, obwohl sie es durchaus könnte. (Und mancher Junge, der sich als »geborene Führungskraft« sieht, überschätzt die eigenen Fähigkeiten fatal.)

Mädchen	Jungen
Sprach- und Kulturwissenschaften: 19,3 %	Naturwissenschaften: 21 %
Medizin: 12,5 %	Ingenieurwissenschaften: 16,9 %
Lehramt: 12,3 %	Rechts, Wirtschafts- und Sozialwissenschaften: 14 %
Rechts, Wirtschafts- und Sozialwissenschaften: 11,1 %	Medizin: 7,2 %
Kunst- und Kulturwissenschaften: 8,0 %	Sprach- und Kulturwissenschaften: 6,9 %
Naturwissenschaften: 6,8 %	Lehrer: 6,9 %
Ingenieurwissenschaften: 3,7 %	Sport: 6,3 %

Quelle: Schülerbarometer 2009, befragt wurden 13 000 Schüler

»Vorsicht vor …«

Es gibt Fächer, die auf dem Arbeitsmarkt ein nachhaltig schlechtes Image haben. Journalistik gehört dazu. Auch vergleichende Literaturwissenschaften, Geschichte, Geografie und Politologie empfehle ich nur Überzeugungstätern (diese Liste ist nicht vollständig!), die ein gleichfalls überzeugendes Studierkonzept vorlegen können.

Ich habe Kunden, denen hat so ein Studium ganz viel Spaß gemacht. Sie haben auch für sich persönlich das Gefühl, viel aus ihrem Studium gezogen zu haben. Doch darum geht es eben nicht allein. Wichtig ist auch die Resonanz des Arbeitsmarktes: Und mit der sieht es bei unserem Beispiel Journalistik schlecht aus. Wer unbedingt Journalist werden möchte, sollte besser ein anderes Fach wählen, frühzeitig zu schreiben beginnen und sich dann an einer Journalistenschule oder für ein Volontariat bewerben.

Abraten würde ich weiterhin von allen Studiengängen, die sich noch nicht bewährt haben. Ich habe zu oft gesehen, wie sich später eingestellte Studiengänge als Karrierehemmnis erwiesen. Dennoch werden solche neuen Studiengänge gern mit viel Tamtam beworben. Halten Sie sich aber bitte vor Augen: Es geht den Hochschulen auch um die eigene Existenz und den Wettbewerb. Es gibt keine objektiven Informationen in der Beschreibung dieser neuen Angebote. Das Interesse der Hochschulen liegt darin, diese zu »verkaufen«. Negative Erfahrungen werden mit ziemlicher Sicherheit verschwiegen.

Ebenfalls rate ich ab von Studiengängen, unter denen sich Arbeitgeber kaum etwas vorstellen können. Was etwa lernt man in einem Fach wie »Kulturraumstudien«? Das ist erklärungsbedürftig – und wenn ein Studienfach erst lang und breit erklärt werden muss, hinterlässt das oft einen fragwürdigen Eindruck. Beziehen sich diese Studiengänge dann auch noch auf Länder wie Italien, denen außerhalb der Mode- und der Tourismusindustrie wenig weltwirtschaftliche Relevanz zukommt, braucht man wirklich gute Praktika und eine pfiffige Idee, um einen beruflichen Bezug herzustellen.

Modestudiengänge sind ebenfalls genau unter die Lupe zu nehmen. Und das meine ich im doppelten Sinn. Bei allem, was mit Mode zu tun hat, von Textildesign bis zum Modedesignstudium, setzt sich durch, wer wirklich gut ist und wirtschaftlich denkt. Für viele, vor allem Frauen, wird so ein »Traumstudium« zur Falle. Es ist ganz, ganz schwierig, damit eine Festanstellung zu bekommen. Aber auch hier gilt die Begabten- und Leidenschaftsausnahme. Erfolgsstorys gibt es, keine Frage, aber eben nur für die Guten und Durchsetzungsstarken.

Apropos Mode: Design liegt ebenfalls sehr im Trend, vor allem bei Mädchen. Die gerade formulierte Warnung spreche ich auch für diesen Bereich aus, und erst recht für Fotodesign. Ob ein Studium in Kommunikationsdesign das Richtige ist, sollte sich Ihr Kind mit Blick auf langfristige Berufsperspektiven gut überlegen. Exzellente Designer werden immer Konjunktur haben – man muss dazu aber bereit sein, exzellent zu werden. Bedenken sollte Ihr designinteressiertes Kind auch, dass Kreativität damit steht und fällt, wie und ob man sie auch selbst »verkaufen« kann und will. Design findet darüber hinaus fast nur in Agenturen statt, Werbeabteilungen in Unternehmen stellen inzwischen die Ausnahme dar. Doch in einer Agentur verdient man nicht nur wenig, es gibt auch eine ungeschriebene Altersgrenze. Das gilt umso mehr für junge Frauen. Wer sich für dieses Studium entscheidet, sollte eine spätere Selbstständigkeit als Chance und spannende Perspektive betrachten – sonst lieber Finger weg.

Kommen wir zur anderen Bedeutung von »Modestudium« – ein Studium, das gerade »in« ist. Ein solches Modestudium der letzten Jahre ist Ökotrophologie, die Absolventenzahlen sind hier rapide gestiegen (wir schauen sie uns noch konkreter an). Die Chancen auf dem Arbeitsmarkt sind zwar vorhanden, aber nicht übermäßig gut. Viele wollen als Ernährungsberater oder im Gesundheitsbereich arbeiten und merken, dass dort Stellen rar sind. Was bleibt, ist Marketing oder PR, bei denen ein Wirtschaftsbezug wichtig wäre.

Gut etabliert hat sich dagegen das explodierende Fach Wirtschaftspsychologie. Fast im Sekundentakt werden hier neue Studiengänge eingeführt, die Studentenzahlen steigen ständig, dabei ist noch etwas unklar, wie der Markt diese Absolventen aufnimmt.

Mit Wirtschaftsjura gibt es mehr Erfahrungen, allerdings nicht nur gute. In der Praxis konnte sich dieser einst hochgelobte neue Studiengang nicht auf einem höheren beruflichen Niveau durchsetzen; es bleibt häufig bei Assistenzpositionen unter einem Juristen. Absolventen kämpfen um Anerkennung: »Echte« Juristen belächeln Wirtschaftsjuristen, wissenschaftliche Karrieren sind mit Wirtschaftsjura schwierig. Das wird oft anders dargestellt, weil Wirtschaftsjuristen letztendlich dann doch einen Job bekommen. Indes oft nicht den, den sie eigentlich anstrebten.

Vorsicht auch vor allem, was neu ist und erstmalig durchgeführt wird. Zum einen dienen die ersten Interessenten immer als Versuchskaninchen, an denen herumexperimentiert wird; zum anderen könnte es sein, dass die Akkreditierung fehlt. Diese ist nicht in allen Bundesländern gesetzlich vorgeschrieben und läuft oft erst nach Einführung eines neuen Studiengangs an.

Heikel finde ich weiterhin Studiengänge, die geradezu »berufsqualifizierend« in prekäre Jobs führen. Wer »Deutsch als Fremdsprache«[39] studiert, mag optimal geeignet sein, Migranten zu unterrichten, wird aber vermutlich auf lange Sicht nie mehr als 12, 15 oder 18 Euro pro Stunde verdienen, meist freiberuflich. Manche wollen das, aus Leidenschaft, siehe die im ersten Teil dieses Buches angesprochene Ehrenamtisierung. Ich bin mir bewusst, dass hier ein großer Bedarf besteht, und denke, dass dies eine gesellschaftlich wichtige Tätigkeit darstellt. Aber wenn die Gesellschaft dieses Engagement einfach nicht honoriert?

»Erstell eine eigene Prognose«

Wäre es nicht eine gute Idee, wenn Lehrer gemeinsam mit ihren Schülern Prognosen für deren Wunschstudium erstellten? Tolle Projektarbeiten könnten das Ergebnis sein. Es ist auch einfach. Nehmen wir ein Beispiel, die Ökotrophologie, das schon erwähnte Mädchenmodestudium. In den letzten zehn Jahren hat sich der Bestand der Ökotrophologen um mehr als 50 Prozent erhöht.[40] Die Arbeitslosenquote liegt bei 7,5 Prozent, dabei sind die Hälfte der Ernährungswissenschaftler zwischen 25 und 35 Jahren alt – also sehr jung. Diese jungen Leute werden noch mindestens 30 Jahre im Beruf bleiben, gleichzeitig kommen durch hohe Absolventenzahlen nach wie vor viele Mitbewerber nach. Wie viele Ökotrophologen derzeit gesucht werden, kann man im Internet erfahren, die Online-Jobbörsen geben ein gutes Stimmungsbild. Ich finde aktuell[41] bei Kimeta 56 Stellen – deutlich weniger als etwa für den Wirtschaftsjuristen (an die 300).

Wie entwickeln sich die Studienanfängerzahlen? Leider unterscheidet das Statistische Bundesamt nicht die einzelnen Fächer,[42] sodass ich nur sehen kann, dass sich 2010/2011 genau 13 577 Studenten für Agrar-, Forst- und Ernährungswissenschaften eingeschrieben haben und die Steigerung im Vergleich zu anderen Fächergruppen damit vergleichsweise moderat ausfällt. Ich weiß jedoch, dass die Studentenzahlen etwa an der Hamburger Hochschule für Angewandte Wissenschaften explodiert sind. Daraus leite ich meine Empfehlung ab, vorsichtig zu sein und lieber alternative Fächer ins Auge zu fassen.

Und so können Sie Ihren Sohn oder Ihre Tochter anleiten, sich selbst zu informieren:

1. Gehe auf die Seite der Bundesagentur für Arbeit und öffne das dortige »Berufenet«.

2. Suche das Berufsbild deiner Wahl. Ein allgemeiner Trend lässt sich

am besten vom »Hauptfach« ableiten, beim Arzt ist das zuerst der Mediziner und dann erst der Facharzt für Radiologie.

3. Links des sich nun öffnenden Fensters siehst du unter »Zusätzliche Informationen« den Punkt »Zahlen/Daten/Fakten«. Klicke ihn an; im Hauptfeld siehst du einen Link zu der schon vorgestellten Seite »Berufe im Spiegel der Statistik« des Instituts für Arbeitsmarktforschung (IAB). Schau dir an, wie der Beruf erfasst wird.

> Berufsordnung 833 Bildende Künstler/innen, Graphiker/innen
> auch: Bildhauer, Kunstmaler, Designer, Layouter, Fotogravurzeichner, Textilmustergestalter, Restauratoren (Bilder)
> Bundesgebiet Gesamt

Manchmal wirft das IAB verschiedene Berufe, die sich unterschiedlich entwickelt haben, in den Topf einer Berufsgruppe. Achte darauf, das verzerrt das Bild.

4. Es ist günstig für einen Beruf, wenn sich der Bestand in den letzten Jahren rückläufig entwickelt hat und die Arbeitslosenquote eher abnimmt. Eine niedrige Arbeitslosenquote kann aber auch auf versteckte Arbeitslosigkeit deuten, etwa im Journalismus. Versteckt heißt: Die Menschen arbeiten in teilweise prekären Verhältnissen. Wer schon früh an die Familienvereinbarkeit denkt, sollte sich auch über die Teilzeitquote informieren. Die ist aber nicht in jedem Fall ein Zeichen für die Flexibilität des Jobs wie bei Ärzten. Sie kann auch auf prekäre Verhältnisse und eine geringe Zahl an Vollzeitjobs hindeuten. Interessant ist auch die Frage, wo es Jobs gibt. Ist die überwiegende Zahl im Dienstleistungsbereich angesiedelt, spricht das für eine eher schlechte bis moderate Bezahlung. Wäg das ab. Ein wichtiger Anhaltspunkt ist weiterhin die Altersstruktur. Viele Arbeitnehmer bis 35 Jahre und wenige Arbeitnehmer über

50 Jahren sind ein schlechtes Zeichen, weil dies bedeutet, dass sich nur wenige in den Ruhestand verabschieden werden. Die Nachfrage müsste schon sehr hoch sein, um das auszugleichen.

Grafik 1: Bestandsentwicklung: Eine Zunahme von 100 auf 138 innerhalb von elf Jahren (Tausende)

Jahre	1999	2001	2003	2005	2007	2009	2010
Sozialversicherungspflichtig Beschäftigte							
(Anzahl)	28 707	32 574	30 731	31 949	35 854	38 871	39 703
Bestandsentwicklung Index							
(1999=100)	100	113	107	111	125	135	138

Grafik 2: Arbeitslosenzahl, Berufsgruppe Künstler und Designer (in Prozent)

Jahre	1999	2001	2003	2005	2007	2009	2010
Männer	22,8	24,1	38,5	33,0	25,6	21,4	21,3
Frauen	23,9	24,7	35,0	29,5	20,9	18,6	17,8
Insgesamt	23,4	24,4	36,7	31,2	23,2	20,0	19,5

Quelle: Berufe im Spiegel der Statistik, Institut für Arbeitsmarkt- und Berufsforschung

5. Das allein reicht aber zur Interpretation nicht aus. Im nächsten Schritt bringe die Studienanfängerzahlen in Erfahrung. Du bekommst sie beim Statistischen Bundesamt unter www.destatis. de.[43] Sind diese in deinem Fach sehr hoch, könnte es sein, dass sich ein bisher guter Trend umkehrt. Pass auf, wenn es wenige Ältere in dem Beruf gibt. Die zentrale Frage ist dann: Wird der Bedarf weiter so steigen?

6. Schau dir die aktuellen Jobangebote an, am besten in einer Metajobsuchmaschine wie Kimeta.de. Wie viele Stellen sind für den Studienabschluss ausgeschrieben? Wie viel in den regionalen

Räumen, wo du leben möchtest? Welche davon interessieren dich? Beobachte das am besten über einen längeren Zeitraum.

7. Gehe den »Schlüssel für Zukunftssicherheit« in diesem Buch durch. Notiere deine Pros und Contras für das Studium.

8. Spreche mit Experten, traue dich ruhig auch, Personalabteilungen anzurufen.

9. Frage Menschen, die dieses Studium gerade abgeschlossen haben.

10. Trage alles zusammen und schreibe ein Fazit. Spreche darüber mit deinen Eltern.

»Entscheide individuell und hole keinen Rat von der Stange!«

Der Vorsitzende eines Psychologenverbandes behauptete vor einigen Wochen, der Bachelor sei so etwas wie die offizielle Studienabbruchbescheinigung. In der Tat sind Bachelorabschlüsse in manchen Berufsgruppen geradezu verpönt. Der Bachelor gilt als Schmalspurstudium oder eben, wie bei den Psychologen, sogar als weniger als das.

Nun muss man sich hier nicht wundern. Schon das Diplom als Psychologe ist in vielen Berufsfeldern wenig wert. Wer im klinischen Umfeld arbeiten möchte, braucht meist eine langjährige Therapieausbildung. Andererseits, und das sehen die Lobbyisten der Verbände oft nicht, entstehen durch die neuen Abschlüsse auch neue Möglichkeiten und Berufsfelder. Fraglos ist ein Berufseinstieg mit einem Psychologie-Bachelor derzeit schwierig. Mit einem Bachelor in Wirtschaftspsychologie und klug gewählten Praktika lässt sich indes durchaus erste Berufserfahrung etwa in einer Personalabteilung sammeln – und später entscheiden, ob und mit welchem Master es weitergeht. Aber auch das ist wahr: Wer psychologischer oder psychiatrischer Therapeut werden möchte, braucht einen Master – und muss im Anschluss an sein Medizin- oder Psychologiestudium drei bis fünf Jahre haupt- oder nebenberuflich weiterlernen.

Sollen Sie Ihrem Kind raten, einen Weg einzuschlagen, vor dem einige warnen, zum Beispiel die Lobbyisten? Ist dieses richtig oder jenes? Ich höre viele Fragen – und bin oft entrüstet über inkompetente und einseitige Antworten. Nicht selten kommt es mir vor, als würde an einer Seite des Taus die eine Fraktion und an der anderen die andere ziehen. Bachelor taugt nichts, sagt der am linken Ende des Taus, Bachelor ist super, behauptet der am rechten. Es ist ganz schön schwer, sich aus dem Gerangel zu befreien – aber genau dies sollten Sie tun. Und sich eine eigene Meinung bilden.

Wenn alle individuellen Klärungsversuche nichts nützen: Manche Universitäten und Hochschulen[44] bieten ein studienvorbereitendes Orientierungsstudium an, das fächerübergreifend gestaltet werden kann. Auch Fehler machen ist enorm hilfreich. Wenn die erste Entscheidung für ein Studium sich als falsch herausstellt: Haben Sie keine Angst vor einem Studienabbruch! Es ist besser, den Kurs frühzeitig zu korrigieren als (zu) spät.

»Entwickle eine Studierstrategie«

Anna kam mit ihrer Mutter zu mir, einer Lehrerin. Sie hatte sich für Anglistik eingeschrieben und kämpfte. Mit den Inhalten weniger als mit den bohrenden Fragen aus dem Umfeld: In welchen Beruf soll das bitte führen? Was willst du damit anfangen? Anna hatte sich, wie so viele, einfach nur aus Interesse für das Fach eingeschrieben. Doch während zu meiner Zeit bis kurz vor Studienende keiner mehr fragte, was dieses oder jenes Studium denn solle und wohin es denn führe, setzt der Druck von außen heute früher ein. Das liegt unter anderem an der überall gegenwärtigen Informationsflut des Internets mit seinen Karrierreportalen und natürlich auch seinen Diskussionsforen.

In mehreren Sitzungen entwickelte ich mit Anna erste berufliche Vorstellungen. Ich spreche anders als viele meiner Kollegen nicht von Visionen, sondern von Vorstellungen. Mehr kann man nicht erwarten als erste zarte Vorstellungen von dem, was der Beruf einem bieten und ermöglichen soll. Mehr lässt sich ohne konkrete Erfahrung nicht auf dem Papier erzielen. Aber eine Ahnung ist immerhin ein Anfang. Aus einer Ahnung lässt sich ein erstes Konzept gestalten, das vielleicht zunächst einmal nur das Ziel hat, ein geeignetes Berufsziel zu finden. Anna faszinierte es, mit Menschen aus anderen Kulturen zusammenzuarbeiten. Außerdem organisierte sie gern und hatte in einer schulischen Nebentätigkeit als Nachhilfelehrerin gemerkt, wie sehr es ihr lag, beim Lernen zu beraten. Auf jeden Fall wollte sie in einem internationalen Unternehmen arbeiten – und auf keinen Fall als Lehrerin (wie ihre Eltern). Sie hatte aber keine Ahnung, wo man ihre Kompetenzen gebrauchen konnte. Ich brachte sie darauf, dass diese Fähigkeit in einer Personalabteilung nützlich werden könnte. Das war ein erster Anhaltspunkt.

Nun galt es, diesen Punkt zu überprüfen, also führte Anna Gespräche mit Bekannten und auf Messen. Außerdem rief sie in Personalabteilungen an. Dafür arbeiteten wir einen Fragebogen aus. Ich lasse meine Klienten immer »Hausaufgaben« zwischen den Terminen erledigen, weil Erfahrung und Erleben alles ist und ein Rat den Weg nur andeuten kann. Schließlich entschied sich Anna für ein Praktikum. Die Suche war aufwendig und dauerte länger, weil es recht wenige Praktika im Personalbereich gibt, erst recht nicht für Anglistikstudenten in so einer frühen Studienphase. Doch eine IT-Firma gab ihr eine Chance für ein dreimonatiges Praktikum. Das machte Spaß. Also entschied sie sich, auf dem ausprobierten Weg weiterzugehen.

Es hätte auch mit einem anderen Ergebnis enden können, zum Beispiel dem, dass dieser Bereich für Anna überhaupt nicht infrage kommt. Aber wie auch immer: In jedem Fall hätte meine Empfehlung gelautet, ein Fazit zu ziehen. »Was hat dir gut gefallen und was nicht? Was bedeutet das für deinen nächsten Schritt?« Wenn ein Profi dabei helfen kann, erste Erfahrungen auszuwerten, ist das sicher von Vorteil. Ein Profi kann zum Beispiel erkennen, wenn eine frustrierende Arbeits- und auch Studienerfahrung weniger mit dem Job als vielmehr mit dem jungen Menschen selbst zu tun hat.

Meine Angebote im Internet sind immer mit der Formel »Ihr nächster Schritt« überschrieben. Ich bin überzeugt, dass es besser zu der modernen Arbeitswelt passt, die jeweils nächste berufliche Entscheidung gut zu durchdenken, als einen Lebensplan zu machen.

Es ist wie beim Schachspiel: Man plant jeden nächsten Zug strategisch und fragt sich: Was macht perspektivisch Sinn – für mich und mein Ziel? Je klarer dieses Ziel ist, desto leichter lassen sich auch mehrere Schritte definieren, die dann als Meilensteine fungieren. Fehlt die klare Perspektive, stellt wie bei Anna das Finden eines Ziels die erste Aufgabe dar. Das ist es, was ich mit Studierstrategie meine.

Vor einiger Zeit brachte die Redaktion des Magazins *Neon* ein Buch mit dem Titel *Planen oder treiben lassen* heraus.[45] Sich-treiben-Lassen ist sehr gut, wenn Ihr Kind intrinsisch motiviert ist und tiefes Interesse an etwas hat, das es mit aller Kraft verfolgt. Dann wird alles andere von selbst laufen, Sie müssen maximal ein paar Hinweise geben. Sich-treiben-Lassen ist hingegen schlecht, wenn ein starker innerer Treiber fehlt. Dann spricht viel für den Plan, sofern er offen genug bleibt. Pläne sind wie Leitplanken – sie geben einen Weg vor und schaffen Sicherheit für die vor einem liegende Strecke. Allerdings sollten sie nie so festgefügt sein, dass sie sich nicht auch wieder ändern ließen. Gute Pläne sind Pläne für den nächsten Schritt mit Aussicht auf den folgenden – und sie werden immer mal wieder überdacht und neu justiert.

Schön, wenn Ihr Kind sich schon vor der Aufnahme des Studiums überlegt, welche praktischen Erfahrungen es während des Studiums erwerben möchte. Zentrale Fragen dabei sind: Wo möchte ich später arbeiten? Was interessiert mich? Wie und wo kann ich Kenntnisse erwerben? Sehr gut, wenn es pro Studienjahr mindestens eine beruflich relevante praktische Erfahrung neu erwirbt (eine Ausnahme bilden Fächer wie Chemie, wo so etwas aufgrund des Lehrplans nur sehr, sehr begrenzt möglich ist):

- Ein Auslandssemester – und zwar am bestens eins in einem Land, in das nicht alle gehen und wo nicht nur unter Deutschen gefeiert wird; die sogenannten ERASMUS-Programme[46] sind ein wenig berüchtigt dafür. Anders als die anderen handeln, lautet vielmehr das Erfolgsrezept.

- Ein Nebenjob, der wirklich etwas bringt. Service-Tätigkeiten sind eher ungeeignet, sofern es nicht gerade ums Hotelfach geht. Anspruchsvolle Werkstudententätigkeiten dagegen: prima. Auch eine neben dem Studium betriebene unternehmerische Nebentätigkeit kann wertvoll sein.

- Jede Art von Engagement neben dem Studium kann relevant sein. Das kann ein Ehrenamt sein, die Mitarbeit in der elterlichen Hausverwaltung oder die Leitung einer Sommer-Surf-Schule: Was Ihr Kind nebenbei macht, darf und sollte interessengesteuert sein.

- Mindestens ein Praktikum im Bachelorstudium, das so lange wie möglich dauert, möglichst anspruchsvoll ist (also nicht nur Aktenordnen und Kaffeekochen beinhaltet) und bei einem Unternehmen erfolgt, das Relevanz hat am Arbeitsmarkt. Mit Relevanz meine ich keineswegs nur die großen Namen, sondern auch moderne und innovative Firmen. Es ist besser, ein anspruchsvolles Praktikum bei einem kleinen Unternehmen aus der ersten Liga zu machen als ein Aktensortierpraktikum bei einer Big Company.[47] Sechs Monate bringen richtig viel, drei Monate etwas, sechs Wochen sind, nun ja, etwas Schall und noch mehr Rauch: gut für allererste Tastversuche in die Arbeitswelt, aber zu wenig für relevante Berufserfahrung.

- Mindestens eine Weiterbildung pro Jahr, die das Studium ergänzt. Das kann ein Excel-Kurs sein, SAP, ein Präsentations- oder Rhetorikseminar. Wenn das Studium solche Kurse schon enthält: Es ist immer gut, mehr zu machen, als im Lehrplan steht!

Annas Beispiel zeigt, dass es heute schwer ist, nicht an später zu denken. Trotzdem bereitet eine sinnvolle Studierstrategie vielen Schwierigkeiten. Sie fragen sich zum Beispiel, ob der eingeschlagene Weg der richtige ist. Eine einfache Methode, einer Antwort auf die Spur zu kommen, liegt darin, sich mit konkreten Jobangeboten zu beschäftigen. Das kann jeder tun, indem er die Jobangebote im Internet durchschaut.

- Filtere jene Stellenangebote heraus, in denen keine Berufserfahrung verlangt wird, sondern der Absolventenstatus reicht. Wie viele Stellen eines bestimmten Typs gibt es? In welchen Regionen sind diese Jobs? Worin bestehen die Tätigkeiten?
- Gib zusätzlich deinen (geplanten) Studienabschluss ein und schau dir die Profile durch. Welche Jobs sind es, vor welchen Aufgaben steht man?
- Suche nach Wunschpositionen. Schreibe in einer Tabelle auf, welche Kenntnisse erwartet werden. Notiere dir, welche du bereits aufweisen kannst und welche (noch) nicht.
- Suche nach Branchen. Zum Beispiel: Wie heißen die Positionen in einer Werbeagentur?
- Suche nach Kenntnissen, beispielsweise zu »Molekularbiologie«. Welche Stellen werden angezeigt?

Wenn Ihr Kind die Jobprofile nicht versteht, kann es sie recherchieren, indem es die Begriffe beispielsweise bei Google eingibt. Ebenso können Gespräche mit Fachleuten in dem Beruf hilfreich sein. Vielleicht baut ihr Kind ja bewusst Kontakte auf. Nichts dürfte nützlicher sein als das.

Kombiniere!

Die Arbeitswelt wird spezieller. Das führt dazu, dass immer öfter auch Kombinationen von Fähigkeiten und Erfahrungen gefragt sind. Einige Seiten zuvor habe ich den Leistungssportler und Handwerker erwähnt, der jetzt in einem Resort für die Saunaaufgüsse zuständig ist. Sophie hat Altenpflege gelernt, danach Germanistik studiert und anschließend eine journalistische Ausbildung gemacht. Das sind drei Ausbildungen, und alle sind für sich genommen auf dem Arbeitsmarkt wenig wert. Zusammengenommen aber sehr wohl! Sophie ist mit ihrer Kombination gefragt. Es gibt immer mehr Informationsbroschüren und Zeitschriften von Verbänden, Institutionen, Pflegefirmen und Wirtschaftsunternehmen, die sich auf diesen Teilbereich der Gesundheitswirtschaft konzentrieren. Diesen reicht die Kernkompetenz des Journalisten nicht aus, sie wollen auch Fachwissen.

Die Kombination der Ausbildungen muss auf einen wachsenden oder zumindest stabilen Markt treffen – wenn es nicht die Technik ist, dann die Gesundheitswirtschaft, das Bildungs- und das Sozialwesen.

Ein Architekt mit Wissen im Bereich Sozialwesen hat gute Voraussetzungen, um in Nischen Fuß zu fassen. Der Immobilienkaufmann mit angehängtem Master in Wirtschaftswissenschaften und einer weiteren PR-Ausbildung hat beste Chancen, in der Immobilienwirtschaft eine Nische zu finden. Die Werkstudentin, die gerade bei uns arbeitet, hat eine Ausbildung zur Bürokauffrau gemacht, studiert Sozialwirtschaft und lernt bei uns PR mit Schwerpunkt Internet. Daraus wird sich etwas machen lassen, das der Markt braucht. Was genau, wird man sehen, aber es handelt sich um eine vielversprechende Kombination: etwas Bodenständiges gemixt mit etwas Kenntnissen aus zwei Wachstumsmärkten, nämlich Internet-PR und Sozialwesen.

Regen Sie Ihr Kind an, über Wachstumsmärkte nachzudenken und wie diese sich mit den derzeitigen beruflichen Plänen vereinbaren lassen. Raten Sie dazu, lieber am Anfang eine klassische Ausbildung zu machen, als gleich in die überlaufene Interessenwelt zu starten. Erst Altenpflege und dann Germanistik ist leichter als andersherum (wobei auch das immer denkbar ist).

Bachelor und Master – oder?

Im Zusammenhang mit dem Studierkonzept kommt ganz sicher eine Frage auf: Soll ich den Master direkt oder später machen – oder vielleicht gar nicht?

Eine Antwort von der Stange gibt es auch nicht für die Frage, ob nach dem Bachelor direkt der Master folgen oder lieber zuerst Berufserfahrung gesammelt werden sollte. Während für Betriebswirtschaftler ein Bachelor allein etwas mager ist, kann er für Wirtschaftsingenieure reichen, da diese derzeit gefragter sind. Neuere Studien besagen, dass Bachelorabsolventen gute Einstiegschancen haben. Es gibt aber auch gegenteilige Untersuchungen, zum Beispiel zur mangelnden Akzeptanz des Physik-Bachelors der Deutschen Physikalischen Gesellschaft.[48]

Für Chemie bleibt sogar die alte Regel bestehen: Ohne Promotion ist kaum ein guter Job zu bekommen. Mit dem »Doktor« allerdings stehen viele Türen offen und Gehälter, die oft bei 60 000 Euro Jahresbrutto liegen. (Zum Vergleich: Das durchschnittliche BWLer-Einstiegsgehalt liegt bei etwa 40 000 Euro.)

Wichtiger als all das ist jedoch die intrinsische Motivation: Wer gerne lernt und weiterlernen möchte, muss das auch dürfen! Wer sich nur mit Mühe durchkämpft und eigentlich lieber arbeiten würde, sollte auch mit dem »kleinen Abschluss« einen Berufseinstieg finden. Empfehlen Sie Ihrem Kind, sich diese vier Fragen zu stellen:

- Wie ist die Situation in deinem speziellen Fach? Wenn du es nicht weißt, dann rufe einfach mal in Personalabteilungen an und unterhalte dich auf Jobmessen mit Experten. Schreibe dir auf, was du als Erkenntnis mitnimmst.

- Möchtest du weiterstudieren, weil es dich interessiert und du wissenschaftlich arbeiten willst? Möchtest du etwas Bestimmtes lernen? Oder möchtest du ein Thema finden? Dann suche danach!
- Hast du genügend Berufserfahrungen aus Praktika und Werkstudententätigkeiten vorzuweisen? Wenn du nicht weißt, ob das, was du hast, ausreicht, sprich mit Menschen, die das einschätzen können.
- Weißt du schon, wo du beruflich hinwillst? Wenn du es nicht weißt, spricht mehr dafür, zunächst einmal breitere Berufserfahrung zu gewinnen, um eine Ahnung von den Bereichen zu bekommen, und sich dann zu spezialisieren.

»Schau dir immer Alternativen an«

Ich hatte mich für Geschichte entschieden, weil ich im Geschichte-Leistungskurs gut war. Einige der jungen Leute heute denken oft genauso wie ich damals. Wer gut ist in Deutsch, interessiert sich für Germanistik. Und umgekehrt: Wer einen schlechten Mathelehrer hat, denkt, er kann das nicht. So wird erst gar nicht auf die aussichtsreicheren Fächer geschaut. Umgekehrt wird manchmal aber auch zu sehr danach geschielt: Das führt dann dazu, dass sich Menschen durch Maschinenbau quälen, die dafür wirklich nicht geeignet sind. Beide Extreme sind nicht gut.

Dass nicht um die Ecke geschaut wird, hat weiterhin damit zu tun, dass die meisten Jugendlichen schulfremde Themen einfach weder kennen noch einschätzen können. Wenn dann auch niemand in der Familie oder im Bekanntenkreis etwas »anderes« studiert hat, fehlen die Vorbilder.

Warum nicht Computerlinguistik statt Germanistik? Das Fach gibt es schon seit den achziger Jahren. Es verbindet Inhalte und Methoden aus der Informatik mit Sprachwissenschaft. Ein Computerlinguistik-

Studium kann in ganz unterschiedliche Berufswege führen – auch wenn es nicht direkt im MINT-Trend liegt.[49] Weitere Alternativen stelle ich Ihnen in der folgenden Tabelle vor. Ich nenne Studiengänge, die ich aus meiner Erfahrung mit einem gelben Halteschild versehen würde: Wenn Ihr Kind das studieren möchte – vollkommen okay, aber es sollte sich vor einer Entscheidung über Alternativen informieren. Falls Ihr Kind an seinem Studienwunsch festhält, sagen Sie ihm,

- dass es dann wirklich zu den Besten gehören sollte und
- dass es auf jeden Fall frühzeitig Berufserfahrung sammeln muss, die in einem späteren Job verwendbar ist (also das machen muss, was im vorherigen Kapitel beschrieben ist), oder
- dass es an ungewöhnliche Kombinationen denken sollte (z. B. Physiotherapieausbildung und Germanistikstudium).

Fragen Sie weiter, ob es nicht besser wäre, erst etwas Gefragtes zu lernen und dann zu studieren. Dabei ist die Kombination aus einem gesundheitswirtschaftlichen, handwerklichen oder technischen Job sowie einem Studium derzeit am Arbeitsmarkt interessanter als die einer kaufmännischen Lehre mit einem Studium.

Nehmen Sie sich Zeit für die Beschäftigung mit Alternativen und alternativen Kombinationen zum »Problemstudium«. Ich empfehle meinen Kunden, sich Lebensläufe von Menschen anzuschauen, die das studiert haben, was auf dem Alternativplan steht. Diese Informationen kann man ganz einfach über Social Networks wie XING erhalten. Empfehlen Sie Ihrem Kind auch, mit Menschen zu sprechen, die das entsprechende Studium absolviert haben oder gerade absolvieren.

Mein Kind will (ein Problemfach) studieren:	Deshalb ist das kritisch:	Diese Alternativen können Sie ihm vorstellen:[50]
Andere Geisteswissenschaften Zukunftsschlüssel: ähnlich Germanistik, besonders hohe Arbeitslosigkeit bei Politologen (Bestand 100/130 von 1999 auf 2009) und Historikern (Bestand 100/120)	Bei allen Geisteswissenschaften fehlt der berufliche Bezug; Arbeitgeber bevorzugen überwiegend andere Studienrichtungen. Zu den Schlechtzahlern siehe oben.	Die Kombination mit anderen Studienfächern kann dem Lebenslauf einen spannenden Dreh geben: Philosophie als Bachelor- und Philosophie und Economics als Masterstudium. Es gibt auch einen Bachelor in Physik mit Ergänzungsfach Philosophie (z. B. in Hamburg).
Architektur Zukunftsschlüssel: Bestandentwicklungsindex 100/85, Arbeitslosenbestandindex von 100 auf 34, zuletzt Arbeitslosenquote von 5,2 fallend, 29,1 % über 50 Jahre	Dieser Studiengang ist immer noch kritisch, da mehr Architekten ausgebildet werden, als gebraucht werden. Allerdings ist bei den Zahlen zu beachten, dass die Arbeitsagentur Bauingenieure in die gleiche Kategorie zählt wie Architekten. Und unter den Bauingenieuren gibt es weniger prekäre Arbeitsverhältnisse, die für Architekten vor allem am Anfang des Berufslebens spezifisch sind. Bei den Innenarchitekten sind die Zahlen schlechter, allerdings unterscheidet die Statistik hier nicht zwischen ihnen und den Schauwerbegestaltern.	Die Zahlen sprechen für eine leichte Entspannung. Bauingenieur ist eine aus Arbeitsmarktsicht bessere Alternative. In Zukunft dürfte Spezialisierung immer wichtiger werden, etwa auf barrierefreies Wohnen, Lichtgestaltung o. Ä. (so gibt es inzwischen einen Master of Light and Lighting). Wenn die Leidenschaft nicht loslässt, früh an Spezialisierung denken.
Betriebswirtschaftslehre Zukunftsschlüssel: Bestandentwicklungsindex 100/134 (von 1999 auf 2009), in Marketing sogar 100 zu 185, Arbeitslosenquote aufgrund sehr verschiedener Berufsbilder nicht erfassbar, geringe Anzahl über 50-Jähriger (20,6 %)	Da immer mehr Absolventen einen MBA aufsetzen oder andere Fächer mit Wirtschaft kombinieren, verliert das Studium an Bedeutung. Schon jetzt ist spürbar, dass es Absolventen mit mittleren Noten und vor allem mit Marketingschwerpunkt schwer haben. Meine Prognose ist mit Blick auf die Zahlen, dass sich das weiter verschlechtern wird. Im Controlling ist der Markt besser, die Zahlen deuten aber auf ein »Halt« hin: Bestandentwicklungsindex 100 zu 187, nur 14,7 % über 50 Jahre.	Wirtschaftsinformatik, teilweise »technische BWL« genannt, Wirtschaftsingenieurwesen oder eine Kombination aus Fachstudium und MBA führen heute oft weiter als ein Bachelor in Betriebswirtschaftslehre.

Mein Kind will (ein Problemfach) studieren:	Deshalb ist das kritisch:	Diese Alternativen können Sie ihm vorstellen:[50]
Biologie Zukunftsschlüssel: Bestandentwicklungsindex 100/164, Arbeitslosenquote 7,2 %, fast 50 % unter 35 Jahren, hohe Teilzeitquote von fast 32 % Achtung: In die Berufsgruppe 883 fließen auch noch Ökotrophologen, Geografen und andere ein, Zahlen nicht eindeutig.	Unter den Naturwissenschaften das Fach, das neben Geologie die größten Schwierigkeiten beim beruflichen Einstieg macht, wobei die Arbeitslosigkeit deutlich zurückgeht. Positionen in Behörden sind kaum zu bekommen. Deshalb arbeiten die meisten Biologen fachfremd. Die Schwerpunkte Zoologie und Botanik sind besonders schwierig.	Eine gute Alternative, die bessere Chancen in der Industrie bietet, ist Biotechnologie. Auch Agraroder Forstwirtschaft könnten leidenschaftliche »Biologen« interessieren.
Design (Kommunikationsdesign etc.) Zukunftsschlüssel: Bestandentwicklungsindex 100/138 (von 1999 auf 2010), Arbeitslosenquote 19,5 %, Teilzeit: 10,2 %. Achtung: hohe versteckte Arbeitslosigkeit durch teilweise prekäre freiberufliche Tätigkeiten.	Der Bereich Design verfällt stark, weil die technischen Möglichkeiten für Laien immer besser werden. Mit einem Programm wie InDesign kann fast jeder professionelle Layouts erstellen – da braucht es kaum noch ein Studium.	Kreativität und Informationstechnik in einem bietet das Fach Computervisualistik (Koblenz und Magdeburg). Gefragt sind Computervisualisten, die später in der Medizin, der Spieleindustrie oder den Medien arbeiten können. Alternativen könnten auch Medieninformatik oder Mediendesign sein.
Geografie Zukunftsschlüssel: siehe Biologie Achtung: In die Berufsgruppe 883 fließen auch noch Ökotrophologen, Geografen und andere ein, Zahlen nicht eindeutig.	Dieser Studiengang ist beliebt, besitzt aber traditionell schlechte Berufsaussichten. Vielfach befristete Tätigkeit, die Teilzeitquote dürfte nicht nur auf »freiwillige« Teilzeit zurückzuführen sein.	Es gibt zahlreiche »bessere« Alternativen, etwa Geoinformatik oder Geoökologie.
Germanistik Zukunftsschlüssel: Bestandentwicklungsindex 100/129 (von 1999 auf 2010), Arbeitslosenquote nicht messbar, da es kein	Das Studium stellt keinen beruflichen Bezug her. Die Branchen, die Germanisten rekrutieren (z. B. Agenturen), sind zumindest am Anfang einer Karriere Schlechtzahler. In Berufen wie Journalist kommt man mit einem	Computerlinguistik ist eine von vielen Alternativen, wenn informationstechnisches Interesse da ist oder geweckt werden kann. Eine Kombination mit Wirtschaft ist ebenso denkbar, z. B. BWL im Hauptfach und Germa-

Mein Kind will (ein Problemfach) studieren:	Deshalb ist das kritisch:	Diese Alternativen können Sie ihm vorstellen:[50]
Berufsbild gibt, Teilzeit: 41,4%. Achtung: hohe versteckte Arbeitslosigkeit durch teilweise prekäre freiberufliche Tätigkeiten.	fachbezogenen Studium oft weiter (siehe oben).	nistik im Nebenfach. Oder doch Lehramt? Der Lehrerberuf ist im Umbruch und wird deutlich facettenreicher werden.
Journalistik Zukunftsschlüssel Journalist: Bestandentwicklungsindex 100/122 (von 1999 auf 2010), Arbeitslosenquote 8,4%, Teilzeit: 10,5%. Achtung: hohe versteckte Arbeitslosigkeit durch teilweise prekäre freiberufliche Tätigkeiten.	Wird gern als überflüssiges Schmalspurstudium belächelt. Der klassische Journalismus verfällt seit zehn Jahren, gefragt ist dagegen Kompetenz im fachbezogenen Schreiben sowie im Moment in der Technischen Redaktion. In solche Berufsfelder führt jedoch kein Journalismusstudium, sondern besser ein Fachstudium oder eine fachbezogene Ausbildung mit anschließendem Studium und Weiterbildung.	Wer unbedingt Journalist werden will, sollte ein fachliches Profil aufbauen. Ihr Kind muss sich klar sein, dass die Wahl auf spätere berufliche Möglichkeiten erhebliche Auswirkungen hat. Ein Volkswirt hat z. B. Chancen in einer Wirtschaftsredaktion, ein Pflegefachwirt überall dort, wo über Gesundheit geschrieben wird (ein wachsender Markt). Geisteswissenschaftliche Studiengänge sind heute nur noch dann passend, wenn Ihr Kind von Anfang an zielgerichtet journalistische Erfahrung und am besten auch gleich PR-Kenntnisse sammelt.
Jura Zukunftsschlüssel: Bestandentwicklungsindex 100/168, Arbeitslosenquote zuletzt 13,6%	Derzeit verbessern sich die Chancen trotz des hohen Bestands leicht, zeitweise lag die Arbeitslosigkeit bei über 20%. Positiv ist, dass es genügend ältere Juristen gibt, die bald in Rente gehen. Risiko: In keinem anderen Fach sind (versemmelte) Noten für spätere berufliche Möglichkeiten so entscheidend.	Oft wird gesagt, Juristen könnten überall arbeiten. Das stimmt so nicht ganz, spätere Neuorientierung ist meiner Erfahrung nach schwierig. In der Industrie bietet sich auf direktem Weg nur der Personalbereich an, der aber lieber mit Wirtschaftsjuristen, Wirtschaftspsychologen oder Psychologen besetzt wird.
Kulturmanagement Zukunftsschlüssel: Bestandentwicklungsindex 100/120 (von 1999 auf 2010), Arbeitslosenquote nicht messbar, da kein Berufsbild vorhanden	Die Kulturszene ist extrem vernetzt; es ist kaum möglich, über klassische Bewerbungen von außen an eine der begehrten Stellen zu kommen. Wer Kulturmanagement studiert, muss mehr haben als ein Interesse am Thema und bereit sein, sich von Anfang an mit Praktika in die Szene einzuarbeiten und intensiv zu networken. Außerhalb der Branche ist das Studium viel weniger wert.	Erwägen Sie ein Studium, das nicht branchengebunden ist, oder eine Kombination, z. B. Germanistik Bachelor und Kulturmanagement. Eine Alternative ist ein Managementstudium mit breiterem Fokus; es lässt den Einsatzbereich offener.

Mein Kind will (ein Problemfach) studieren:	Deshalb ist das kritisch:	Diese Alternativen können Sie ihm vorstellen:[50]
Ökotrophologie Zukunftsschlüssel: leider in der Berufsgruppe 883 zusammen mit den Biologen erfasst, Statistik nicht aussagekräftig	Erfahrungswissen: Der Studiengang ist überlaufen, die Absolventen finden nicht so leicht und dann meist schlecht bezahlte Jobs.	In Lebensmitteltechnologie sind die Chancen viel besser: Bestandentwicklungsindex 71, Arbeitslosenquote 4,4 %, nur 15,9 % sind zwischen 25 und 35, viele Ältere.
Weitere Exoten wie Indologie, Ethnologie etc. Zukunftsschlüssel: Wird beim Statistischen Bundesamt nicht separat geführt, meine Erfahrung sagt aber: in den Aussichten mindestens so schlecht wie Germanistik	Nur bei einer cleveren Kombination anzuraten: Indologie oder Asian Studies und Wirtschaft zum Beispiel. Ähnliches gilt für Archäologie, Theaterwissenschaften, Musikwissenschaften.	Studieren Sie im Nebenfach, wenn es Sie wirklich interessiert. Sonst in Kombination mit wirtschaftlich relevanteren Fächern studieren.

»Spezialisiere dich nicht zu früh«

Marcus hatte sich mit einem Studium der Handelsbetriebswirtschaftslehre für eine Branche spezialisiert. Nach dem Abschluss hatte er aber nicht das geringste Interesse daran, im Handel zu arbeiten; er war auch nicht der Typ dazu. Nach einem Praktikum bekam er mal das Wort »Weichei« zu hören. Der eingeschlagene Weg war falsch gewesen.

Spezialisiere dich, wird überall gesagt. Ich sehe und erlebe das anders. Spezialisierung ist etwas für später und nicht für den Anfang. Zu frühe Spezialisierung macht unflexibel. Schon lange lassen sich die unterschiedlichen spezialisierten Studienrichtungen nicht mehr zählen. Es gibt kaum einen Studiengang, den es nicht gibt. Ein Bachelor in Osteopathie, als Gebärdensprachdolmetscher für transdisziplinäre Frühförderung – der Zahl der möglichen Fächer ist unüberschaubar.

Bachelor in Weinbetriebswirtschaftslehre? Solche Studiengänge legen fest, und wer nicht jetzt schon weiß, dass er nach dem Studium auf dem elterlichen Weingut oder als Führungskraft in einem Weinhandel arbeiten möchte, der ist mit Weinwirtschaftsbetriebslehre nicht so gut bedient.

Die ideale Reihenfolge dagegen ist diese: erst die breite Basis, dann die Spezialisierung. Lassen Sie sich dabei nicht blenden, weder von den Lockrufen auf Internetseiten noch in Hochglanzbroschüren. »XY sind in der Wirtschaft sehr gefragt« steht da bei fast jedem Studiengang. Oder: »XY arbeiten in der Industrie, in Institutionen und bei Behörden.« Jede Hochschule, die einen eigenen Studiengang auflegt, muss dafür auch werben. Und sie wird ihre Argumente und Testimonials finden, also Leute aus der Wirtschaft, die öffentlich bestätigen: »Ja, solche Leute brauchen wir.« Das stimmt nicht immer.

Fast täglich entsteht ein neuer Studiengang, der großspurig verspricht, auf den aktuellen Bedarf zugeschnitten zu sein. Schon in diesem Versprechen liegt die Crux: Ein Studium sollte nicht auf aktuelle Bedarfe hin vorbereiten, sondern eine gute Grundlage für den Rest des Arbeits- und Bildungslebens bieten. Aktueller Bedarf und Studium schließen sich beim Bachelorstudium aus. Anders sieht es aus mit dem aufgesetzten Master, der in ein oder zwei Jahren abgeschlossen ist und dadurch auf aktuelle Entwicklungen reagieren kann. Die einfache Formel: Der Bachelor ist die Basis, der Master dient einer Spezialisierung oder Tiefenqualifizierung.

Auch ein zu bunter Studienfächermix ist heikel: Während ein Studium, das Philosophie und Physik kombiniert, den Lebenslauf interessant machen könnte, verwässert es, wenn auch noch Neurowissenschaften dazukommen. Dann hat Ihr Sprössling nämlich drei Fächer gelernt, deren Verbindung in der freien Wirtschaft schwer zu finden ist. Ein Schnittmengenfach wie Sozialwissenschaften ist erklärungsbedürftig, liefert aber in verschiedenen Wirtschaftsbereichen verwertbare Grundlagen.

Noch einmal zurück zu Marcus. Oft erkennen junge Leute gar nicht, dass Handelsbetriebwirtschaftslehre oder Tourismuswirtschaft branchenbezogene Spezialisierungen sind. Ihr Sohn oder Ihre Tochter muss sich klar darüber sein, dass die Studienentscheidung bedeutet, dass er oder sie in dieser speziellen Branche seine ersten Jobs finden wird. Ich sehe immer wieder, dass junge Menschen sich für ein Branchenschwerpunkt-Studium entscheiden, dann aber ein Praktikum in einem völlig anderen Bereich machen und hinterher nicht dort arbeiten wollen. Oder sie studieren beispielsweise Entrepreneurship oder BWL für kleine und mittlere Unternehmen, suchen den ersten Job aber bei einem Konzern.

Wer sein Beruf- und Branchenziel nicht sicher kennt, sollte besser einen allgemeinen Studiengang wählen. Ohne späteren Rechtfertigungsdruck bei einem »Interessenschwenk« lassen sich hier verschiedene Berufserfahrungen sammeln und kombinieren.

»Finde heraus, wo du arbeiten willst«

Kürzlich musste ich einen Reisepass express beantragen und durfte so schon kurze Zeit nach meinem Besuch im Amtsgericht wieder ein Amt von innen sehen. Meine Sachbearbeiterin war freundlich und hat sich ausführlich Zeit für mich genommen, wofür ich mich gerührt bedankte. Ich schaute mich um und blickte mit Wehmut in die Zukunft: Das hier ist ein Auslaufmodell. Es wird elektronische Bürgerbüros geben und für Sachbearbeiter vermutlich immer weniger Möglichkeiten für direkten Kontakt. Das ist gut für ein paar Muffelköpfe, aber schlecht für solche Mitarbeiter, die in ihrem Beratungsauftrag an den Bürger aufgehen.

Auch wenn inzwischen eine leistungsbezogene Vergütung eingeführt worden ist und ein stärkerer Effizienzdruck auf den Arbeitnehmern im öffentlichen Dienst lastet: Besonders kompatibel zur freien

Wirtschaft ist er nicht. Private Arbeitgeber sind kritisch gegenüber ehemals öffentlich Angestellten und umgekehrt. Die Uhren ticken zumindest überwiegend langsamer in vielen öffentlichen Bereichen und schneller in der freien Wirtschaft.

Dort arbeitet man zudem öfter mit modernerer Technik und häufiger internationaler. Ihr Kind steht hier vor einem Entweder-oder – und sollte eine klare Entscheidung treffen, da ein Sowohl-als-auch schwierig sein wird. Ich sage das so deutlich, weil es uns in der Absolventenberatung häufig begegnet, dass in diesem Punkt große Unklarheit herrscht. Elke etwa studierte Verwaltungswissenschaften, wollte aber nicht in den öffentlichen Dienst. Sie hatte sehr große Mühe, außerhalb einer Behörde eine adäquate Stelle zu finden! Bewerber sind oft überrascht, dass es zum Beispiel mit Praktika in Behörden schwer ist, einen Job bei einem privaten Unternehmen zu bekommen. Ähnlich wie bei der schon angesprochenen »Handelsbetriebswirtschaftslehre« gilt auch hier: Vorher darüber nachdenken, damit man hinter keinen Frust schiebt!

In privatwirtschaftlichen Unternehmen dominiert die Dienstleistung, über die ich ja bereits in den Eingangskapiteln gesprochen habe. Sie erinnern sich, da war die Rede vom tertiären und vom quartären Sektor. Auch davon, wie sich dieser Sektor verändert und spaltet, haben Sie bereits eine Ahnung bekommen. Deshalb will ich mich im Folgenden auf das beschränken, was Ihr Kind darüber hinaus wissen muss, um sich auf den Berufseinstieg vorzubereiten.

Jobs with no name

»Nach was soll ich eigentlich suchen?«, werde ich ganz oft gefragt. Das Problem fängt schon bei den Online-Stellenbörsen an, denn jeder Anbieter bezeichnet seine Stellen anders. Oft liest man von Projekt und Prozess – etwa 10 Prozent der Stellen weisen inzwischen einen dieser Begriffe irgendwo im Text der Anzeige auf.[51]

Es ist für Jobsuchende eine Erleichterung, dass man in Jobbörsen wie Monster.de per Klick Berufsstartangebote einsehen kann. Aber auch dafür braucht Ihr Kind eine grobe Vorstellung von dem, was die dort beschriebene Arbeit ausmacht. Wenn Sie Ihr Kind gut beraten wollen, stellen Sie ihm vier Fragen:

a) Welcher Unternehmenstyp spricht dich an?
b) Welche Branche magst du?
c) Welcher Funktionsbereich interessiert dich?
d) Welche Tätigkeiten möchtest du dort ausüben?

Die Antworten auf diese Fragen sind nicht leicht – auf die letzte ganz besonders. Viele werden diese Fragen am Anfang und ohne Erfahrung nur unvollständig beantworten können. Je weniger Ihr Kind darauf antworten kann, desto mehr sollte es sich informieren – und sich bemühen, Funktionsbereiche wie beispielsweise Marketing oder Vertrieb in einem Praktikum zu erleben.

a) Welcher Unternehmenstyp spricht dich an?

Neben dem öffentlichen Dienst unterscheide ich Unternehmensberatung, Agentur, kleines und mittelständisches Unternehmen sowie Konzern. Die Vorteile und Nachteile in Kürze:

Unternehmensberatungen sind Dienstleister von Unternehmen und bieten die Möglichkeit, eine breite, aktuelle sowie methodische Erfahrung zu gewinnen. Konzeptionelle und strategische Arbeit ist schon früh möglich, die Karriereentwicklung vorgezeichnet und das Gehalt meist gut. Nachteile: ein hoher Anteil an Reisetätigkeiten sowie viel Leistungsdruck in Strategieberatungen (Up-or-out-Prinzip, siehe Anmerkung 49). Neben den Strategieberatungen gib es bereichs- und branchenbezogene Consultancys, etwa für das Gesundheitswesen, für Personal oder IT.

Agenturen sind ebenfalls Dienstleister von Unternehmen, erbringen kreative und organisatorische Arbeiten im Bereich der Kommunikation – Marketing, PR und Werbung. Früh Verantwortung übernehmen macht Spaß, dafür gibt es oft viele Praktika, anders als in Unternehmen mit kaum 800 bis 1 600 Euro oft eher schlecht bezahlte Traineeprogramme und vielfach wenig Geld, auch mit mehr Berufserfahrung.

Unternehmen stellen etwas her oder verkaufen etwas, auch Wissensdienstleistungen. Es gibt kleine und mittlere (KMU genannt) und große Unternehmen und Konzerne. Junge Menschen zieht es oft eher in große und bekannte Konzerne, die etwas produzieren, dessen Namen man kennt. Der Einstieg erfolgt bei Absolventen über ein allgemeines oder abteilungsgebundenes Traineeprogramm oder direkt. Direkteinstiege sind immer noch oft bereichsgebunden (siehe oben), immer öfter locken aber auch übergreifende Projektkarrieren. In kleinen und mittleren Unternehmen ist der Aufgabenbereich meist breiter, in Konzernen spezialisierter. Deshalb ziehen kleinere Unternehmen gern gestaltungswilligere Menschen an, größere Firmen eher jene, die einen Rahmen brauchen und systematischer gefördert werden wollen.

b) Welche Branche magst du?

Branchen bestehen und entwickeln sich weiter. Sie teilen sich auch. So gibt es die Gesundheitsbranche, darin die Medizintechnik und als neueren Zweig das Segment eHealth. Teilweise bestehen Überschneidungen – eHealth beinhaltet auch Informatik. Für Ihr Kind ist es wichtig, Folgendes zu wissen:

- Welche Branchen es gibt und welche Segmente darin neu entstehen.
- Welche Vorteile und Nachteile Branchen haben.
- Welche Eigenheiten Branchen haben.
- Wie sich die Branche generell entwickeln wird und was die Zukunftsthemen sind.

Bei den Vor- und Nachteilen fällt mir spontan eine sehr beliebte Branche bei jungen Leuten ein: der Tourismus. Sicher ist es sehr spannend, beispielsweise Marketing für ein Hotel zu betreiben, jedoch muss man sich klarmachen, dass in diesem Bereich die Bezahlung eher schlecht ausfällt. Die Arbeitszeiten etwa eines Hotelfachmanns sind im positiven Sinn flexibel, im negativen unregelmäßig.

Das Experteninterview

Empfehlen Sie Ihrem Kind, möglichst viel mit Experten und Menschen zu sprechen, die in einer Branche arbeiten. Ideal ist ein systematisches Interview: Schreiben Sie vier geschlossene (ja/nein oder konkret zu beantworten) und eine offene Frage auf, die Sie mindestens 20 Personen stellen, die direkte Erfahrung mit einer Branche und/oder einem Beruf haben. Beispielfragen:

- Sind die Arbeitszeiten immer unregelmäßig?
- Werden Menschen mit Studium oder Ausbildung bevorzugt?
- Braucht man mehr als Englisch, also eine weitere Fremdsprache?
- In welchen Bereichen empfiehlt sich ein Praktikum?
- Offene Frage: Wie sehen Sie die künftige Entwicklung? Was empfehlen Sie mir?

c) Welcher Funktionsbereich interessiert dich?

Die üblichen Abteilungsgrenzen in Unternehmen vermischen sich mehr und mehr. Schon jetzt entstehen neue Departments wie die Projektmanagementeinheit, die strategische Planung oder das Inhouse Consulting.

Dennoch sind Unternehmen nach wie vor in Funktionsbereiche gegliedert. Interessiert sich Ihr Kind für Personalwesen (Human Resources, HR), Marketing, Unternehmenskommunikation bzw. Öffentlichkeitsarbeit (Public Relations, PR), Vertrieb, Controlling, Rechnungswesen, Forschung und Entwicklung (F&E), Vertrieb (Sales), die Produktion oder IT? Die eben genannten Experteninterviews können helfen, wenn diese Frage zu diesem Zeitpunkt nur mit einem »Weiß nicht« beantwortet werden kann.

»Ist egal, kann mir alles vorstellen« – auch das ist eine häufige Antwort, aber eine problematische. Dann hat sich ein junger Mensch meist nicht genug mit sich selbst, den Möglichkeiten und Unternehmen beschäftigt. Vielleicht helfen dann die nächsten Kapitel dieses Buches.

d) Welche Tätigkeiten möchtest du dort ausüben?

Wie schwierig eine Selbsteinschätzung für junge Menschen ist, merken Sie, wenn Sie danach fragen, welche Tätigkeiten ganz besonders gern ausgeübt werden. Die Antworten sind dann meist Pauschalaussagen wie »Kommunizieren« und »Organisieren«, mit denen alles und nichts gemeint ist. Hier gilt es, die Antworten ganz genau zu hinterfragen, um den relevanten »Kern« zu erfassen und ihm auf den Grund zu gehen. Damit meine ich die dahinterstehende praktisch verwertbare Aussage. Beispiel: Kommunizieren kann bedeuten: »Ich habe Spaß daran, vor Menschen zu stehen und etwas zu zeigen und vorzuführen.« Das wäre eine Tätigkeit, die sich grob im Vertriebsbereich einordnen ließe. Die konkrete Antwort auf diese Frage kann übrigens warten, bis erste praktische Erfahrungen gemacht worden sind und damit auch ein Gespür für eigene Grenzen und Kompetenzen vorliegt. Spätestens vor einem Berufseinstieg sollte sich Ihr Kind aber ernster damit beschäftigen.

Extra-Jobs Lehrer, Arzt und Co.

Da für einige Berufe eigene Regeln gelten, möchte ich abschließend in diesem Kapitel auf deren Besonderheiten eingehen.

Wenn du Lehrer werden willst …

> **Zukunftsschlüssel Lehrer**
> *Arbeitslosenquote:* 1,5 %, Bestandentwicklungsindex der Arbeitslosigkeit von 100 in 1999 auf 13 in 2009, *Teilzeitquote:* fast 55 %. *Prognose:* Mittelfristig wird es keine Jobprobleme geben; auf eine gute Fächerkombination ist zu achten, also nicht Geschichte und Deutsch kombinieren, sondern besser Mathe und Sport.

Als ich meinen Magister machte, hätte ich mit einer zwei Stunden längeren Prüfung auch gleich das erste Staatsexamen absolvieren können. Mit meinen zwei Pädagogikscheinen war die Voraussetzung zur Prüfung gegeben – vorsichtshalber hatte ich mein Studium für beide Abschlüsse ausgelegt. Ob ich geeignet gewesen wäre? Ich wäre ins Referendariat gestolpert, ohne auch nur eine einzige Schulstunde vor der Klasse erlebt zu haben. Und das fand ich damals schon sehr befremdlich.

Sicher fällt Ihnen ein Lehrer aus dem Bekanntenkreis ein, der durch frühes Erleben der Klassenrealität noch rechtzeitig abgeschreckt worden wäre … womit nicht nur manchem Schüler Ungemach erspart geblieben wäre, sondern sich auch dem Lehrer selbst eine Chance für eine passendere Berufswahl geboten hätte.

Früher sollten Lehrer vor allem ihr Fachgebiet beherrschen, ob sie auch unterrichten konnten – weniger wichtig. Glücklicherweise steckt heute mehr in einer Lehrerausbildung. Zwar sehen die Regelungen landesspezifisch unterschiedlich aus, aber bundesweit sind jetzt Praktika Pflicht. Ohne Orientierungspraktikum schon im Bachelor, Schulpraktika und teilweise auch ein Betriebspraktikum – um auch das Arbeitsleben kennenzulernen – geht heute nichts mehr. Damit Lehrer endlich verstehen, wie man in der Industrie arbeitet, dürfen in einigen Ländern, etwa Bayern, auch nicht irgendwelche Praktika aus dem Kollegenkreis angenommen werden. So schreibt das Bayerische Staatsministerium für Unterricht und Kultus vor: »Mit Chemie soll das Betriebspraktikum in einem Betrieb der biotechnischen oder chemischen Industrie, bei einer Fächerverbindung mit Physik in einem Betrieb mit physikalisch-technischer Ausrichtung abgeleistet werden.«[52] So bleibt zu hoffen, dass die künftigen Lehrer besser auf den Beruf vorbereitet werden.

Das Grundstudium wird inzwischen auch nicht mehr nur mit einer kleinen Dosis Pädagogik angereichert. Ein angehender Lehrer hat neben seinen zwei bis drei Fächern (Grundschullehramtsstudenten müssen sogar drei Fächer wählen, darunter Mathe und Deutsch!) auch diverse Veranstaltungen in den »Grundwissenschaften« zu belegen. Hierzu zählen beispielsweise Erziehungswissenschaften, Soziologie, Politologie sowie Pädagogische Psychologie. Inzwischen findet statt eines Staatsexamens am Ende des Studiums eine Masterprüfung mit anschließender staatlicher Anerkennung statt. Hat Ihr Kind diese Prüfung bestanden, wird es in das Referendariat an einer Schule entlassen; dieses dauert 12 bis 18 Monate. Dann folgt das zweite Staatsexamen an der Schule. Ab diesem Zeitpunkt ist man kein Referendar mehr, sondern Lehrer.

Ihr Kind ist neugierig und hat Freude daran, Wissen zu vermitteln? Als Lehrer bestehen inzwischen wieder sehr gute Chancen – welche Fächer morgen gefragt sind, bleibt allerdings unberechenbar und bundeslandspezifisch. Klassische Mangelfächer sind die Naturwissenschaften außer Biologie. Ungewöhnliche Kombinationen erhöhen die Chancen, beispielsweise ein naturwissenschaftliches Fach und Sport (die meisten Sportlehrer wählen nämlich eher Erdkunde oder etwas »Leichteres«).

Ein bisher ungelöstes Problem ist, dass der Bachelorabschluss für den Lehrerberuf nicht ausreicht. Was also passiert mit Studenten, die mit einer schlechten Note abschließen und deshalb nicht für ein Masterstudium zugelassen werden? Denn die Zulassung hängt überwiegend an der Bachelornote! Schließlich soll der Bachelorabschluss ja auch berufsqualifizierend sein – ein Berufsbild dafür gibt es aber nicht.

Einige Bundesländer diskutieren deshalb den Einsatz von Lernassistenten. Diese nicht für den Master zugelassenen Bachelorabsolventen unterstützen, dürfen den Unterricht aber nicht selbst gestalten. An Einsatzmöglichkeiten würde es nicht mangeln, etwa im Förderunterricht mit entsprechenden Zusatzqualifikationen. Auch eine Zweitkraft im Unterricht, die sich mehr um das Soziale kümmert und bei Gruppenarbeiten hilft, wäre sinnvoll. Aber im Moment gibt es das nur vereinzelt.

Wenn du Jurist werden willst …[53]

Jura stellt ebenfalls einen Sonderfall dar. Um Rechtsanwalt, Staatsanwalt oder Richter zu werden, ist nach wie vor das Erste und Zweite Staatsexamen nötig; ein Masterabschluss kann dabei das Erste Examen ersetzen. Statt eines Diploms erhält man dann einen Master of Laws (LL.M.). Immer noch gibt es das Blockexamen, das für einige Juristen das »Aus« nach vielen Studiensemestern bedeutet, denn es lässt sich nur einmal wiederholen. Allerdings bietet das nunmehr flexiblere Studiensystem neue Möglichkeiten, beispielsweise die, einen Masterabschluss an einer Fachhochschule nachzuholen, auch im breiter verwendbaren Wirtschaftsjura.

In keinem anderen Fach sind Noten nach wie vor so entscheidend: Wer ein Prädikatsexamen abliefert, kann sich die hoch bezahlten Jobs in renommierten internationalen Kanzleien oder in der freien Wirtschaft aussuchen. Für die große Masse, also für jene, die je nach Bundesland 70 bis 85 Prozent aller Absolventen mit einer Note schlechter als »voll befriedigend« ausmachen, bleiben Karrieren in den Rechtsabteilungen der Industrie, bei kleineren Kanzleien oder ein Dasein als selbstständiger Rechtsanwalt.

In meiner Praxis sind mir in den letzten Jahren auffällig viele Juristen begegnet, die sehr unzufrieden waren mit ihren Möglichkeiten. Man hatte ihnen gesagt, mit Jura könne man nichts falsch machen, da stünden fast alle Wege offen. Das ist aber falsch. Bis auf den Bereich Personalwesen/-management sind alle anderen Wege schwierig. Einige schaffen einen Quereinstieg, zum Beispiel in den Journalismus. Allerdings besteht ein Pluspunkt darin, dass Juristen sich nach anderen beruflichen Erfahrungen als Rechtsanwalt niederlassen können, wenn sie das möchten.

So desolat, wie es manchmal heißt, ist die eigene Kanzlei längst nicht immer: Entscheidend ist wie bei jeder Unternehmensgründung die clevere Idee und eine Spezialisierung, etwa über Fachanwaltsausbildungen und durch geschickte Konzentration auf bestimmte Bereiche.

Sollte ihr Kind mit einer Zukunft als Rechtsanwalt liebäugeln, verweisen Sie nicht nur auf Onkel Hans, der mit den Klienten aus dem Dorf mehr schlecht als recht überleben kann. Es gibt auch andere.

Wenn du Arzt werden willst …

Zukunftsschlüssel Mediziner
Arbeitslosenquote: 1,3 %, Bestandentwicklungsindex von 100 in 1999 auf 29 in 2009, *Teilzeitquote:* fast 15 %. *Prognose:* Langfristig wird es hier keinerlei Jobprobleme geben.

Zukunftsschlüssel Zahnmediziner
Arbeitslosenquote: 5,5 %, *Teilzeitquote:* 19 %. *Prognose:* Gut, aber letztendlich etwas unsicherer als bei Humanmedizin, da durch verbesserte Pflege sich der Fokus auf Prophylaxe und Schönheit verschiebt.

Mein Hausarzt hat Spaß an seinem Job. Es ist ihm egal, dass ich Privatpatientin bin; ich muss warten wie alle anderen auch. Er ist sozial und engagiert sich für Jugendliche. Vermutlich hat er seine Jobwahl nicht bereut. Und ziemlich sicher hat er sie nicht aufgrund der Sicherheit getroffen, die der Arztberuf hat und auch in Zukunft haben wird. Erst recht nicht, weil er ihm Status bringt, jedenfalls nicht in Form von Symbolen wie schickes Auto, Villa, goldene Uhr. Anders als der Herzspezialist, dessen Haus wir einmal besichtigten und dem man die Statusorientierung genauso ansah wie dem Herzchirurgen selbst.

Neulich erzählte mir ein Radiologe, dass sein Beruf deshalb ideal für ihn sei, weil er in ihm nicht direkt mit Menschen zu tun habe, sondern mit Geräten. Denn das ganze soziale Drumherum des Arztberufs würde ihn nerven – ein aufgabenorientierter Mensch. Wir sehen: Der Beruf des Arztes zieht unterschiedliche Persönlichkeiten an; durchaus nicht nur sozial gepolte. Eines jedoch ist allen gemeinsam: Um diesen Beruf zu erlernen, muss man leistungsorientiert sein und ein längeres und schwieriges Studium in Kauf nehmen. Deshalb sagen viele Professoren, dass ein Numerus clausus Bedingung bleiben sollte, weil nur so eine Leistungselite zugelassen wird. Dass eine 1,2 in

Hamburg mitunter ganz anders zu bewerten ist als eine 2,2 an einem Gymnasium in Bayern, wird dabei gern außer Acht gelassen.

Bachelor? Für Ärzte ebenso lächerlich wie für die bereits zitierten Psychologen, die allerdings unter Protest nun auf das Bachelor-Mastersystem umgestellt sind. Die Ärzte wehren sich in Deutschland bisher erfolgreich gegen die Umstellung. Mit dem Bachelor würde »ein halbmedizinischer Zwischenberuf geschaffen, für den im Medizinbetrieb keine Verwendung ist«, erklärte der Deutsche Ärztetag vor drei Jahren. Ähnliche Widerstände gab es in der Schweiz, in der man inzwischen unter anderem in Basel und Zürich im neuen System studieren kann. Umstritten ist die European Medical School Oldenburg – Groningen (EMS), über die auch in Deutschland Bachelor und Master erworben werden können. Absolventen erhalten einen deutschen und einen niederländischen Master. Da der niederländische Master zur Approbation nach europäischer Richtlinie genügt, ist er auch in Deutschland anerkannt.[54]

Wie in anderen Ländern werden sich auch bei uns die Widerstände legen. Im Zuge der fortschreitenden Akademisierung könnte auch ein Bedarf an Bachelor-Medizinern zum Beispiel in Krankenkassen entstehen, die bisher Mitarbeiter aus Ausbildungen wie Sozialversicherungskaufmann rekrutiert haben.

Doch zunächst bleibt die bisherige Ausbildung bestehen. Die Seite der Bewahrer kann das Argument ins Feld führen, dass es in der Medizin immer schon extrem niedrige Abbruchquoten (unter 5 Prozent) im Studium gab – das Senken von Abbruchquoten ist aber ein zentrales Argument der Bologna-Befürworter. Wer sich für dieses Fach entscheidet, bleibt dabei. Das ist auch logisch: In der Medizin herrscht ein viel klareres Berufsbild als in anderen Fächern, weiterhin bestehen viele Möglichkeiten, sich zu spezialisieren. Wer dieses Fach studiert, macht sich Gedanken darüber, ob er das wirklich kann. Da stolpert kaum jemand einfach so rein. Hinzu kommt, dass durch den Numerus clausus sich vor allem lernwillige Persönlichkeiten mit größerer Durchhaltewahrscheinlichkeit qualifizieren. Zudem war die in anderen Fächern erst eingeführte Verschulung in der Medizin schon immer vorhanden.

Das Medizinstudium teilt sich in zwei Examina: das Physikum und das sogenannte »Hammerexamen«. In diesem werden alle klinischen Fächer der Medizin mit 320 Fragen über drei Tage hinweg geprüft. Die anschließende Promotion ist im Vergleich zu anderen Fächern schnell und einfach, weshalb sich immer noch viele für einen Doktortitel entscheiden.

Was sonst noch aus der Reihe fällt ...

Studium	Zu beachten	Perspektiven
Pharmazie	Wer keine eigene Apotheke führen oder nicht in der Pharmabranche arbeiten möchte, hat es relativ schwer, fachfremd oder in anderen Branchen einen Job zu erhalten. Flexibler sind z. B. Chemiker.	Seit 1999 hat sich die Arbeitslosenquote mehr als halbiert, die Quote lag 2009 mit 2,3 Prozent äußerst niedrig. Im Zuge der Veränderungen auf dem Markt für Apotheken und einer Verlagerung ins Internet gibt es eine gewisse Bedrohung der Ortsapotheke. Allerdings bleiben genügend Einsatzbereiche in der Industrie.
Lebensmittelchemie	Die staatliche Prüfung ist optional, für einige Positionen, z. B. im öffentlichen Dienst, aber nötig.	Großer und konstanter Einsatzbereich in der Industrie und im öffentlichen Dienst. Promotion nicht so wichtig wie bei Chemie. Die Arbeitslosenquote ist in den zehn Jahren bis 2009 immer weiter gesunken, die Quote beträgt derzeit 5,6 Prozent.
Tiermedizin	Es findet ein harter Kampf statt um die wenigen Studienplätze an den fünf deutschen Hochschulen (Berlin, Gießen, Hannover, Leipzig, München).	Die Zahl der Arbeitslosen ist seit 1999 stetig gesunken, die Arbeitslosenquote lag 2009 noch bei 4,6 Prozent.

Teil 3 – Wie Sie Ihr Kind bei der Entscheidungsfindung unterstützen

Wie können Sie Ihr noch unentschlossenes Kind unterstützen? Es gut zu beraten heißt, es bei der Beschaffung von Informationen zu unterstützen, gemeinsam Fragen zu klären und Ergebnisse zu sortieren. Vor allem bei unsicheren Kindern sollten sie die Grenze zwischen Hilfe zur Selbsthilfe und Beeinflussung nicht überschreiten.

Hartmut kam mit seiner Mutter zur Beratung. Im dritten Semester Informatik war er dreimal durchgefallen. Seine Eltern hatten ihn nicht direkt in das Fach gezwungen. Aber doch indirekt: »Schau dir das doch mal an, das ist wenigstens sicher«, so oder ähnlich hatten sie es formuliert. Und der Junge widersprach nicht. Er wusste ja auch selbst gar nicht, was er wollte.

Wie aber bekommen Sie als Eltern heraus, was Ihre Kinder wirklich wollen – und wo sie sich mit ihrem Können und ihrer Persönlichkeit am besten entfalten können? Stellen Sie sich vor, wie Ihr Kind in einem Beruf arbeitet, der Ihnen durch den Kopf geht. Sehen Sie Ihre Tochter als Ärztin, Ihren Sohn als Lehrer? Oder … im Restaurant?

Der kleine, frustrierte Mann bediente uns beim Frühstück im Hotel. Er schaute niemanden direkt an, und wenn sich Essensreste auf den Tischen türmten, ignorierte er diese. Sein Gesichtsausdruck strahlte so viel Desinteresse aus, dass jedem klar war: Dieser Mensch ist falsch in seinem Job. Falsch sein im Job ist vielleicht nicht das schlimmste Übel auf der Welt, aber eines der schlimmeren. Nicht nur für ihn selbst, sondern auch für die Gäste, für die Lieferanten und Mitarbeiter – kurzum: für alle.

Wo wäre Ihr Kind falsch? Warum? Wo wäre er oder sie dann richtig? Sprechen Sie ruhig mit Ihrem Kind über das, was Sie in ihm sehen, aber auch über die Möglichkeit, dass Sie sich irren.

Manchmal frage ich meine Kunden, welchen Job ihnen denn Ihre Eltern zutrauen würden. In einigen Fällen sehen die Eltern ihre Kinder völlig falsch. Ab und zu ist die Einschätzung aber treffsicherer als zehn Stunden Berufsorientierungscoaching.

In den ersten Teilen dieses Buchs habe ich dargelegt, dass es bei der Berufswahl nicht nur um Spaß und Zufall und das Vertrauen auf glückliche Fügungen geht, sondern auch um Vernunft und Weitblick. Im dritten Teil möchte ich etwas Essenzielles hinzufügen. Dass sich jemand falsch im Job fühlt, liegt nicht an Talent, nicht an Wissen und nicht an Ausbildung. Ein Mensch fühlt sich am falschen Ort, weil er nicht die passende Persönlichkeit aufweist, nicht das Können, nicht die Interessen. Wer im Service tätig ist, muss Freude daran haben, anderen ein angenehmes Leben zu bereiten. Das ist nichts für introvertierte Melancholiker wie den kleinen frustrierten Mann.

Wenn wir eine Beratung durchführen, leiten wir die jungen Menschen eine fünfstufige Treppe hoch, die zur Ausbildungs- und Berufsentscheidung führt:

- Persönlichkeit – oder die Frage: Wer bist du?
- Können – oder die Frage: Was kannst du?
- Interessen – oder die Frage: Welches Wissen willst du vertiefen?
- Lebensplan – oder die Frage: Welche Funktion hat dein Beruf für dein Leben?
- Perspektiven – oder die Frage: In welchen Berufsfeldern kannst Du die Stufen 1 bis 4 am besten und mit Blick auf künftige Entwicklungen am Arbeitsmarkt realisieren?

Falls Sie den Punkt »Talent« vermissen, erinnere ich an die 10 000-Stunden-Regel. Hinter Können oder Talent steht nichts anderes als die Entscheidung, sich einem Thema hinzugeben, vielleicht ausgelöst durch einen Zufall. Wir wollen gerne an die Leichtigkeit des Wunders denken, wenn wir Künstler, Tänzer, Musiker, Schriftsteller oder Programmierer sehen. Die Wahrheit ist: Diese talentierten Menschen haben ihre Übungen stetig wiederholt, sie haben sich kontinuierlich verbessert und optimiert. Talent, das einem einfach so in den Schoß fällt, gibt es nicht einmal bei *Deutschland sucht den Superstar*.

Und nun geht es der Reihe nach, Stufe für Stufe die Treppe hoch.

Stufe 1: Persönlichkeit – Wer bist du?

Persönlichkeit wird unterschiedlich definiert. In ihr spiegelt sich auch die eigene Motivation, an der wiederum Stärken andocken. Persönlichkeit, Motivation und Können hängen eng zusammen.

Manche Menschen werden durch das gesellige Zusammensein mit anderen motiviert. Ein Freund, Sporttrainer einer weiblichen Beachvolleyball-Nationalmannschaft, betont, dies sei die entscheidende Motivation für seine Damen, und erfolgreich würden nur diejenigen, die Kontakt suchten und daraus Energie zögen. Das ist Teil ihrer Persönlichkeit. Wenn eine Spielerin durch den Kontakt zu anderen motiviert ist, entwickelt sie fast automatisch soziale Kompetenzen.

Feedback zu erhalten kann ebenfalls eine Motivation sein. An ihm können alle möglichen Stärken andocken. Manche Menschen entwickeln ihre Stärken zu einem Großteil deshalb, weil sie positive Rückmeldungen bekommen. Andere machen deshalb weiter, weil sie Kritik erhalten und sich verbessern wollen. Deshalb ist Feedback auch in der Erziehung so wichtig – sowohl Lob als auch Kritik. Es besteht außerdem ein Zusammenhang zwischen »gern machen« (zum Beispiel, weil als Lohn die Geselligkeit oder Feedback winken) und »gut machen« – zumindest, wenn man, siehe die 10 000 Stunden-Regel, lange genug am Ball bleibt.

Gehen wir also der Persönlichkeit auf den Grund. Wenn Sie als Eltern die Beraterrolle übernehmen möchten (und Ihr Junior mitzieht), nenne ich Ihnen jetzt drei Aufgaben, die Sie Ihrem Kind stellen sollten.

»Überlege dir zehn konkrete Situationen für die drei unten stehenden Fragen:

- Was hast du richtig gern gemacht?
- Woran hast du wirklich Spaß gehabt?
- Wann hast du völlig die Zeit vergessen?«

Fordern Sie genaue Beschreibungen ein. Antworten à la »als ich neulich die Abifeier mit organisiert habe« sind zu unkonkret. Viel besser lassen sich aus einer solchen Antwort Stärken ablesen: »Spaß hatte ich, als ich neulich das Budget für die Abifeier erstellt habe, dazu eine exakte Aufstellung per Excel gemacht habe und am Ende von den realen Kosten nur um 1 Prozent abgewichen bin.« Das spricht für jemanden, der Freude am Umgang mit Zahlen hat, gern plant und überprüft. Spontan fällt mir ein kaufmännisches Studium ein. Ihnen wahrscheinlich auch.

Beispiel für eine andere Antwort: »Spaß hatte ich vor Kurzem, als ich zwei Streithähne auf dem Schulhof auseinandergehalten, so eine Schlägerei verhindert und dafür gesorgt habe, dass die beiden sich ausgesprochen haben.« Was kommt Ihnen in den Sinn? Soziale Arbeit oder Pädagogik? Mir auch.

Das allein reicht aber natürlich noch nicht. Jetzt bitte ich Sie, den folgenden Fragebogen auszufüllen. Gehen Sie folgendermaßen vor: Verdecken Sie die anderen Spalten und lassen Sie Ihr Kind sich selbst einschätzen – alternativ lesen Sie vor und tragen ein. Wichtig: Die Zustimmung erfolgt auf einer Skala von 0 bis 5, wobei 0 heißt »stimme gar nicht zu«, 1 »etwas« und 5 »sehr stark«.

Geben Sie Ihre Einschätzung aus Elternsicht. Stimmen die Antworten überein? Besprechen Sie unterschiedliche Wahrnehmungen. Woher resultieren diese? Denken Sie nicht sofort, Ihr Kind sähe etwas falsch. Auch Eltern machen Zuschreibungsfehler.

Lesen Sie meine Tipps und Hinweise in der Tabelle.

Stufe 1: Persönlichkeit (Selbst- und Elternbild)					
Nr.	Aussage	Kind	Eltern	Was könnte das bedeuten?	Was können Sie als Eltern raten?
1a	Ich bin ehrgeizig, entscheide leicht und suche mir meine Aufgaben und Herausforderungen selbst.			Leistung bringen ist dir wichtig. Es muss immer neue Herausforderungen geben, denn Leistung ist eine Amplitude (kennst du vielleicht aus dem Mathematikunterricht). Such dir einen Job mit viel Entwicklungspotenzial.	Ein Studium ist wahrscheinlich sinnvoll und dürfte dir leichtfallen. Welches, hängt von den Interessen ab.
1b	Ich unterstütze gern andere, bin hilfsbereit und mag es, wenn man mir sagt, was ich tun soll.			Unterstützende Aufgaben sind gut für dich, vielleicht auch dienstleistende Arbeiten. Auf jeden Fall brauchst du die Anleitung und jemanden, der dir sagt, was zu tun ist.	Empfehlen Sie, z. B. über eine Ausbildung oder ein duales Studium nachzudenken, wenn die Interessen nicht klar intrinsisch sind.
2a	Ich arbeite gern selbstständig und lasse mir ungern reinreden.			Das eigene Ding zu machen spielt eine große Rolle für dich. Du magst es nicht so gern, wenn andere dir Vorschriften machen oder deine Ideen behindern.	Dies könnte dafür sprechen, dass ein breit definierter Fachbereich sinnvoll ist, weil man sich mit spezialisiertem Wissen oder Können Freiräume schafft. Ein Fachstudium macht vor allem dann Sinn, wenn klare Interessen vorliegen.
2b	Ich stimme mich gern mit anderen ab und finde Kooperation wichtig.			Teamarbeit ist eine Motivationsquelle für dich. Du solltest also darauf achten, dass du mit anderen arbeiten und lernen kannst.	Denken Sie auch hier an ein duales Studium, das teamorientiert ist. Alternativ ein Studium oder eine Ausbildung mit klaren Strukturen und kleinen Lerngruppen.

Nr.	Aussage	Kind	Eltern	Was könnte das bedeuten?	Was können Sie als Eltern raten?
3a	Ich bin praktisch neugierig, will wissen, wie man etwas umsetzt und macht – hands on!			Etwas Handwerkliches oder Direkt-Umsetzendes ist gut für dich, weil dich Theorie höchstwahrscheinlich nur begrenzt interessiert.	Bei entsprechender Neigung kann ein Handwerk sinnvoll sein, aber auch der Ingenieursberuf – oder andere Berufe mit Schwerpunkt auf der Umsetzung, z. B. Fitnesskaufmann oder Systemplaner.
3b	Ich bin theoretisch neugierig, liebe es, zu denken und ganz viel zu lesen.			Denk-Stoff bitte! Mit Wissen arbeiten ist dein Ding. Deshalb ist es gut, wenn du dir ein Fachgebiet aufbaust.	Dies ist die typische Motivation für ein Uni-Studium, das viele Hintergründe, Methoden und Modelle liefert. Kann z. B. in eine Unternehmensberatung führen.
4a	Ich bin sehr genau und ordentlich.			Alle Tätigkeiten, die einen genauen Blick erfordern und Detailarbeit, könnten für dich passen. Das kann handwerkliche Arbeit sein, aber auch der Umgang mit Texten oder Zahlen.	Denkbar sind handwerkliche Tätigkeiten, die Genauigkeit erfordern (z. B. Optiker), aber auch Jobs mit Zahlen oder hoher Anforderung an Genauigkeit. Gefragt weiterhin im Umgang mit Prozessen (Studium IT oder Ingenieur) sowie Qualität (verschiedene technische und nicht-technische Bereiche, z. B. im Gesundheitswesen).

Stufe 1: Persönlichkeit (Selbst- und Elternbild)					
Nr.	Aussage	Kind	Eltern	Was könnte das bedeuten?	Was können Sie als Eltern raten?
4b	Ich bin unordentlich und flexibel.			Du musst frei von Strukturen und Vorgaben gestalten können. Das spricht für eine Arbeit, bei der du dich nicht so stark an vorgegebene Prozesse halten musst und kreativ sein kannst.	Überall dort in Ordnung, wo man nicht ganz genau sein muss. »Unordentlich sein« heißt übrigens nicht, dass sich das im Job niederschlägt. Leistungsorientiertheit kann das überlappen – also nicht schimpfen, liebe Eltern, über Ihr unordentliches Kind. Aber besser abraten von einem Laborjob.
5a	Ich bin strukturiert und plane gern.			Schön, wenn diese Präferenz in deinem Job gefragt ist, etwa bei organisierenden Tätigkeiten.	Im Projektmanagement ist das eine wichtige Qualität. Dahin führen unterschiedliche Studiengänge, ein Mix-Studiengang könnte ideal sein (z. B. Wirtschaftsinformatik) oder ein Fachstudium mit späterer Weiterbildung.
5b	Ich bin intuitiv und mache am liebsten das, was mir gerade einfällt.			Das spricht für etwas Kreatives, wobei du dir »kreativ« nicht als »künstlerisch« vorstellen musst. Es hat mit Ideen zu tun, die du einbringst, vielleicht auch etwas mit Querdenken. Das geht fast überall, wo du Neues schaffen oder etwas verändern kannst.	Wenn es nicht direkt in kreative Tätigkeiten mündest, ist dies meist in beratungsorientierten Berufen eher gefragt als in Jobs, in denen vorgegebene Prozesse dominieren. Studienwahl abhängig von den Interessen.

Stufe 1: Persönlichkeit (Selbst- und Elternbild)				
Nr.	Aussage	Kind	Eltern	Was könnte das bedeuten?	Was können Sie als Eltern raten?
6a	Ich möchte etwas Gutes oder Wichtiges für die Gesellschaft tun.			Magst du mal in Richtung Politik oder Nicht-Regierungsorganisationen denken? Kennst du die GIZ, Gesellschaft für Internationale Zusammenarbeit? Hast du an ein freiwilliges ökologisches Jahr gedacht? Auch das kann der Berufsorientierung dienen.	Ob Umwelttechnik oder Sustainability, Agrar- oder Forstwirtschaft, Medizin oder Volkswirtschaft: Grundlage können die unterschiedlichsten Studiengänge sein. Wichtig sind frühzeitige Praktika in den gewünschten Bereichen und bei den relevanten Organisationen.
6b	Ich möchte etwas für und mi Menschen tun.			Sozial und helfend – zum Beispiel bezogen auf Kinder, Jugendliche, Ältere und Kranke? Überlege, was du dir vorstellen kannst, mit welchen Menschen du arbeiten möchtest.	Vom Erzieher bis hin zum Sozialarbeiter, vom klinischen Therapeuten bis zum Physiotherapeuten und Arzt: Schauen Sie sich passende Berufsbilder an.
7a	Ich will mich durchsetzen und gewinnen.			Vielleicht hast du Spaß an Jobs, in denen es um Sich-Vergleichen und Zielerreichung geht, z. B. im Einkauf oder Vertrieb.	Diese Stärken passen überall, wo es um wettbewerbsorientierte Leistung geht, etwa im Vertrieb.
7b	Ich will vermitteln und bloß keinen Streit.			Das könnte überall sinnvoll sein, wo es eher nicht ums harte Durchsetzen geht, sondern um Information, ums Helfen, ums Beraten.	Oft ist es bei hoher Ausprägung gut, wenn ein Fachgebiet da ist und Ihr Kind selbst einen Wissensvorsprung erwirbt. Dann braucht es weniger Ellenbogen.

Stufe 1: Persönlichkeit (Selbst- und Elternbild)					
Nr.	Aussage	Kind	Eltern	Was könnte das bedeuten?	Was können Sie als Eltern raten?
8a	Ich will mehr erreichen und darstellen als andere.			Wahrscheinlich brauchst du einen Job, der dir Anerkennung von außen bietet. Überlege, was das sein kann. Frage dich, was Etwas-Besseres-Sein für dich bedeutet und welche beruflichen Vorbilder du hast.	Statusorientierte Berufe stehen im Fokus, meist werden große Namen und Konzerne bevorzugt. Hier findet man nur mit guten Noten den Einstieg, also darauf achten; ebenso auf den Namen der Uni oder Privathochschule.
8b	Ich will gleich sein mit den anderen, nichts Besonderes sein.			Sicher willst du gern mit anderen arbeiten. Dir macht es nichts aus, einer von vielen zu sein, das ist dir sogar angenehm.	Teamarbeit könnte passend sein und/oder eine Tätigkeit im Hintergrund. Etwas Soziales kommt ebenso infrage wie eine Lehre in einem nicht statusgeprägten Umfeld wie Spedition, IT, Schifffahrt.
9a	Ich will mich bewegen und viel unterwegs sein.			Frage dich, wie sehr das auf den Job wirkt. Musst du unterwegs sein (viel Reisen) oder sogar körperlich arbeiten?	Leider gibt es außerhalb des Handwerks recht wenig Bewegungsjobs. Infrage kommt vielleicht Tourismus oder etwas im Sportbereich. Auch Sozialarbeiter, Ärzte und Tierärzte sind meist mehr in Bewegung als der normale Bildschirmarbeiter.
9b	Ich brauche keine Bewegung, bin gern faul.			Heißt das, für dich ist ein Computerjob okay? Heißt das, du magst es auch ruhig und berechenbar?	Viel Sitzen braucht zwar Ausgleich, aber macht auch keine Probleme. Infrage kommen also alle Berufe mit Schwerpunkt auf Bildschirmarbeit.

Stufe 1: Persönlichkeit (Selbst- und Elternbild)					
Nr.	Aussage	Kind	Eltern	Was könnte das bedeuten?	Was können Sie als Eltern raten?
10a	Ich will Abwechslung und immer neue Herausforderungen.			Wahrscheinlich brauchst du immer mal wieder einen Kick, gleichförmige Arbeiten sind nichts für dich. Wahrscheinlich bist du stressresistent und kann gut mit unerwarteten Situationen umgehen.	Dann sollten Sie dazu raten, etwas zu lernen oder zu studieren, das wächst und sich verändert. Im technologischen Bereich ist man hier immer auf der sicheren Seite – Stehenbleiben geht da gar nicht.
10b	Ich will Ruhe und Berechenbarkeit.			Sicherheit ist dir wahrscheinlich sehr wichtig. Unvorhergesehenes ist vielleicht nicht so deine Sache.	Das spricht für einen überschaubaren Bereich, der sich nicht allzu stark verändert. Diese Überschaubarkeit hat man z. B. als Wirtschaftsprüfer und Steuerberater oder überall in Arbeitsbereichen, die inhaltlich relativ stabil bleiben.

Stufe 2: Können – was kannst du?

Der Anfang von Können ist nicht dadurch gekennzeichnet, dass einem Dinge leichtfallen – sondern dadurch, dass der Weg zum Ergebnis ein anstrengender Prozess ist. Der ehemalige Tennisstar und heutige Steffi-Graf-Ehemann Andre Agassi hatte keinen Spaß an seinem harten Training, wie er in seiner Biografie erzählt.[1] Die Beschäftigung mit Formeln kann zunächst harte Arbeit sein, später kann jedoch ein leichthändiger Umgang daraus werden. Das passiert dann, wenn Bemühen in Können übergeht. Die Frage »Was kannst du?« sollte bei einem jungen Menschen deshalb auch beinhalten: Was kannst du weiterentwickeln oder auch neu entwickeln? Können beginnt in diesem Sinn mit Wollen.

Ermuntern Sie Ihr Kind, Dinge zu tun, die ihm schwerfallen! Der kleine, feine Unterschied zwischen Erfolg und Misserfolg hängt nur an einer einzigen Sache: Während der eine weitermacht, wenn etwas noch nicht perfekt ist, und aus seinen Fehlern lernt, gibt der andere beim ersten Fehler auf.

Achten Sie auf kleine oder größere Pflänzchen, die wachsen könnten, wenn man sie pflegt. Das kann die Fähigkeit sein, Modelle zu bauen, Ideen zu entwickeln oder Streit zu schlichten. Es kann das Vermögen sein, etwas zu kommentieren, zu kritisieren oder so zu organisieren, dass auch ans kleinste Detail gedacht wird.

Lassen Sie Ihr Kind sein Können auf einem Zettel sammeln und sammeln Sie mit. Am besten bezieht Ihr Kind auch seine Freunde mit ein. Auch ein netter Lehrer kann sich daran beteiligen: Fragen Sie, ob er bereit wäre, einfach einmal in die vorgedruckte Tabelle (die Sie natürlich mehrfach kopieren können) aufzuschreiben, was Ihr Kind aus seiner Sicht gut kann. Manche Kinder (wie auch Erwachsene) besitzen eine schlechte Selbstwahrnehmung. Sie unterschätzen oder überschätzen sich. Ihnen helfen Fremdeinschätzungen von netten Lehrern und Freunden ganz besonders.

Einige Schüler können die Frage danach, was sie können, auch nach intensivem Nachdenken nicht beantworten. Vielleicht ist die Schule für sie nur eine Pflichtveranstaltung und Hobby ein Fremdwort. Es fehlt Arbeitserfahrung, vielleicht war ihr Medienkonsum zu hoch. Hier hilft es arbeiten zu gehen, zu jobben, ein Praktikum zu machen – oder auch zwei.

In die folgende Tabelle können Sie Ihr Kind seine Einschätzung notieren lassen.

Stufe 2: Können (Selbstbild)			
	Was kannst du bereits gut?	Was möchtest du können? Welches Können bewunderst du z. B. bei anderen?	In welchen Bereichen kannst du dieses Können einsetzen? Sammle Ideen!
1			
2			
3			
4			
5			
6			
7			
8			
9			
10			

In die folgende Tabelle können Sie als Eltern, der Lehrer oder die Freunde Ihres Kindes schreiben. Besprechen Sie die Ergebnisse gemeinsam.

Stufe 2: Können (Fremdbild)			
	Was kann ... gut?	Welches Können bewunderst du an ...?	Hast du ein Beispiel, wo dir dieses Können aufgefallen ist?
1			
2			
3			
4			
5			
6			
7			
8			
9			
10			

Stufe 3: Interessen – welches Wissen willst du vertiefen?

Die meisten jungen Menschen geraten bei dieser Frage ins Stocken. Vielleicht fällt ihnen etwas in dieser Art ein: Kino, Freizeit, Mode, Musik, Sport. Diese Antworten lassen sich nur in Ausnahmefällen beruflich nutzen. Wenn Ihrem Kind nur solche Dinge einfallen, könnten Sie die Frage auch erweitern:

- Was könnte dich interessieren?
- Mit welchem Thema möchtest du dich beschäftigen?
- Welches Thema, das dich interessiert, wäre beruflich relevant?

Die Wissensgesellschaft braucht Fachleute auf unterschiedlichen Gebieten. Diese Gebiete sind viel facettenreicher als nur Design, Recht, Wirtschaft, Soziales, Politik oder Kommunikation (um ein paar Beispiele zu nennen). Es gibt Schnittstellendisziplinen (z. B. Neuroökonomie) und zahlreiche neue Themenfelder (z. B. Sustainability, Nachhaltigkeit). Viele dieser neuen Möglichkeiten sind schlichtweg noch nicht bekannt – Interessen werden aber im Bekannten gesucht. Nur wenn ich weiß, dass es etwas gibt, kann es mich interessieren. Sich umzuschauen, welche Bereiche es denn überhaupt gibt, gehört deshalb zur Berufsorientierung dazu.

Leider sehe ich selten, dass Familien Interessen fördern, die nicht sowieso schon in der Familie verankert sind. Das ist schade – und insofern ein Problem, als die neue Arbeitswelt viele Themen bereithält, denen wir Mütter und Väter noch nie begegnet sind.

Der Schlüssel zum Finden von Interessen ist: viel lesen und Gespräche führen. Wenn mir Menschen gegenübersitzen und erklären, sie interessierten sich für nichts, dann haben sie entweder einfach zu wenig gelesen, sich zu wenig mit anderen unterhalten oder sich zu wenig auf andere Weise mit den Dingen beschäftigt. Und manchmal alles zusammen. Das Internet, Dokumentarfilme, Museums- und Ausstellungsbesuche und anspruchsvolle Fernsehsendungen können Interessen wecken, wo vorher keine waren. Auch über Vorbilder lassen sich Interessen erschließen. Die Frage lautet dann: Welche Personen findest du spannend? Was an ihnen fasziniert dich? Stellen Sie kleine Aufgaben:

- Sprich mal mit XY (jemand, der sich auskennt).
- Suche im Internet zehn Menschen heraus, die etwas tun, das du spannend findest.
- Recherchiere fünf neue Themen, die in Zukunft Relevanz haben werden.
- Suche drei Studienfächer heraus, von denen du vorher noch nie gehört hast.

Im Anschluss besprechen Sie, was bei diesen Recherchen herausgekommen ist und welche Bedeutung das für die Berufsorientierung besitzt.

Die folgende Tabelle bietet Ihnen einige Anregungen. Lassen Sie sie von Ihrem Kind weiter auffüllen.

Stufe 3: Interessen		
Kreuze an	Ich interessiere mich für …?	Wenn du kannst, nenne auch einen Teilbereich:
	Agrar, Forst- und Landwirtschaft	z. B. Aufforstung
	IT und Informatik	z. B. künstliche Intelligenz, Robotik
	Kultur	z. B. Theater, Kunst, Musik, Film
	Medizin und Gesundheit	z. B. Neurologie
	Politik und Gesellschaft	z. B. Entwicklungsländer
	Recht	z. B. Europarecht
	Technik	z. B. Verfahrenstechnik, Lichttechnik
	Wirtschaft	z. B. Betriebswirtschaft, Volkswirtschaft, Entrepreneurship (Unternehmertum)

Stufe 3: Interessen		
Kreuze an	Ich interessiere mich für …?	Wenn du kannst, nenne auch einen Teilbereich:

Mit folgender Übersicht möchte ich Ihrem Kind noch weitere Denkanstöße geben, wenn es nicht genau weiß, was es interessiert:

Besondere Leidenschaften und tief reichende, beruflich verwertbare Interessen habe ich (noch) nicht …	In diese Richtung könntest du denken:
… gleichzeitig sind meine Talente in den naturwissenschaftlichen Fächern und Mathe begrenzt, aber ich interessiere mich für Wirtschaft.	Ein breit angelegtes Studium ist flexibel genug, dass du dich über Weiterbildungsstudien auf aktuelle Themen einstellen kannst, z. B. Wirtschaft, Wirtschaftsinformatik, Wirtschaftsingenieurwesen oder auch Wirtschaftspsychologie.
… allerdings habe ich sehr gute analytische Fähigkeiten und bin einigermaßen fit in Mathe.	Entscheide dich für ein Studium, das eine gute und für das Technikzeitalter anerkannte Grundlage bietet, also Ingenieurwissenschaften (vor allem Maschinenbau und Elektrotechnik, aber auch Verfahrenstechnik, Umwelttechnik, Bauingenieurwesen etc.), Mathematik, Physik, Informatik.
… allerdings bin ich kommunikativ und habe ein Händchen für Sprache.	Vieles ist möglich – Jura, wenn du sehr fleißig bist, vielleicht auch Kommunikationswissenschaften oder eine Kombination aus einem geisteswissenschaftlichen Fach und Wirtschaft. Schau dir einfach einmal die Inhalte der verschiedenen Studien an und höre auf das, was dich anspricht.

Besondere Leidenschaften und tief reichende, beruflich verwertbare Interessen habe ich (noch) nicht ...	In diese Richtung könntest du denken:
... allerdings bin ich kommunikativ, menschenorientiert und sozial.	Schau dir einfach einmal die Erziehungswissenschaften/Pädagogik an, auch Sozialarbeit und Sozialpädagogik kommen infrage. Denke dabei daran, dass Sozialpädagogen für staatliche und institutionelle Berufe ausgebildet werden. Vielleicht könnte auch so etwas wie Bildungswissenschaften auf dein Interesse stoßen. Oder doch Lehramt?
... allerdings habe ich ein Händchen für Fremdsprachen.	Sprachen sind heute oft eher eine Beigabe, die zusammen mit der Expertise in einem Thema eine wunderbare Relevanz erfahren. Das heißt, ein Fachstudium ergibt Sinn, das muss mit einer Fremdsprache zunächst gar nicht zu tun haben, die kannst du nebenbei lernen. Denke quer und nicht an das naheliegende. Mit juristischen Übersetzungen wirst du eher Geld verdienen als mit literarischen.
... allerdings bin ich kreativ und habe ein gutes Auge.	In diese Richtung könntest du denken: Bevor du dich für Mode- oder Grafikdesign oder gar Kunst einschreibst, schau dir noch einmal Studiengänge wie Medieninformatik oder Computervisualistik an. Wenn du zusätzlich analytisch bist und ein räumliches Vorstellungsvermögen hast, könnte auch Architektur passen. Überlege dir genau, wo du richtig gut werden willst. Schau dir an, wie andere Menschen dahin gekommen sind, das zu machen, was sie heute tun.

Stufe 4: Lebensplan – welche Funktion hat dein Beruf für dein Leben?

Wahrscheinlich hat Ihr Junior jetzt ein paar Ideen im Kopf, sicher haben sich auch schon Favoriten herausgebildet. Nun sollten Sie diese noch einmal hinsichtlich des Lebensmodells prüfen. Das kann und sollte bei einem jungen Menschen noch nicht in Stein gemeißelt sein, aber eine ungefähre Vorstellung ist meist vorhanden. Und wenn nicht, schadet es nie, sich darüber Gedanken zu machen, selbst wenn die Realität am Ende ganz anders aussieht.

Stufe 4: Lebensplan	
Grundaussage	Was bedeutet das für die Ausbildungs- und Berufswahl?
Ich möchte mit spannenden Inhalten und Themen zu tun haben.	Ein Fachstudium oder eine Ausbildung sollte den Interessen folgen.
Ich möchte vor allem gestalten können und mein Ding machen.	Wissen und besonderes Können machen unabhängig; ein besonderes Profil durch individuelle Ausbildungswahl aufbauen!
Ich möchte Menschen führen und begeistern.	Ein Management-relevantes Studium mit Wirtschaftskomponente oder Fachstudium in den Natur- oder Ingenieurwissenschaften und MBA.
Ich möchte immer wieder spannende und schwierige Herausforderungen.	Ein Studium in einem Bereich, der sich schnell ändert, z. B. Informatik.
Ich will etwas Sinnvolles für die Menschheit machen.	Auch an Natur- oder Ingenieurwissenschaften denken.
Mein Beruf soll mir maximale Sicherheit bieten.	Auf ein stabiles Berufsfeld hin studieren, z. B. Verwaltung, Gesundheitswesen, Bildung, Bibliothekswissenschaften, Lehramt.

Stufe 4: Lebensplan	
Grundaussage	Was bedeutet das für die Ausbildungs- und Berufswahl?
Ich möchte irgendwann oder bald selbst Unternehmer sein.	Neben einem Studium Entrepreneurship ist alles möglich, sofern es dem Interesse dient. Die erfolgreichsten Gründungen werden übrigens von Menschen gestartet, die etwas erfunden haben – oft Ingenieure und IT-Spezialisten.
Mein Job sollte zu meinem Leben passen. Freunde, Familie etc. haben Priorität.	Ein Fachbereich wie z. B. Software-Entwicklungen hilft der persönlichen Flexibilität auf die Sprünge. Der Bereich sollte so sein, dass sich Jobs auch am Wunschwohnort finden lassen, also nicht zu speziell.

Stufe 5: Perspektiven – ein Blick zurück auf die ersten vier Stufen

Sortieren Sie jetzt mit Ihrem Kind die Ideen. Falls es mehrere sind, erstellen Sie eine Hitliste. Fragen Sie:

- Welche beruflichen Wege leiten sich aus dem Erarbeiteten ab?
- Passt der Schlüssel für die Zukunftssicherheit der Jobs, die sich von Ausbildung oder Studium ableiten (siehe in diesem Buch)?

Regen Sie Ihr Kind ebenfalls an, vorher zu recherchieren, was zusätzlich zum Studium nötig ist, um dieses oder jenes Ziel zu erreichen. Wer sich etwa für eine Arbeit in der Forschung und Entwicklung (F&E) eines Unternehmens oder einer Institution interessiert, sollte sich klar darüber sein, dass dazu so gut wie immer eine Promotion nötig ist. Darauf sind viele junge Menschen nicht eingestellt. Sie haben ihren Abschluss, etwa in Biotechnologie, in der Tasche und merken erst dann, dass für sie »nur« eine Stelle im Vertrieb übrig bleibt. Hätten sie nur vorher darüber nachgedacht ...

Ein paar Worte zu Tests

Sicher haben Sie sich schon gefragt, warum ich nichts über Tests schreibe. Lassen Sie mich Ihnen zunächst die Geschichte von Vera erzählen. Vera steht stellvertretend für viele andere, die ein Test auf die falsche Fährte gelockt hat.

Vera hatte sich durch ein Jurastudium gequält, weil der Test zur Berufsorientierung des Geva-Instituts ihr diese Empfehlung gegeben hatte. Nach Abschluss, immerhin hatte sie ein für Jura gutes »voll befriedigend« geschafft, saß sie unglücklich bei mir. Sie wollte auf keinen Fall als Juristin arbeiten, das Berufsbild entsprach ihr ganz und gar nicht. Das hatte sie schon während des Studiums gemerkt, aber mit der Haltung »Was du einmal begonnen hast, das ziehst du auch durch« dennoch beendet. Eigentlich wollte sie nur einen ganz normalen Job im Büro, irgendetwas, bei dem sie ihre Kommunikationsfähigkeit und Sprachkenntnisse ausleben konnte. So einen Job zu finden war schwierig, denn jeder sah die Juristin in ihr.

Nein, der Geva-Test ist nicht schlecht. Er ist gut. Mir gefällt, dass er neue Berufsbilder und Arbeitsmarktentwicklungen einbezieht. Dennoch darf er nie mehr sein als ein Indiz.

Schwierig finde ich Tests, die sehr konkrete Berufsempfehlungen geben. Auf keinen Fall sollten Sie diese ernst nehmen und niemals als Grundlage einer Entscheidung sehen, höchstens als einen Puzzlestein. Welche Gründe gegen Tests mit Berufsempfehlungen sprechen:

- Die Jobmodelle hinter den Tests beziehen sich vielfach auf Berufsbilder aus dem angloamerikanischen Raum. Dort ist z. B. die Tätigkeit eines Rechtsanwalts kommunikativer als vielfach bei uns.
- Die Jobmodelle beziehen sich auf eine Arbeitswelt der Vergangenheit. Moderne Berufsbilder, die ja oft keine mehr sind, berücksichtigen sie nicht.
- Die Empfehlungen gehen von Stereotypen aus, zum Beispiel der Annahme, dass ein Controller zahlenaffin und gern etwas penibel

sowie weniger kommunikativ zu sein habe oder ein PR-Mensch kreativ und kommunikativ. Dies ist aber nicht notwendig der Fall. Es gibt innerhalb der Jobs ganz viele Facetten. Meist nicht berücksichtigt ist zudem die wachsende Zahl übergreifender und organisatorischer sowie koordinierender Tätigkeiten in einem Unternehmen, die nicht wirklich Berufe sind, sondern Funktionen.

- Die meisten Tests lassen Motivationen außer Acht, die aber – siehe das Beispiel Beachvolleyball – manchmal alles entscheidend sind.

Einer der besseren Tests ist der Myers-Briggs-Typindikator (MBTI). Eine Variante davon hat David Keirsey erstellt. Beide Tests basieren auf den »psychologischen Typen« des Schweizer Psychiaters C. G. Jung. Ermittelt werden mit der Kombination von vier Buchstaben 16 verschiedene Persönlichkeiten, je nachdem, ob die Menschen eher

- extrovertiert oder introvertiert (E oder I) auf die Welt zugehen, ihre Sinneserfahrung aus inneren oder aus äußeren Reizen gewinnen;
- ihre Umgebung intuitiv oder sensitiv (N oder S) verarbeiten;
- denkend (thinking) oder fühlend (T oder F) Entscheidungen treffen;
- systematisch (judging) oder flexibel sich den Gegebenheiten anpassend (perceiving) handeln. Der J-Typ ist strukturiert und systematisch, hält an einmal getroffenen Entscheidungen fest, der P-Typ ist offener und flexibler.

Diese Prägungen sagen einiges über die Persönlichkeit aus, aber nicht unbedingt über den passenden Beruf. Ich selbst bin eine intuitive Rationalistin und wäre laut Testergebnis bestens geeignet für Ingenieurwissenschaften. Wirklich? Nicht wirklich. Ingenieurwissenschaftliche Fächer hätten mich von allen Studiengängen mit Abstand am wenigsten interessiert. Bei den Tests ist außerdem zu bedenken, dass ein junger Mensch sich selbst lange nicht so gut kennt wie ein älterer; die Antworten können oft noch nicht so sicher gegeben werden.

Vorsicht, wenn das Interesse eines Beraters oder Testanbieters nicht auf den jungen Menschen gerichtet ist und vom Wunsch geprägt, mit ihm oder ihr eine gute und verantwortungsvolle Lösung zu erarbeiten. An den Hochschulen werden solche Tests oft von Finanzmaklern angeboten, deren primäres Ziel in der Kundengewinnung liegt. Diese sind weder ausreichend erfahren, noch besitzen sie ein Interesse daran, Menschen bei der Berufswahl zu helfen. Sie wollen, dass die jungen Leute möglichst viel verdienen, damit sie Stammkunden gewinnen. Das ist eine Form von Missbrauch.

Nachhilfen

… wenn Ihr Kind genau weiß, was es will

Wunderbar! Kinder, die ganz genau wissen, was sie wollen, und für die es keinen Hauch eines Zweifels gibt, weil sie ihren Weg zielgerichtet verfolgen, sind ein Geschenk. Wenn diese Kinder wie der Sohn Max meiner Freundin in die Pyrotechnik oder wie die Tochter Anke einer Bekannten ins Ballett wollen: Lassen Sie sie!

Eine starke intrinsische Motivation wird auf jeden Fall für genügend Antrieb sorgen, vielleicht für Spitzenleistungen. Wer zu den Besten in seinem Fach und später im Beruf gehört, wird sich auch in einem schwierigen Umfeld durchsetzen und in der Lage sein, sein Profil so zu schärfen, dass es in die neue Arbeitswelt passt.

… wenn Ihr Kind gar nicht weiß, was es will

Oft liegt das an zu viel Nachdenken, das Unsicherheit über den richtigen Weg auslöst. Neurowissenschaftliche Studien besagen, dass die besten Entscheidungen auf Erfahrung und Wissen beruhen, aber spontan und aus dem Bauch heraus gefällt werden.[2]

Oder anders gesagt: Viel wissen ist super – zu viel denken nicht gut. Das geht so weit, dass Entscheidungen nachweislich schlechter werden, wenn man sie allzu sehr im Kopf dreht und wendet. Wenn das Bauchgefühl sich aber partout nicht abrufen lässt, das kommt vor, ist dies auch kein Drama. Dann heißt es eben ausprobieren.

Stellen Sie sich auf eine ruhig auch mehrjährige Experimentierzeit nach dem Abitur ein, in der ein paar Fächer getestet werden können. Ein bis zwei abgebrochene Studien am Anfang des Lebenslaufs sind einige Jahre später kein Problem mehr – ja, können sich sogar im Nachhinein als ideale Kombination erweisen. So hat jemand, der nach vier Semestern Informatik zu BWL wechselt, letztendlich »fast« Wirtschaftsinformatik studiert – so nehmen das jedenfalls viele Arbeitgeber wahr.

… wenn Ihr Kind sich partout nicht entscheiden kann

Raten Sie ihm, zunächst alle offenen Fragen aufzuschreiben und durch Gespräche und/oder Recherche im Internet zu klären. Danach empfehlen Sie ihm, einen Kriterienkatalog für die eigene Entscheidung zu erstellen. Dieser sollte nicht mehr als fünf Punkte enthalten. Ein Beispiel:

- Flexibilität: Das Studium/die Ausbildung ermöglicht mir spätere berufliche Veränderungen.
- Internationalität: Ich kann dort auch im Ausland arbeiten.
- Erweiterbares Fachwissen: Ich kann mir eine Expertise aufbauen.
- Zukunftssicherheit: Die daraus ableitbaren Berufsbilder werden in Zukunft noch mehr gefragt sein als heute.
- Spätere Familienvereinbarkeit.

Auf dem einen Zettel stehen Ihre Kriterien. Auf einem anderen werden die zur Wahl stehenden Möglichkeiten notiert. Das sind zum Beispiel zwei Studienfächer und eine bestimmte duale Ausbildung. Ordnen Sie diese Möglichkeiten Buchstaben zu. Variante A ist das Studium Neurowissenschaften, Variante B das Studium der Medizin und Variante C eine Ausbildung zum Krankenpfleger.

Gehen Sie dann die Kriterien bezogen auf jede einzelne Variante durch. Beispiel:

- Wenn du Variante A studierst, hast du welche Möglichkeiten? Erfüllen diese deinen Anspruch an …?
- Ergänzen Sie ein + für »erfüllt«, ein – für »nicht erfüllt«, ein +/– für »nicht ganz klar« und ein Fragezeichen für »weiß nicht«.

Am Ende haben Sie eine Tabelle erstellt, die etwa so aussehen kann:

	Flexibilität	Internationalität	Erweiterbares Fachwissen	Zukunftssicherheit	Familienvereinbarkeit
Variante A	+	–	+	+/–	+
Variante B	–	–	–	–	+
Variante C	+	+	+	+	?

Wenn Ihr Kind weiß, welches Studium oder welche Ausbildung es interessiert, ihn aber die spätere Berufswahl verunsichert, empfehlen Sie ihm Gespräche mit Menschen, die das gleiche Studium absolviert haben. Fehleinschätzungen wie die, dass ein Psychologiestudium zum Berufsbild des Profilers gehört, können so vermieden werden.

… wenn Sie an der Entscheidung Ihres Kindes zweifeln?

Zweifeln Sie aufgrund objektiver Tatsachen oder weil Sie sich den von Ihrem Kind präferierten Weg für sich selbst nicht vorstellen können?

Nehmen Sie die Wünsche Ihres Kindes ernst, auch wenn Ihnen ein Berufs- oder auch Branchenwunsch falsch oder der Persönlichkeit Ihres Kindes nicht angemessen erscheint. Jeder braucht seinen individuellen Weg. Und wenn dieser durchdacht ist, dann ist er für die entsprechende Person in diesem Moment richtig.

Vor einiger Zeit habe ich eine Abiturientin beraten, die gern eine Ausbildung zur Bibliotheksassistentin machen wollte, obwohl die Eltern als Akademiker ein Studium erwarteten. Der hauptsächliche Grund für ihren Wunsch war, dass sie unter einer Sozialphobie litt, also extrem schüchtern war. Sie brauchte einen Job, bei dem es genügend Distanz zu Menschen gibt. Ein Studium traute sie sich noch nicht zu. Die Ausbildung sollte eine Station sein auf dem Weg zu mehr Selbstvertrauen. Die richtige Entscheidung, inzwischen studiert sie und die Sozialphobie ist Vergangenheit.

Vielleicht läuft Ihr Kind mit seinen Berufswünschen gezielt in eine Richtung, die Ihnen Unwohlsein bereitet. Weisen Sie auf Risiken und Nebenwirkungen hin, zum Beispiel wenn Ihnen der Junior »was mit Medien« präsentiert. (Ich übersetze »WMM« gern mit »Medien – wenn möglich, meiden«.)

Schlägt das Herz Ihres Kindes zum Beispiel für die Glitzerwelt, ohne dass eine starke kreative Begabung in Text, Design oder im Umgang mit neuen Medien spürbar ist? Sagen Sie ihm, dass Journalisten, Designer und viele andere Kreative 2011 etwa 30 Prozent weniger verdienten als noch im Jahr 2000 – und dieser Abwärtstrend vermutlich nicht zu Ende ist.[3]

Vielleicht hadern Sie auch mit der Motivation Ihres Kindes, möglichst viel Geld zu verdienen und »Karriere« zu machen, oder dem gegenteiligen Streben, Karriere für unwichtig zu erachten und Geld für nebensächlich. Eine solche Haltung kommt meist nicht wirklich aus dem Kind, sondern stammt aus seiner Umgebung wie der Freundesclique.

Sie erinnern sich an die Szene vom Anfang? Ein vom Türenknall begleitetes »Ihr seid doof!« hilft auch keinem weiter. Wenn Ihre Intervention dazu führt, dass Ihr Kind einen Studiengang durchsteht, nur weil es Ihnen beweisen will, dass es Recht hatte, ist das zwar eine Motivation, aber keine zielgerichtete.

… wenn Ihr Kind etwas Verrücktes machen will

»Junge, warum hast du nichts gelernt?! Schau dir den Dieter an – der hat sogar ein Auto. Warum gehst du nicht zu Onkel Werner in die Werkstatt, der gibt dir 'ne Festanstellung … Wenn du ihn darum bittest … Und wie du wieder aussiehst, Löcher in der Hose und ständig dieser Lärm. Elektrische Gitarren …« (aus dem Lied »Junge« von den Ärzten).

»Junge« aus dem gleichnamigen Song scheint ein typischer Null-Bock-Vertreter zu sein, aber immerhin interessiert er sich für Gitarren. Dass man mit Musik auch mal Erfolg haben kann, zeigen – unter anderem – Die Ärzte.

Jungs (und Mädchen), die sich mit ihrer Band ein paar Jahre über Wasser halten können, lernen auf ihrem Weg meist genügend Leute kennen, um auf Seitenpfaden ins Brotgeschäft einzusteigen. Haben Sie einen künftigen Bühnenstar in der Familie? Geben Sie den zarten Hinweis, dass man parallel an der Popakademie in Mannheim Music Business auf Bachelor und Music and Creative Arts auf Master studieren könnte – oder auch etwas Solides anderes lernen. Wer sich den einen oder anderen Gedanken darüber macht, was nach seiner Model-, Musiker- oder Sportkarriere kommen könnte, wird sicherer durchs Leben steuern als jemand, der aus Vernunftgründen oder den Eltern zuliebe Chancen vorbeiziehen lässt.

Manche jungen Leute kommen erst über die Vernunft zur Leidenschaft. Der Sternekoch und TV-Coach Christian Rach hatte Philosophie und Mathematik in Hamburg studiert und sich während des Studiums erste Lorbeeren erkocht. Kurz vor dem Examen brach er sein Studium ab. Geschadet hat es ihm nicht. In dem Punkt unterscheidet sich die alte gar nicht so stark von der neuen Arbeitswelt. Glückliche Zufälle und Können treffen immer noch zusammen.

… wenn Ihr Kind wirklich null Bock hat

Die echte Null-Bock-Generation hat keine Interessen, außer Weggehen und Feiern. Ihnen fällt auf die Frage, was sie interessiert, selbst bei längerem Nachdenken nichts wirklich Relevantes ein. Jedes Thema fassen diese Kinder mit spitzen Fingern an, um es mit einem »Och nö, ach, doch nicht« wieder fallen zu lassen. Meist ist das nur eine Phase, zum Glück.

Nun könnten Sie sich als Eltern weich und laisser-faire-orientiert oder hart zeigen, um die Null-Bock-Front aufzuweichen. Mit der Laisser-faire-Haltung ziehen Sie sich einen Ödipussi heran, ein Mama-/Papasöhnchen ohne eigenen Motor. Ödipussis sehen wir immer mal wieder in der Beratung: Ihnen ist nichts interessant genug, deshalb tun sie lieber gar nichts (sondern ruhen sich lieber in der Ferienwohnung der Eltern aus, falls vorhanden). Machen Sie es wie Bill Gates. Der Microsoft-Gründer hat all sein Geld in Stiftungen gesteckt. Seine Kinder sollen nur einen Bruchteil seines Vermögens bekommen (wenngleich dieser Bruchteil immerhin etwa 10 Millionen Dollar betragen wird); sie müssen sich alles neu erarbeiten.

Wer keine Notwendigkeit spürt, zu arbeiten oder Kompromisse zu machen (und das Arbeitsleben ist ein dauernder Kompromiss), dem muss die finanzielle Grundlage entzogen werden. Viele Null-Bock-Karrieren haben sich schon früh abgezeichnet. Ist der oder die

»Kleine« 18 Jahre alt, verfügen Sie kaum noch über Hebel zum Gegensteuern. Da können Sie manchmal nur noch auf später hoffen und darauf setzen, dass der Wunsch nach Sinn Ihr Kind irgendwann auch in eine Interessensuche treibt. Oder wie es Paul Arden, ehemaliger Kreativdirektor der Werbeagentur Saatchi & Saatchi, ausdrückt:

»Manche Menschen haben das Glück, schon in jungen Jahren zu wissen, was sie mal werden wollen. Aber die meisten tun sich schwer damit, ihre Begabungen richtig einzuschätzen. Diese Menschen tun mir leid. Es ist nicht leicht für sie. Aber ein Studium ist auch keine Lösung: Arbeiten ist die Lösung.«[4]

Besser, Ihr Kind malocht zwei Jahre im Schichtbetrieb eines Restaurants, als dass es zu Hause seinen Gedanken über die eigenen Entscheidungsschwierigkeiten nachhängt. Auch Praktika sind erlaubt – und ein ökologisches oder soziales Jahr. Umsonst oder für wenig Geld arbeiten, um etwas kennenzulernen: wunderbar, das kann sich ein junger Mensch im G8-Zeitalter mit immer weiter steigendem Renteneintrittsalter nun wirklich leisten. Ausprobieren ist eine wunderbare Lebenschance, die später unheimlich viel Zeit spart. Und viel besser ist, als nichts zu tun.

Schlusswort: »Mache Fehler und lerne daraus«

Sie haben in diesem Buch Geschichten gelesen von jungen Menschen, die zu lange an falschen Richtungen festgehalten haben. Da war Michael, der Sportler aus Leidenschaft, der sich durchs Maschinenbaustudium und danach als Patentanwalt quälte. Oder Vera, die brav ihr Jurastudium beendete, obwohl sie genau wusste, dass sie nie als Juristin würde arbeiten wollen.

Die erste Ausbildungs- und Berufsentscheidung ist ein wichtiger Schritt, aber nicht der wichtigste im Leben. Alles lässt sich korrigieren. Kaum jemand wird am Ende seines Berufslebens noch im gleichen Job arbeiten wie am Anfang. Entscheidend ist heute, dass ein Beruf sich weiterentwickeln oder mit anderen kombinieren lässt. Falsches ist am Ende oft richtig oder sogar ein Geheimrezept.

»Ich habe nicht begriffen, was ich da lernen sollte«, erzählte mir eine Theologie-Abbrecherin. »Das schien mir alles vollkommen fremd.« Im Lebenslauf waren die zwei Semester trotzdem nicht überflüssig. Arbeitgeber sprachen sie immer interessiert darauf an. Das abgebrochene Studium verwandelt sich so in den entscheidenden Pluspunkt. Es nimmt dann eine ähnliche Bedeutung ein wie die »Harfe« unter Hobbys – liefert Gesprächsstoff, bleibt im Kopf hängen.

Die meisten Menschen merken erst im Laufe der ersten Berufsjahre, was sie können und wollen – überwiegend das, was sie *nicht* wollen. Ein Jahr Jobben in Weinbergen kann den einen zur Ruhe bringen und den anderen zur Forstwirtschaft.

Die wichtigste Fähigkeit, um erfolgreich im Leben zu sein – ganz egal, ob im Beruf oder im Privatleben –, liegt in der Bereitschaft, aus Fehlern zu lernen. Menschen mit einigen Kurven und Brüchen im Lebenslauf sind oft selbstreflektierter als solche, die lange Zeit brav ihren Job oder ihr Studium gemacht haben, ohne je darüber nachzudenken, was sie da eigentlich tun und warum.

Die besten Entscheidungen treffen Menschen, die die Perspektiven anderer in ihre Meinungsbildung einbeziehen, aber schließlich dennoch unabhängig davon entscheiden, was sie selbst für richtig halten.

Respektieren Sie deshalb auch eine berufliche Entscheidung Ihres Kindes, die Ihren guten Elternrat ganz einfach in den Wind schlägt!

Zwei Happy Ends

Der Sohn

Mutter: »Hast du dir schon mal Gedanken gemacht, was nach der Schule kommen soll?«

Sohn: »Nicht wirklich. Vielleicht was mit Tourismus.«

Mutter: »Was stellst du dir vor?«

Sohn: »Weiß nicht.«

Anschließend greift die Mutter das Gespräch einige Male wieder auf. Eine Freundin mit einem Reisebüro berichtet über ihre Arbeit und was sie über die Entwicklung der Branche weiß. Sie nimmt ihn mit zu einer Reiseagentur, die Kreuzfahrtgäste eincheckt. Der Sohn stellt fest, dass man da nicht so richtig weiterkommen kann, und beginnt, selbst andere berufliche Möglichkeiten zu recherchieren.

Die Tochter

Vater: »Was würdest du denn gerne einmal machen?«

Tochter: »Was mit Medien.«

Vater: »Was genau mit Medien?«

Tochter: »Was mit Fernsehen.«

Vater: »Und genauer?«

Tochter: »So 'ne Sendung moderieren.«

Vater: »Hm. Macht dir das Spaß, so im Mittelpunkt zu stehen?«

Tochter: »Naja, nicht wirklich, stimmt.«

Vater: »Sprich doch mal mit jemandem, der sich da auskennt.«

Danke

… buchstabiere ich an dieser Stelle in Richtung meiner Freundin und Mitarbeiterin Maja Skubella, die mein Manuskript kritisch gelesen und viele gute Verbesserungsvorschläge gemacht hat.

Merci auch an meinen Kollegen und Campus-Buchautor Tom Diesbrock, der mir beim Aufbau und dem Inhaltsverzeichnis dieses Buchs konstruktive Kritik und wertvolles Feedback gegeben hat.

Thank you an meinen gerade Englisch lernenden Sohn Leander, der von Cellospielen über die Gewinn-und-Verlust-Rechnung bis hin zum Drehbuchschreiben so viele verschiedene Talente hat, dass ich nicht die geringste Ahnung habe, was mal aus ihm werden wird. Egal: was Gutes, das ist sicher.

Das letzte und nicht minder herzliche Dankeschön geht an meine Social-Media-affine Lektorin Juliane Wagner, die sich sehr für dieses Projekt engagiert hat.

Für die weitere Information

Studien

»Analytikreport der Statistik«, Bundesagentur für Arbeit, 2008,
http://www.bpb.de/files/D4P4DB.pdf

»Auch Meister-Mühen zahlen sich aus«, Institut der deutschen
Wirtschaft Köln, 2010, http://www.iwkoeln.de/Publikationen/iwd/
Archiv/tabid/122/articleid/30532/Default.aspx

»Bachelor, Master und Auslandserfahrungen«, Unternehmensbefragung im Auftrag des DAAD vom Institut der deutschen Wirtschaft
Köln, 2007, http://www.hrk.de/bologna/de/download/dateien/studie_endbericht.pdf

»Bildung und Qualifikation als Grundlage der technologischen Leistungsfähigkeit Deutschlands«, Hochschul-Informations-System,
2009, http://www.his.de/pdf/pub_fh/fh-200906.pdf

»Erwerbstätige nach Wirtschaftszweigen«, Bundeszentrale für politische Bildung, 2008, http://www.bpb.de/wissen/
HX5F8N,0,0,Erwerbst%E4tige_nach_Wirtschaftszweigen.html

»European Values Study«, ermittelt die Einstellungen von EU-
Bürgern, beispielsweise zur Karriere, http://www.europeanvalues
study.eu und Atlas of European Values, 2008, www.atlasofeuro
peanvalues.eu

»Mit dem Bachelor in den Beruf«, Stifterverband für die Deutsche
Wissenschaft, 2011, http://www.stifterverband.org/publikationen_
und_podcasts/positionen_dokumentationen/mit_dem_bachelor_
in_den_beruf/mit_dem_bachelor_in_den_beruf.pdf

»Office 21 – Das Büro der Zukunft«, Doku.Info, 2001, http://www.
doku.info/doku_article_67.html

»Rethinking ›Generation Me‹: A Study of Cohort Effects From 1976–
2006«, Michigan State University, 2010, http://news.msu.edu/
media/documents/2010/03/d86dd7ab-adb0-4887-a043-
96b559595fe2.pdf

»Vier Megatrends der Arbeitswelt«, Manpower Professional, 2011,
http://www.manpowerprofessional.de/fileadmin/user_upload/
PM_2011/Vier_Megatrends_der_Arbeitswelt_2010_Januar_2011.
pdf

Recherchequellen

Berufe im Spiegel der Statistik beim Institut für Arbeitsmarkt- und
Berufsforschung, http://bisds.infosys.iab.de

Bundesinstitut für Berufsbildung (BIBB), www.bibb.de

Jobampel des *Stern*, http://www.stern.de/wirtschaft/job/mit-der-
stern-jobampel-ins-richtige-studium-welche-studiengaenge-sich-
lohnen-539568.html

Ausbildungsinfos

Bundesinstitut für Berufsbildung (BIBB), www.bibb.de

Deutscher Bildungsserver, www.bildungsserver.de

Statistisches Bundesamt Deutschland, z. B. zur Zahl der Studienan-
fänger: http://www.destatis.de/jetspeed/portal/cms/Sites/destatis/
Internet/DE/Content/Statistiken/BildungForschungKultur/Hoch-
schulen/Tabellen/Content50/StudierendeErstesFSFaechergruppen
,templateId=renderPrint.psml; und Bildungsabschlüsse der Bevölkerung: http://www.destatis.de/jetspeed/portal/cms/Sites/destatis/

Internet/DE/Content/Publikationen/Fachveroeffentlichungen/
BildungForschungKultur/Bildungsstand/BildungsstandBevoelker
ung5210002107004,property=file.pdf

Studis Online, mit großen Foren, in denen alle möglichen Studiengänge diskutiert werden. Guter Anhaltspunkt, um den Ruf einer Schule oder Akademie zu recherchieren, www.studis-online.de

Hochschulkompass, www.hochschulkompass.de

Hochschulranking des CHE in Zusammenarbeit mit der *Zeit*, http://ranking.zeit.de/

Literatur zum Thema Akademisierung, zusammengestellt vom BIBB, http://www.bibb.de/dokumente/pdf/a1bud_auswahlbibliografie-akademisierung.pdf

Stichwort Akademisierung, am Beispiel Diätassistentin/Diätassistent, http://www.vdd.de/index.php?id=100

Ärzteausbildung, http://www.studieren-medizin.de

Juristenausbildung, http://www.neue-juristenausbildung.de/dokumente/FAZ.pdf

Frühstudium, https://www.uni-koblenz-landau.de/koblenz/fruehstudium

Centrum für Hochschulentwicklung (CHE): »Studieren ohne Abitur. Entwicklungspotenziale in Bund und Ländern«, http://www.che.de/downloads/CHE_AP123_Studieren_ohne_Abitur.pdf

»Akademisierung von Betrieben – Facharbeiter/-innen ein Auslaufmodell?«, http://www.gew-nrw.de/uploads/tx_files/Experten_Workshop_Dokumentation_05_2010.pdf

Studieren im Ausland, http://www.edu-port.de

Eurostudent, Bachelor und Master in Europa, http://www.eurostudent.eu/download_files/documents/Synopsis_of_Indicators_EIV.pdf

Internationale Anerkennung von nicht-akademischen deutschen Abschlüssen am Beispiel Physiotherapie, http://www.physioakademie.de/Internationale-Anerkennung.409.0.html

Anerkennung von Berufen und Abschlüssen in der EU,

www.berufliche-anerkennung.de oder www.europa-mobil.de/
Ausbildung/anerkennung-diplome
»Brain Waste: Die Anerkennung von ausländischen Abschlüssen in
Deutschland«, mit einem Vergleich zu anderen Ländern,
http://www.berufliche-anerkennung.de/images/stories/download/
brain%20waste.pdf
Datenbank sämtlicher ausländischer Abschlüsse,
http://www.anabin.de

Karriere von morgen

Bachmann, Ronald/Braun, Sebastian: »The Impact of International
Outsourcing on Labour Market Dynamics in Germany«,
Diskussionspapier der Humboldt-Universität Berlin, 2008,
http://sfb649.wiwi.hu-berlin.de/papers/pdf/SFB649DP2008-020.pdf
Recklies, Oliver: »Das Management von Spezialisten«, 2001, http://
www.themanagement.de/HumanResources/Spezialisten.htm

Buchempfehlungen

Branson, Richard: *Geht nicht, gibt's nicht!* Kulmbach 2009
Csíkszentmihályi, Mihály: *Flow. Das Geheimnis des Glücks.* Stuttgart
2005
Friedrichs, Julia: *Gestatten: Elite. Auf den Spuren der Mächtigen von
morgen.* Hamburg 2008
Gladwell, Malcom: *Überflieger. Warum manche Menschen erfolgreich
sind – und andere nicht.* Frankfurt/New York 2009
Glotz, Peter: *Der Wissensarbeiter.* Frauenfeld 2004
Glotz, Peter: *Die beschleunigte Gesellschaft. Kulturkämpfe im digitalen
Kapitalismus.* Reinbek 2001

Hofert, Svenja: *Das Karrieremacherbuch. Erfolgreich in der Jobwelt der Zukunft.* Frankfurt 2009

Horx, Matthias: *Technolution. Wie unsere Zukunft sich entwickelt.* Frankfurt/New York 2008

Horx, Matthias: *Wie wir leben werden: Unsere Zukunft beginnt jetzt.* Frankfurt/New York 2005

Kramer, Jochen: »Allgemeine Intelligenz und beruflicher Erfolg in Deutschland«, in: *Psychologische Rundschau* 60, 2009, S. 82–98

Lobo, Sascha/Friebe, Holm: *Wir nennen es Arbeit. Die digitale Boheme oder: Intelligentes Leben jenseits der Festanstellung.* Aktualisierte Taschenbuchausgabe, München 2008

Pink, Daniel: *Drive. Was Sie wirklich motiviert.* Salzburg 2010

Reichmann, Eva/Sievert, Bianca: *Ihr Weg zum passenden Beruf. Erfolgreich mit Portfolioarbeit.* Bünde 2011

Rifkin, Jeremy: *Das Ende der Arbeit und ihre Zukunft,* Frankfurt/New York 2005

Sennett, Richard: *Der flexible Mensch. Die Kultur des neuen Kapitalismus.* 6. Auflage, Berlin 2010

Sievert, Bianca/Reichmann, Eva: *Ihr Weg zum passenden Beruf: Erfolgreich mit Portfolioarbeit,* Bünde 2011

Stackelberg, Bettina: *Karrierestart für Hochschulabsolventen. Selbstbewusst und erfolgreich ins Berufsleben starten,* München 2012

Steingart, Gabor: *Das Ende der Normalität. Nachruf auf unser Leben, wie es bisher war.* München 2011

Anmerkungen

Einleitung

1 »Helikopter-Eltern« ist ein Begriff, der von Pädagogen verwendet wird, um Eltern zu beschreiben, die sich aus Sorge um ihr Kind überall einmischen, z. B. http://www.focus.de/politik/deutschland/bildung-die-stoerer-aus-der-zweiten-reihe_aid_210407.html.

2 Der Schweinezyklus beschreibt die Regelmäßigkeit, mit der der Ruf nach Arbeitskräften in einem bestimmten Bereich nach einigen Jahren zu einer Überlastung des Arbeitsmarktes führt.

Teil 1

1 Quelle: *Fischer Weltalmanach 2008*.

2 Deep Blue ist ein Computer, der 1985 geschaffen wurde, um der klügste Schachspieler der Welt zu werden. Um ihn intelligenter zu machen, bestand die Strategie darin, seine Rechenleistung zu erhöhen. Er konnte aber noch nicht selbst lernen.

3 Über die Wissensgesellschaft wird bereits seit den 1960er Jahren geredet, doch so richtig Fahrt nimmt dieser Begriff mit den Rationalisierungstendenzen seit der Jahrtausendwende auf. Einige verwenden den Terminus »Wissensgesellschaft« in Zusammenhang mit dem »quartären« Sektor, dem Informationssektor.

4 Barbara Sher: *Wishcraft. Lebensträume und Berufsziele entdecken und verwirklichen*. Osnabrück: Edition Schwarzer 2004; dies.: *Ich könnte alles tun, wenn ich nur wüsste, was ich will*. München: dtv 2005.

5 Das Buch der Schweizer Psychoanalytikerin erschien 1983. Es geht darin um unsere Persönlichkeitsentwicklung. Durch die Identifikation mit unseren Eltern spalten sensible Kinder wichtige Teile ab und kanalisieren sie in einer Depression oder in Genialität.

6 Zentralstelle für die Vergabe von Studienplätzen, heute Stiftung für Hochschulzulassung, www.hochschulstart.de.

7 Siehe den Artikel von Bettina Malter: »Arzt werden – wie im Fernsehen«, 18.05.2011, online unter http://www.zeit.de/karriere/beruf/2011-05/berufswahl-jugendliche.

8 Technology-Evangelisten informieren auf Messen, im Internet und der Öffentlichkeit über eine bestimmte Technologie. Corporate Social Responsibility (CSR) entstand mit den Anforderungen der Globalisierung. CSR-Manager entwickeln Kriterien für eine ethische Zusammenarbeit mit ihren Partnern und Lieferanten und prüfen und überwachen deren Einhaltung.

9 Siehe Dokument unter http://www.bka.de/kriminalwissenschaften/profiler.pdf.

10 Es ist nicht ganz klar, wer diesen Begriff zuerst geprägt hat. Er wird aber im Personalmanagement einheitlich für eine Karriere verwendet, die auf hierarchischem Aufstieg basiert – und ebenso einheitlich als Auslaufmodell gesehen.

11 Siehe beispielsweise Herbert Henzler/Lothar Späth: *Der Generationen-Pakt. Warum die Alten nicht das Problem, sondern die Lösung sind.* München: Hanser 2011.

12 Auf die Betriebszugehörigkeit muss sich das nicht auswirken. Laut Institut für Arbeitsmarktforschung hat sich die durchschnittliche Zugehörigkeitsdauer in den letzten zehn Jahren kaum wesentlich verändert, sie betrug 2008 10,8 Jahre, 1992 10,3. Damit liegt Deutschland in Europa vorne, in Dänemark etwa bleibt man im Durchschnitt nur 7,3 Jahre bei einem Unternehmen. Aktuellste Studie dazu: http://doku.iab.de/kurzgraf/2010/kbfolien19101.pdf. Es ist davon auszugehen, dass es weiterhin Menschen geben wird, die relativ lange in einer Firma verbleiben, und andere, die häufiger wechseln. Weiterhin spielen Lebensphasen bei der Wechselhäufigkeit eine Rolle. Diese ist traditionell am Anfang des Berufslebens höher. Der Unterschied zu früher: Wer in einem Unternehmen bleibt, muss sich stärker fachlich verändern, um den gestiegenen Anforderungen gerecht zu werden.

13 Laut Kurzbericht des Instituts für Arbeitsmarktforschung: http://doku.iab.de/kurzber/2011/kb0411.pdf.

14 Laut Institut für Mittelstandsforschung mit Zahlen des Instituts für freie Berufe: http://www.ifm-bonn.org/index.php?id=601.

15 Etwa Cali Ressler/Jody Thompson: *Bessere Ergebnisse durch selbstbestimmtes Arbeiten.* Frankfurt/New York: Campus 2009.

16 »Volkskrankheit Burnout, Wie Erschöpfung die Volkswirtschaft schwächt«, in: *Spiegel Online*, Fotostrecke mit Statistiken online unter http://www.spiegel.de/fotostrecke/fotostrecke-63828-4.html.

17 Nachzulesen im Gesundheitsreport der Techniker Krankenkasse 2011, online unter http://www.tk.de/tk/broschueren-und-mehr/studien-und-auswertungen/gesundheitsreport-2011/281904.

18 MINT steht für Mathematik, Ingenieurwesen, Naturwissenschaften, Technik, siehe zum Beispiel: www.kommnachmint.de.

19 Rainer Clement/Johannes Natrop: »Offshoring – Chance oder Bedrohung für den Standort Deutschland?«, Quelle: www.wirtschaftsdienst.eu.

20 Der Begriff »Machtdistanz« sagt aus, inwieweit eine Kultur akzeptiert, dass Macht in einem Land ungleich verteilt ist. In den westlichen Ländern ist dies normalerweise gering ausgeprägt. Diejenigen Länder, in denen germanische Sprachen wie Deutsch und Dänisch gesprochen werden, sind auch zu Zeiten der Römer »barbarisch« geblieben oder wurden später von »barbarischen« Völkern erobert. Unser Territorium war in Stammesgebiete unterteilt, an deren Spitze ein Landesfürst stand. Entsprechend bildete sich bei uns im Vergleich zu anderen Ländern eine niedrige Machtdistanz aus, anders als etwa in Italien. Mehr zur Machtdistanz: http://www.transkulturelles-portal.com/index.php/5/52/521.

21 Vgl. etwa die Definition unter http://www.onpulson.de/lexikon/5526/wissensarbeiter/.

22 McCrindle Research, Australia (2009): »New Generations at work«, http://www.scribd.com/doc/12310739/New-Generations-at-Work.

23 tp://www.iaq.uni-due.de/archiv/presse/2011/110802.php.

24 IAB, Pressemeldung vom 01.08.2011, online unter http://www.iab.de/de/informationsservice/presse/presseinformationen/fo0111.aspx.

25 Frank Oschmiansky, »Deregulierung des Arbeitsmarktes und andere Beschäftigungsformen«, online unter: http://www.bpb.de/themen/7KUCXU,0,Deregulierung_des_Arbeitsmarktes%3A_Das_Normalarbeitsverh%E4ltnis_und_andere_Besch%E4ftigungsformen.html.

26 Ebd.

27 4,2 Millionen umgerechnet auf 28,2 Millionen sozialversicherungsrelevant Erwerbstätige: http://www.ifm-bonn.org/index.php?id=107.

28 Siehe auch Seite 68.

29 Siehe zum Beispiel das Forschungsprojekt »Youth and Media« des Berkman Center for Internet and Society an der Harvard University: http://youthandmedia.org/projects/digital-natives/.

30 In Bewertungsplattformen wie www.meinpraktikum.de (für Praktika), www.evaluaba.com oder www.kununu.com können Mitarbeiter ihren Firmen Punkte geben.

31 Das nennt sich die Umkehrung des Flynn-Effekts. Benannt nach dem Politologen James R. Flynn, beschreibt der Flynn-Effekt die Beobachtung, wonach die in IQ-Tests erbrachten Ergebnisse bis in die neunziger Jahre hinein immer besser ausfielen. Seit 1999 jedoch sinkt in den westlichen Ländern der durchschnittliche IQ. Quelle u.a.: http://tu-dresden.de/die_tu_dresden/fakultaeten/fakultaet_mathematik_und_naturwissenschaften/fachrichtung_psychologie/i4/lehrlern/lehre/lehramt/lehrveranstaltungen/Lehrer_Schueler_Interaktion_SS_2011/Umkehrung%20Flynn-Effekt_SS%202011.pdf.
Über fluide und kristalline Intelligenz: http://www.google.de/#pq=iq%20sinkt%20flynn%20studie&hl=de&cp=11&gs_id=1m&xhr=t&q=fluide%20Intelligenz&pf=p&sclient=psy&source=hp&pbx=1&oq=fluide+Inte&aq=0&aqi=g5&aql=&gs_sm=&gs_upl=&bav=on.2,or.r_gc.r_pw.&fp=485e8c62583a5fa1&biw=1024&bih=574.

32 Siehe dazu den Beitrag im Blog *Karriere-Einsichten* von Thomas Otte: http://
www.karriere-einsichten.de/2011/07/unkonventionelle-lebenslaufe-vielfalt-auf-
erfolgskurs/.

33 *Berufe im Spiegel der Statistik* (bisds.infosys.iab.de), Zahl von 2009.

34 Siehe http://www.destatis.de/jetspeed/portal/cms/Sites/destatis/Internet/DE/
Grafiken/Arbeitsmarkt/Diagramme/Beschaeftigte,templateId=renderPrint.
psml.

35 http://www.destatis.de/jetspeed/portal/cms/Sites/destatis/Internet/DE/Content/
Publikationen/Fachveroeffentlichungen/FinanzenSteuern/OeffentlicherDienst/
PersonaloeffentlicherDienst2140600097004,property=file.pdf.

36 Statistisches Bundesamt, Zahl für das vierte Quartal 2008, http://www.destatis.
de/jetspeed/portal/cms/Sites/destatis/Internet/DE/Presse/pm/2009/03/PD09-
118-623,templateId=renderPrint.psml.

37 Die Idee stammt von Götz Werner, Gründer der Drogeriemarktkette dm, und
wird seit Jahren mit seltener Einigkeit von Politikern aller Parteien vertreten.
Die Einführung würde bedeuten, dass die heutigen Apparate und Behörden
weitgehend überflüssig werden.

38 http://www.his.de/pdf/pub_fh/fh-200906.pdf, S. 18.

39 Neuere Forschungen haben nachgewiesen, dass selbstbestimmte Mitarbeiter erfolgreicher unter introvertierten Managern sind. Bisher dominiert im Management aber der extrovertierte Typ. Mit den Vorteilen introvertierter Führung
beschäftigt sich derzeit vor allem Adam Grant, siehe u. a. http://knowledge.
wharton.upenn.edu/article.cfm?articleid=2638.

40 K. Anders Ericsson, Ralf Th. Krampe, and Clemens Tesch-Romer: »The Role of
Deliberate Practice in the Acquisition of Expert Performance«, in: *Psychological
Review* 1993.

41 »Zehntausend Stunden praktische Übung braucht jeder, um ein Niveau zu
erreichen, auf dem man mit Weltklasse-Experten mithalten kann – in jeder
Disziplin.« Zitat online unter: http://www.audiology.org/news/interviews/
Pages/20080811a.aspx.

42 http://www.n24.de/news/newsitem_6521701.html.

43 Wolfgang Unterhuber: »Europa versus China: Unser Ass ist die Kreativität«,
http://www.wirtschaftsblatt.at/archiv/europa-versus-china-unser-ass-ist-die-
kreativitaet-456513/index.do.

44 Amy Chua: *Die Mutter des Erfolgs.* Zürich: Nagel & Kimche 2011.

45 Siehe Seite 45.

46 http://www.bpb.de/files/D4P4DB.pdf.

47 http://www.franchise-treff.de/2011/04/kfw-grundungsmonitor-2011-bestatigt-
grundungsboom/.

48 Siehe auch Anmerkung 40.

49 Bei den Unternehmensberatungen wie McKinsey, Booz Allen Hamilton oder
Boston Consulting kommen immer nur jeweils die Besten auf die nächste Stufe.
Das nennt sich Up or out, nach oben oder raus.

Teil 2

1 Noch 1950 waren es nur 5 Prozent; Quelle: de.wikipedia.org/wiki/Abitur.

2 http://bildungsklick.de/pm/71563/je-besser-der-stadtteil-gestellt-ist-desto-mehr-gymnasialempfehlungen-gibt-es/.

3 Vgl. Julia Friedrichs: *Gestatten: Elite. Auf den Spuren der Mächtigen von morgen.* Hamburg: Hoffmann und Campe 2008.

4 2011 wurde etwa die IGS Göttingen mit dem Deutschen Schulpreis ausgezeichnet.

5 Dort landesweit, Info z. B. unter http://www.nordschleswiger.dk/SEEEMS/19708.asp?artid=35668.

6 http://bildungsklick.de/a/77030/das-ende-der-hauptschule-und-die-auswirkungen-auf-die-strukturmodelle-der-laender/.

7 Für den Wechsel in eine Oberstufe ist ein sogenannter qualifizierender Realschulabschluss nötig, bei dem in den meisten Bundesländern die Noten in den Hauptfächern Deutsch, Mathe und Englisch bei mindestens Zwei liegen müssen.

8 Malcolm Gladwell: *Überflieger. Warum manche Menschen erfolgreich sind – und andere nicht.* Frankfurt/New York: Campus 2009.

9 Der Begriff wird bundeslandspezifisch unterschiedlich verwendet.

10 Daniel Pink: »The surprising truth of what really motivates us«, http://www.youtube.com/watch?v=u6XAPnuFjJc.

11 Zu ermitteln mit dem HALB-Test, siehe http://arbeitsblaetter.stangl-taller.at/TEST/HALB/Test.shtml.

12 Der Abschluss »-wirt« bezeichnet normalerweise eine Zwischenstufe – mehr als eine Lehre und weniger als ein Studium. Eine Ausnahme ist der Titel des Betriebswirtes, der von Hochschulen verliehen wird. Generell entsprechen die »Wirte« einer Vorstufe, die sich teilweise mit weiteren Prüfungen in einen Bachelor umwandeln lässt.

13 Übersicht unter http://www.studentenpilot.de/studium/studiumohneabi/.

14 http://www.studieren-in-holland.de/46,1,63,humanmedizin_-_studieren_an_der_-_uni.html.

15 http://www.jobdk.eu/wm249279.

16 Akademisierung von Berufen – Facharbeiter/innen ein Auslaufmodell? http://www.gew-nrw.de/uploads/tx_files/Experten_Workshop_Dokumentation_05_2010.pdf.

17 Nach Frederick Winslow Taylor (1856–1915) bezeichnet dies die fortschreitende Prozesssteuerung in der Arbeitswelt durch EDV, die den Arbeiter überflüssig macht.

18 Laut Institut für Arbeitsmarktforschung ist inzwischen jede zweite Neueinstellung befristet, http://www.iab.de/1075/section.aspx.

19 Zertifizierungen sind beispielsweise verbreitet im Bereich Projektmanagement, im Qualitätsmanagement und in einigen IT- sowie technischen Bereichen.

20 www.bibb.de.

21 Das ist der ehemalige Vermessungstechniker und Kartograf in einem.

22 »Berufe im Spiegel der Statistik« ist zu finden online unter http://bisds.infosys.
iab.de/bisds/data/seite_101_BO_a.htm.

23 Zu der Berufsgruppe zählt die Bundesagentur auch Schädlingsbekämpfer und
einige andere »ähnliche« Berufe.

24 Alle Zahlen Statistisches Bundesamt; Landes-Vergleichszahlen (OECD):
Education at a Glance, letzte Ausgabe 2009, online unter: http://www.oecd.org/
dataoecd/41/25/43636332.pdf .

25 http://www.abendblatt.de/wirtschaft/karriere/article786327/Akademikerquote.html.

26 http://www.kooperation-international.de/norwegen/themes/international/
fub/laender/forschungs-bildungslandschaft/bildungslandschaft/?PHPSESSID
=c332.

27 http://www.his.de/pdf/pub_fh/fh-200906.pdf, S. 14.

28 http://www.iwkoeln.de/Publikationen/iwd/Archiv/tabid/122/articleid/30532/
Default.aspx.

29 Siehe www.bildungsserver.de/innovationsportal/bildungplus.html?artid=755.

30 Die Zyklen werden bekanntlich immer enger, in denen sich eine boomende und
eine schwache Wirtschaft ablösen.

31 Hier werden viele einfach Ausgebildete als Justizvollzugsbeamte eingesetzt.

32 MINT steht hier für Mathematik, Informatik, Naturwissenschaften und Technik und bezieht den akademischen und nicht-akademischen Bereich mit ein.

33 Prekariat ist ein neuerer Begriff, der keine homogene Gruppe beschreibt, sondern allgemein alle, die in unsicheren sozialen Verhältnissen leben. Das sind
schlecht verdienende Selbstständige genauso wie manche Wissenschaftler mit
Zeitverträgen oder Menschen, die ein Praktikum nach dem anderen machen
müssen (vgl. im ersten Teil dieses Buches den Abschnitt »Wie Ihr Kind das
Prekariat vermeidet«).

34 http://www.ftd.de/karriere-management/karriere/:masterstudiengaenge-
doktern-am-diplom/60072659.html.

35 Siehe »Eiskalt rausgeprüft«, in: *Die Zeit* vom 27.1.2011, http://www.zeit.
de/2011/05/C-MINT-Abbrecher.

36 Die Bachelorabschlüsse der Hessischen Berufsakademie sind hochschulrechtlich
in nahezu allen Bundesländern gleichrangig mit Abschlüssen von Hochschulen.

37 Rankings erstellt das CHE, abrufbar z. B. unter http://ranking.zeit.de/che2011/
de/. Bewertet sind keine Berufsakademien. Infos über alle Studiengänge (kein
Ranking) auch unter http://www.hochschulkompass.de.

38 Siehe auch Svenja Hofert: *Das Karrieremacherbuch*. Frankfurt: Eichborn 2009.

39 Etwa an der Universität Bielefeld.

40 http://bisds.infosys.iab.de/bisds/data/seite_883_BO_a.htm.

41 Stand: Juli 2011.

42 http://www.destatis.de/jetspeed/portal/cms/Sites/destatis/Internet/DE/
Content/Statistiken/BildungForschungKultur/Hochschulen/Tabellen/Content50/
StudierendeErstesFSFaechergruppen,templateId=renderPrint.psml.

43 Studienanfängerzahlen: http://www.destatis.de/jetspeed/portal/cms/Sites/
destatis/Internet/DE/Content/Statistiken/BildungForschungKultur/
Hochschulen/Tabellen/Content50/StudierendeErstesFSFaechergruppen,
templateId=renderPrint.psml.

44 Beispielsweise die Universität Erlangen.

45 Michael Ebert, Tim Klotzek: *Planen oder treiben lassen? Wie man merkt, ob man
sich zu viel oder zu wenig Gedanken über sein Leben macht.* München: Heyne
2009.

46 ERASMUS ist ein Programm der EU zur grenzüberschreitenden Zusammenarbeit, u. a. im Hochschulbereich, http://eu.daad.de/eu/sokrates/05353.html.

47 Erfahrungsberichte lassen sich z. B. auf der Seite www.meinpraktikum.de nachlesen.

48 http://www.dpg-physik.de/veroeffentlichung/broschueren/studien/
bachelorstudie_2011.pdf.

49 Vgl. etwa *Mit dem Bachelor in den Beruf,* 2011: http://www.stifterverband.org/
publikationen_und_podcasts/positionen_dokumentationen/mit_dem_
bachelor_in_den_beruf/mit_dem_bachelor_in_den_beruf.pdf.

50 Bitte verstehen Sie das als Beispiel, es gibt auch noch andere!

51 Test im Juli 2011 bei www.kimeta.de.

52 http://www.gymnasium.bayern.de/imperia/md/content/gymnasialnetz/
oberfranken/kmbek1praktikum.pdf.

53 Siehe Zukunftsschlüssel auf Seite 170 f..

54 Siehe auch Seite 107 f.

Teil 3

1 Andre Agassi: *Open. Das Selbstporträt.* München: Knaur 2011.

2 Jonah Lehrer: *Wie wir entscheiden. Das erfolgreiche Zusammenspiel von Kopf
und Bauch.* München: Piper 2009.

3 Quelle: Eigene Recherchen.

4 Paul Arden: *Egal, was du denkst, denk das Gegenteil.* Bergisch Gladbach: Lübbe
Ehrenwirth 2007, S. 110.